맨처음부터 다시 시작하는
영어회화 500+ 기본공식

MENTORS

맨처음부터 다시 시작하는
영어회화 기본공식 500⁺

2025년 8월 20일 인쇄
2025년 8월 27일 발행

지은이 Chris Suh
발행인 Chris Suh
발행처 **MENTORS**
　　　　경기도 성남시 분당구 황새울로 335번길 10 598
　　　　TEL 031-604-0025 FAX 031-696-5221
　　　　mentors.co.kr
　　　　blog.naver.com/mentorsbook
　　　　*Play 스토어 및 App 스토어에서 '멘토스북' 검색해 어플다운받기!
등록일자 2005년 7월 27일
등록번호 제 2022-000130호
ISBN 979-11-94467-88-5
가　격 20,000원(MP3 무료다운로드)

잘못 인쇄된 책은 교환해 드립니다.
이 책에 게재된 내용의 일부 또는 전체를 무단으로 복제 및 발췌하는 것을 금합니다

머리말

🔍 무지무지 쉽게 영어문장 만들기!

MP3 파일에서 흘러나오는 네이티브의 영어문장을 수없이 듣고 따라만 해본들 영어실력이 얼마나 늘까…. 물론 영어회화 공부를 하지도 않으면서 영어회화는 정말 어렵다고 말하는 사람보다는 영어에 아주 쬐끔은 친해져 있을 것이다. 그렇게 친해진 표현들 몇개로 영어회화를 하겠다고 하는 것은, 하지만 그것 역시 과욕이다. 영어 학습의 궁극적 목표인 네이티브와의 의사소통은 MP3에서 나오는 것처럼 이미 정해져 있는 대화를 기계적으로 나누는 것이 아니기 때문이다. 다시 말해서 네이티브와의 대화는 무슨 말이 어떻게 나올지 모르는 '예측 불가능한 실전상황'이라고 할 수 있다는 말이다. 평소 훈련이 도움이 되지만 실전에서 더 중요한 것은 그때그때의 상황에 따라 그에 맞는 영어문장을 만들 수 있는 응용력이 절대적이다.

🔍 우리말 이럴 때 영어로 요렇게

네이티브와 영어회화를 해본 사람들은 다 경험했을 것이다. 네이티브의 말을 들으며 자기가 어떻게 말을 해야 할 지 머리 속에서 영작하고 있는 '자신'을 말이다. 영어회화에서 자주 쓰이는 기본공식은 영어회화의 기본을 다지려는 사람들에게는 꼭 거쳐야 하는 과정이다. 여러 상황에서 우리말을 영어로 어떻게 해야 하는지를 많이 익혀두는 게 무엇보다 효과적이다. I'm not sure that~이 '…가 확실하지 않아'라고, I'll let you know~이 '…을 네게 알려줄게'라고 English-Korean 순서로 학습하기보다는 '…가 확실하지 않아'라고 할 때는 영어로 어떻게 말하는지 그리고 '…을 네게 알려줄게'는 영어로 어떻게 시작하는지, 즉 역으로 Korean-English순서로 학습하는 것이 영어회화실전무대에서 더 효과적일 수 있다는 이야기이다.

🔍 따라만 하면 영어말문이 콸콸 트인다!

이책 〈맨처음부터 다시 시작하는 영어회화 기본공식 500⁺〉는 바로 이런 관점에서 새롭게 시도되는 영어학습법이다. 영어회화 초보자 탈출을 꿈꾸는 학습자를 위해 난이도에 따라 Step 1, 2, 3로 나누어져 총 140개 상황에서 우리말을 영어로 어떻게 말하는지에 대한 비법이 상세히 수록되어 있다. 또한 각각의 상황에는 3개씩의 영어식 표현법이 들어있어 다양하게 총 420 여개의 영어회화 기본공식을 익힐 수 있고 또한 우리말을 영어로 옮겨보는 훈련을 할 수 있노록 구성되어 있다. 따라서 이 표현법들만 잘 익히고 머리속 '메모리'에 저장해주면 네이티브와의 실전대화에서 순발력있게 대처할 수 있게 될 것이다. 해도해도 안되는 영어회화에 지긋지긋해하는 영어학습자들에게 이책이 더 이상 '이런 경우 우리말을 영어로 어떻게 하는지' 몰라 멍때리지 않고 '자기가 하고 싶은 말을 원없이 영어로 말할 수 있는' 경지에 이르게 되는 촉매제가 될 수 있다는 것을 확신하면서 또한 그렇게 되기를 간절히 기원하는 바람을 감히 가져본다.

HOW TO USE THIS BOOK

어떻게 이책으로 영어회화의
기본을 다질 수 있을까...

1 영어회화하면서 안 쓰고는 못배기는 기본공식들만 집중해서 모았다.
2 영어표현만 무조건 외우던 학습법을 지양하고 역발상으로 '우리말로 이럴 때 영어로는 어떻게 해라'라는 관점에서 새롭게 구성하였다.
3 난이도별로 STEP 1·2·3으로 나누어 초급자들이 쉬운 표현부터 주옥같은 표현까지 학습하도록 꾸며졌다.
4 또한 각 우리말 표현마다 해당하는 영어표현을 3개의 공식으로 모아 정리하여 일석3조의 효과를 노렸다.
5 이 책의 모든 예문과 다이얼로그는 현지 네이티브들의 생동감 있는 음성으로 들을 수 있다.

STEP 1 ▶ 영어회화 첫걸음 벗어나기

Step 1에서는 우리말로 이런 경우 영어로는 어떻게 말하는지 정말 궁금했다는 영어학습자들의 입장에서 가장 기본적인 우리말 표현들을 영어로 말하고 쓰는 법을 집중적으로 연습해 본다.

STEP 2 ▶ 영어회화 내공쌓기

허구헌날 첫걸음만 할 수는 없는 노릇. 어느 정도 기본이 쌓였으면 과감히 다음 단계로 행진~!
Step 2에서는 Step 1보다는 좀 어려운, 즉 영어로 자신의 의사를 표현하고 상대방의 의사를 물어보는 등 어느 정도 대화를 하려면 꼭 필요한 우리말 표현들을 모았다. 이를 영어로 옮겨 보는 연습을 꾸준히 하다 보면 저절로 영어의 내공이 깊숙이 쌓일 것이다.

STEP 3 ▶ 하고 싶은 말 영어로 원없이 말하기

마지막 단계는 다소 어려울 수도 있지만, 대화할 때 네이티브들이 즐겨 사용하는 표현들을 엄선하여 정리하였다. Step 1·2를 거치면서 쌓은 실력으로 Step 3까지 인내심을 가지고 연습에 매진하면 자신도 모르는 사이 영어로 말하는 실력이 일취월장했음을 깨닫게 될 것이다.

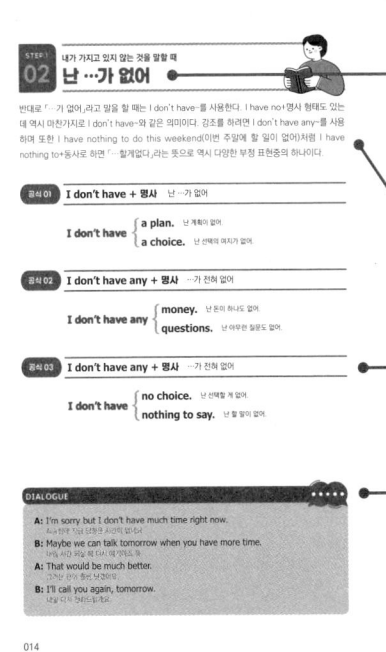

우리말 표현
영어로 옮겨야 할 우리말 표현과 이 표현이 언제 어떤 상황에서 쓰이는지 보여준다.

우리말 설명
우리말 표현에 해당되는 영어표현을 어떻게 만들어야 하는지 상세히 설명하였다.

공식 1·2·3
우리말 표현에 해당되는 패턴 3개를 엄선하여 영어문장을 연습할 수 있도록 꾸며졌다.

다이알로그
공식 1·2·3에서 익힌 영어 표현들이 실제 대화에서 어떻게 활용되는지를 체험한다.

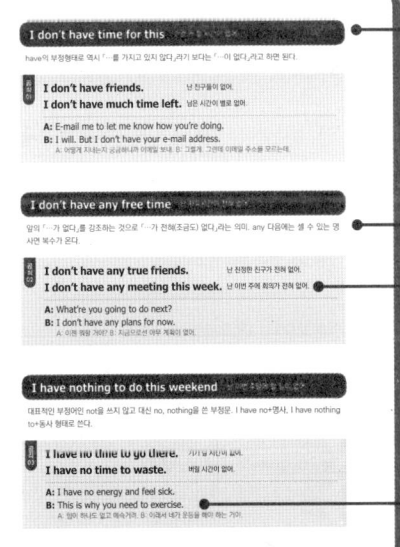

기본공식 대표문장
공식별로 가장 대표적인 문장을 엔트리로 정리하였다.

기본공식 우리말 설명
이 공식을 어떻게 활용하는지 간략하게 설명하였다.

기본공식 실전연습
연습한 공식을 활용해 우리말을 먼저 읽고 영어로 유창하게(?) 말하기에 도전한다.

기본공식 실전대화
생생 대화를 통해 영어공식들의 쓰임을 다시 확인해 본다.

CONTENTS

STEP 1
영어회화 첫걸음 벗어나기

01 내게 무엇이 있다고 말할 때 | 12
(난) …가 있어 I have ~

02 내가 가지고 있지 않는 것을 말할 때 | 14
난 …가 없어 I don't have ~

03 상대방에게 뭐가 갖고 있는지 물어볼 때 | 16
넌 …가 있니? Do you have ~?

04 내가 평소에 좋아하는 걸 말할 때 | 18
…하는 걸 좋아해 I like (to) ~

05 상대방의 기호를 물어볼 때 | 20
너 …하는 거 좋아하니? Do you like (to) ~?

06 내가 경험상으로 이미 알고 있는 걸 말할 때 | 22
…를 알고 있어 I know ~

07 역시 이미 알고 있는 것을 말할 때 | 24
난 …를 깨닫고 있어 I'm aware of ~

08 내가 알지 못한다고 말할 때 | 26
…를 모르겠어 I don't know ~

09 상대방에게 알고 있는지 물어볼 때 | 28
…를 아니? Do you know ~?

10 상대방에게 조금 복잡하게 물어볼 때 | 30
…하는지 아니? Do you know what ~?

11 어떤 소식을 들었다면서 말을 꺼낼 때 | 32
…라고 들었어(…라던데) I heard ~

12 내가 앞으로 할 일을 말할 때 | 34
내가 …할게 I will ~

13 상대방이 앞으로 어떻게 될 거라고 예상할 때 | 36
넌 …하게 될 거야 You will ~

14 앞으로 무엇을 하겠다고 말할 때 | 38
…하러 갈 거야 I'm going to ~

15 내가 해야 할 의무를 말할 때 | 40
난 …를 해야 해 I have to ~

16 상대방에게 충고내지 명령할 때 | 42
넌 …를 해야 돼 You have to ~

17 상대방의 사정을 확인해볼 때 | 44
네가 …해야 하니? Do you have to ~?

18 나의 능력 및 가능여부를 말할 때 | 46
난 …할 수 있어 I can ~

19 상대방에게 허가하거나 허락할 때 | 48
넌 …할 수 있어(해도 돼) You can ~

20 상대방에게 부탁할 때 | 50
… 좀 해줄래? Will you ~?

21 무엇이 있다 없다 라고 말할 때 | 52
여기에(저기에) …가 있어 There is ~

22 상대방의 모습을 말할 때 | 54
넌 …하게 보여 You look ~

23 상대방의 상태를 언급할 때 | 56
넌 …같아 You seem ~

24 부드럽게 포장해서 말하는 법 | 58
…인 것 같아 It looks like ~

25 소리를 듣고 판단할 때 | 60
그건 …처럼 들리네 It sounds (like) ~

26 자신이 하겠다고 나설 때 | 62
내가 …해볼게 Let me ~

27 함께 하자고 권유할 때 | 64
(우리) …하자 Let's ~

28 상대방에게 명령할 때 | 66
…해라 Be ~

29 상대방에게 금지하거나 충고할 때 | 68
…하지 마 Don't ~

30 현재 혹은 곧 내가 할 일을 말할 때 | 70
난 …하고 있어 I'm ~ing

31 상대방이 현재하고 있는 행동을 말할 때 | 72
넌 …하고 있잖아 You are ~ing

32 상대방에게 고마움을 표시할 때 | 74
…해서 고마워 Thank you for ~

33 상대방에게 미안함을 표현할 때 | 76
…해서 미안해 I'm sorry about ~

34 기쁘고 만족해할 때 | 78
난 …에 만족해 I'm happy with ~

35 역시 기쁘고 반가울 때 | 80
난 …해서 기뻐 I'm glad to ~

36 아주 무척 기뻐 신날 때 | 82
…에 신난다 I'm excited about ~

37 어떤 행동을 할 준비가 되었다고 할 때 | 84
…할 준비가 되어 있어 I'm ready to ~

38 어떤 일에 관심이 있다고 말할 때 | 86
…에 관심이 있어 I'm interested in ~

39 말하는 내용이 확실할 때 | 88
…가 확실해 I'm sure of ~

40 말하는 내용이 확실하지 않을 때 | 90
…가 확실하지 않아 I'm not sure of ~

41 걱정과 근심이 가득할 때 | 92
난 …가 걱정돼 I'm worried about ~

42 뭔가 당황하고 혼란스러울 때 | 94
…에 당황돼 I'm embarrassed about ~

STEP 2
영어회화 내공쌓기

01 내게 뭔가 있다고 말할 때 | 98
난 …가 있어 I've got ~

02 지금 먹고 싶은 거나 하고 싶은 일을 말할 때 | 100
…하고 싶어요 I'd like to ~

03 내가 하고 싶다고 캐주얼하게 말할 때 | 102
…하고 싶어 I want (to) ~

04 상대방이 뭘 하고 싶은지 의향을 물어 볼 때 | 104
…할래(요)? Would you like (to) ~?

05 상대방이 뭘 하고 싶은지 캐주얼하게 물을 때 | 106
…할래? Do you want (to) ~?

06 확실하지 않아 추측해서 말할 때 | 108
…이겠구나 You must be ~

07 여러 가지 가능성을 놓고 말할 때 | 110
…일 지도 몰라(…일 수도 있어) She may be ~

08 상대방에게 공손히 부탁할 때 | 112
…해도 될까요? May I ~?

09 상대방에게 부탁하면서 양해를 구할 때 | 114
…해도 괜찮아요? Do you mind ~?

10 내 진의를 전달하려고 할 때 | 116
…하려는 거야 I'm just trying to ~

11 뭔가 확실히 확인해 볼 때 | 118
…를 확인해 볼게 Let me check ~

12 뭔가 해야 할 일을 말할 때 | 120
…할 필요가 있어 I need (to) ~

13 상대방에게 뭐가 필요한 지 물어볼 때 | 122
…가 필요하니? Do you need (to) ~?

14 내가 하고 싶은 것을 말할 때 | 124
…하길 바래 I hope to ~

15 과거의 습관을 말할 때 | 126
난 …하곤 했어 I used to ~

16 내 생각이라고 하고 부드럽게 말할 때 | 128
(내 생각엔) …인 것 같아 I think ~

17 부정하거나 반대의견을 부드럽게 표현할 때 | 130
(내 생각엔) …가 아닌 것 같아 I don't think ~

18 상대적으로 더 좋아하는 것을 말할 때 | 132
…하는 게 더 좋아 I prefer ~

19 즐거운 시간을 보내고 나서 | 134
…가 즐거웠어, 즐겼어 I enjoy ~

20 상대방에게 허락을 할 때 | 136
…해도 괜찮아 It's okay to ~

21 상대방의 의견을 존중해주면서 말할 때 | 138
괜찮다면 …해라 If you don't mind,

22 어떤 일을 하는 것이 어렵거나 쉽다고 말할 때 | 140
…하는 것이 어려워 It's hard to ~

23 가능성이 있거나 없다고 말할 때 | 142
…할 가능성이 있어 It's possible to ~

24 어떤 상태로 되고 있다고 말할 때 | 144
…해지고 있어 I get ~

25 기분이나 감정이 어떤지 말할 때 | 146
기분이 …해 I feel ~

26 내가 느끼는 것을 이야기 할 때 | 148
…같은 느낌이야 I feel like ~

27 비슷한 느낌이 들었을 때 | 150
…하는 것 같아 It's like ~

28 무척 뭔가 하고 싶다고 할 때 | 152
…를 몹시 하고 싶어 I can't wait to ~

29 상대방에게 어떤 정보를 달라고 할 때 | 154
…를 알려줘 Let me know ~

30 내가 상대방에게 정보를 알려줄 때 | 156
…를 알려줄게 I'll let you know ~

31 상대방에게 충고나 조언할 때 | 158
너 …하는 게 좋을 걸 You'd better ~

32 앞으로 무슨 일을 하겠다고 말할 때 | 160
…를 생각 중이야 I'm thinking of ~

33 무섭거나 걱정스럽다고 말할 때 | 162
…가 두려워(무서워) I'm afraid of ~

34 고민 끝에 뭔가 하기로 결정했을 때 | 164
…하기로 결정했어 I have decided to ~

35 한 일이나 해야 할 일을 잊었을 때 | 166
…하는 걸 잊었어 I forgot about ~

CONTENTS

36 힘들 때 도움을 주고자 할 때 | 168
…하는 데 좀 도와줄게 I'll help ~

37 어떤 일을 다 마쳤을 때 | 170
…를 끝냈어 I've finished ~

38 역시 하던 일을 다 끝냈다고 할 때 | 172
…를 마치다(끝내다) I'm done with ~

39 상대방에게 뭔가 가져다준다고 할 때 | 174
…를 가져다줄까? Can I get you ~?

40 상대방에게 궁금한 것을 말해 달라고 할 때 | 176
…를 말해줄래(알려줄래)?
Can you tell me about ~?

41 전혀 아는 바가 없다고 할 때 | 178
…할지 잘 모르겠어 I have no idea ~

42 상대방에게 편한 대로 하라고 권유할 때 | 180
맘 편히 …해 Feel free to ~

43 무슨 일을 하는 데 시간이 얼마 걸린다고 말할 때 | 182
…하는 데 시간이 걸려 It takes time to ~

44 어떤 장소로 이동중이라고 말할 때 | 184
… 가는 길이야(…하러 가는 길이야)
be on one's way

45 상대방에게 …하자고 제안할 때 | 186
…하는 게 어떨까 Why don't you ~?

46 상대방에게 이유를 물어볼 때 | 188
어째서 …하는 거야(왜 그러는 거야)?
How come ~?

47 예정되어 있거나 해야 할 일을 말할 때 | 190
…하기로 되어 있어 I'm supposed to ~

48 뭔가 해야 될 시간이 되었다고 말할 때 | 192
이제 …할 때야 It's time to ~

49 확실하진 않지만 뭔가 있다고 말하고 싶을때 | 194
…할 것이 있어 There is something ~

50 가능성이 있다고 말할 때 | 196
…할 가능성이 커 There's a good chance ~

51 상대적으로 더 좋다고 말할 때 | 198
…보다 더 나은 be better than

52 가장 최고라고 말할 때 | 200
가장 …한 the most ~

53 굳어진 비교급 관용어구 사용하기 | 202
가능한 빨리 …해 as soon as possible

54 놀라며 감탄할 때 | 204
정말 …하네 What a ~!

55 어떤 일의 원인과 결과를 말할 때 | 206
그래서 …한 거지 That's why ~

56 뭔가를 강조해서 말할 때 | 208
이게 바로 …한 거야 That is what ~

57 장소나 시간 등을 강조해서 말할 때 | 210
바로 …한 곳이 여기야 This is where ~

STEP 3
하고 싶은 말 영어로 원없이 말하기

01 믿기지 않은 이야기를 들었을 때 | 214
…가 믿기지가 않아 I can't believe ~

02 어떻게 하든 난 상관 없다고 말할 때 | 216
…에 상관이 없어 I don't care about ~

03 뭔가 하고 싶은 마음이 땡길 때 | 218
…를 하고픈 생각이 들어 I feel like ~ing

04 의사소통을 잘해 오해를 방지하려면 | 220
… 그런 뜻은 아니었어 I didn't mean to ~

05 자기가 말하는 소식을 어디서 봤는지 말할 때 | 222
…에서 읽었어(봤어) I found ~ on the Internet

06 특히 '머니'가 '마니' 없을 때 | 224
… 할 여력이 없어 I can't afford (to) ~

07 뭔가 목빠지도록 학수고대할 때 | 226
…가 몹시 기다려져(기대 돼)
I'm looking forward to ~

08 어쩔 수 없이 뭔가 해야되는 상황을 말할 때 | 228
…하지 않을 수 없어 I can't help ~ing

09 상대방에게 경고나 주의를 줄 때 | 230
넌 …한 걸 후회할 거야 You'll be sorry about ~

10 이루어지지 않은 희망사항을 아쉬워하며 | 232
…라면 좋을텐데 I wish I ~

11 궁금증을 풀고 싶을 때 | 234
…인지 궁금해(…일까?) I wonder ~?

12 말 안 듣는 상대방에게 뭐라고 할 때 | 236
…라고 했잖아 I told you to ~

13 자기가 잘못 생각하고 있었다고 말할 때 | 238
…한 줄 알았어 I thought ~

14 타의에 의해 어떤 상태나 행위를 하게 될 때 | 240
…하게 만들어(…하게 해) make sb+V

15 상대방에게 무슨 일이 일어났는지 물어볼 때 | 242
…가 무슨 일이야?(…가 왜 그래?) What's the matter ~?

16 상대방 말을 다시 확인하고자 할 때 | 244
…가 무슨 소리야 What do you mean ~?

17 상대방이 원하는 것을 구체적으로 물어볼 때 | 246
…하고 싶은 거야? What do you want for ~?

18 상대에게 과거에 뭘했는지 물어볼 때 | 248
뭘 …한 거야? What did you ~?

19 상대방에게 뭔가 해줄게 있는지 물어볼 때 | 250
…를 해드릴까요? What can I ~?

20 상대방의 행동에 대한 이유를 물어볼 때 | 252
왜 …하는 거야? What makes you ~?

21 사람이나 상황이 어떤 상태인지 물어볼 때 | 254
… 어떻게 지내? How's ~?

22 기가 막히고 코가 막힐 때 | 256
어떻게 …라고 말 할 수 있니? How can you ~?

23 시간이 얼마나 걸릴지 물어볼 때 | 258
얼마나 빨리 …하니? How soon will you ~?

24 어떤 일이 일어나는 시점을 물어볼 때 | 260
언제 …할 거야? When are you ~ing?

25 어떤 행동이 일어나는 장소를 물어볼 때 | 262
어디서 …할까(하고 싶니)? Where do you ~?

26 어떤 행동을 한 사람이 누구인지 물어볼 때 | 264
누가 …할 거야? Who is ~?

27 두개 이상의 것중에서 하나를 선택할 때 | 266
어느 것이 …해? Which is ~?

28 뭔가 가능성이 없어 보일 때 | 268
…할 방도가 없어 There's no way ~

29 나의 경험의 유무를 말할 때 | 270
…하는 건 처음이야 This is my first time ~

30 내가 해본 적이 있다고 말할 때 | 272
…해봤어, …했어 I have+pp

31 상대방에게 해본 적이 있는지 물어볼 때 | 274
…를 해본 적이 있니? Have you ever+pp ~?

32 상대방에게 경험의 기간을 말할 때 | 276
…한지 …되었어 It has been ~

33 과거에 하지 못한 것을 애통해하며 | 278
…했어야 했는데 I should have+pp

34 다른 사람에게 …하라고 시킬 때 | 280
…에게 …를 시킬게 I have+sb+V

35 내가 아니라 다른 사람 했다는 걸 말하고자 할 때 | 282
…해버렸어 I have+sth+pp

36 다른 사람이 …하는 것을 보거나 들었을 때 | 284
…하는 걸 봤어 I see+sb+~ing

37 이루지 못한 소망을 아쉬워 하며 | 286
…라면 …했을텐데 If+S+would ~

38 정말 하기 싫은 것을 말할 때는 역설적으로 | 288
차라리 …하겠어(차라리 …가 낫겠어) I'd rather ~

39 내가 말하려는 것을 정리해줄 때 | 290
내가 말하려는 건 …이야 What I'm saying ~

40 내가 필요한 것을 강조할 때 | 292
내가 필요한 건 …뿐이야 All I need is ~

41 핵심을 축약하여 강조할 때 | 294
중요한 점은 …이라는 거야 The point is ~

Supplement

함께 알아두면 도움이 되는 영어회화 기본표현 | 297

memo

STEP 1

영어회화 첫걸음 벗어나기

영어회화 기본공식 500+

STEP 1 - 01 내게 무엇이 있다고 말할 때
(난) …가 있어

우리말로 「…가 있어」는 영어로 「…를 갖고 있다」라는 I have~형태를 쓴다. have 다음에 병명 등이 올 때는 「…가 아프다」, 음식명사가 올 때는 「…을 먹는다」라는 뜻도 된다. 과거형태로 I had+명사하면 「…가있었어」, 「…을했어」, 그리고 We have+명사는 「(우리가) …해」라는의미가 된다. I've got~도 같은 의미의 구어체 표현으로서 Step 2에서 다루기로 한다.

공식 01   **I have + 명사**   …가 있어, …가 아파

I have {
- **a question.** 질문이 하나 있어.
- **a headache.** 머리가 아파.

공식 02   **I had + 명사**   …을 했어, …가 있었어

I had {
- **lunch with her.** 걔랑 점심 먹었어.
- **the same feeling.** 나도 같은 느낌을 받았어.

공식 03   **We have[had] + 명사**   우리에게 …가 있어

We have {
- **a lot of snow.** 눈이 많이 내려.
- **a lot of time.** 우린 시간이 많아.

DIALOGUE

A: Would you like soup or salad with your lunch?
점심식사에 수프를 곁들이시겠어요, 아니면 샐러드로 하시겠어요?
B: What kind of soup do you have?
수프에는 어떤 것들이 있죠?
A: We have vegetable and chicken noodle.
야채수프와 치킨누들 수프가 있습니다.
B: I'll have the chicken noodle.
치킨누들 수프로 주세요.

I have a good idea 내게 좋은 생각이 있어

「…을 갖고 있다」라기 보다는 「…가 있다」라고 생각하면 되고 have 뒤에 병명이 올 때는 「…가 아프다」라는 뜻이 된다.

I have a cold. 감기 걸렸어.
I have an appointment. 약속이 있어.

A: What brings you here today?
B: **I have** a pain in my neck.
　A: 오늘은 무슨 일로 오셨어요? B: 목이 아파서요.

I had a date last night 지난밤에 데이트했어

과거형의 경우로 have 다음에 이어지는 「명사의 행위를 했다」, 혹은 「명사의 상태였다」라는 뜻. have 뜻에 집착하지 말고 다음에 이어지는 명사에 초점을 맞춘다.

I had dinner with her last night. 어제 저녁 걔와 저녁을 했어.
I had the same feeling earlier today. 오늘 일찍 같은 느낌을 받았어.

A: How have you been?
B: **I had** a really hard time last month.
　A: 어떻게 지냈니? B: 지난달에는 엄청 고생을 했지.

We have a lot of work to do 우린 할 일이 많아

주어가 우리인 we로 바뀌었을 뿐 앞의 경우와 의미는 동일하다.

We have a lot of snow in December. 12월에는 눈이 많이 내려.
Take it easy. **We have** a lot of time. 진정해. 우린 시간이 많아.

A: What is our plan for tonight?
B: We'll be busy. **We have** a lot of work to do.
　A: 오늘밤 우리 계획이 뭐니? B: 바쁠 거야. 할 일이 많거든.

STEP 1
02 난 …가 없어
내가 가지고 있지 않는 것을 말할 때

반대로 「…가 없어」라고 말을 할 때는 I don't have~를 사용한다. I have no+명사 형태도 있는데 역시 마찬가지로 I don't have~와 같은 의미이다. 강조를 하려면 I don't have any~를 사용하며 또한 I have nothing to do this weekend(이번 주말에 할 일이 없어)처럼 I have nothing to+동사로 하면 「…할게없다」라는 뜻으로 역시 다양한 부정 표현 중의 하나이다.

공식 01 I don't have + 명사   난 …가 없어

I don't have { **a plan.** 난 계획이 없어.
              a choice. 난 선택의 여지가 없어.

공식 02 I don't have any + 명사   …가 전혀 없어

I don't have any { **money.** 난 돈이 하나도 없어.
                   questions. 난 아무런 질문도 없어.

공식 03 I don't have any + 명사   …가 전혀 없어

I don't have { **no choice.** 난 선택할 게 없어.
               nothing to say. 난 할 말이 없어.

DIALOGUE

A: I'm sorry but **I don't have** much time right now.
죄송한데 지금 당장은 시간이 없네요.

B: Maybe we can talk tomorrow when you have more time.
내일 시간 되실 때 다시 얘기하죠 뭐.

A: That would be much better.
그러는 편이 훨씬 낫겠어요.

B: I'll call you again, tomorrow.
내일 다시 전화드릴게요.

I don't have time for this 이런 거 할 시간이 없어

have의 부정형태로 역시 「…를 가지고 있지 않다」라기 보다는 「…이 없다」라고 하면 된다.

I don't have friends. 난 친구들이 없어.
I don't have much time left. 남은 시간이 별로 없어.

A: E-mail me to let me know how you're doing.
B: I will. But **I don't have** your e-mail address.
A: 어떻게 지내는지 궁금하니까 이메일 보내. B: 그럴게. 그런데 이메일 주소를 모르는데.

I don't have any free time 난 자유시간이 전혀 없어

앞의 「…가 없다」를 강조하는 것으로 「…가 전혀(조금도) 없다」라는 의미. any 다음에는 셀 수 있는 명사면 복수가 온다.

I don't have any true friends. 난 진정한 친구가 전혀 없어.
I don't have any meeting this week. 난 이번 주에 회의가 전혀 없어.

A: What're you going to do next?
B: **I don't have any** plans for now.
A: 이젠 뭐할 거야? B: 지금으로선 아무 계획이 없어.

I have nothing to do this weekend 난 이번 주말에 할 일이 없어

대표적인 부정어인 not을 쓰지 않고 대신 no, nothing을 쓴 부정문. I have no+명사, I have nothing to+동사 형태로 쓴다.

I have no time to go there. 거기 갈 시간이 없어.
I have no time to waste. 버릴 시간이 없어.

A: **I have no** energy and feel sick.
B: This is why you need to exercise.
A: 힘이 하나도 없고 메슥거려. B: 이래서 네가 운동을 해야 하는 거야.

STEP 1 03 상대방에게 뭔가 갖고 있는지 물어볼 때
넌 …가 있니?

상대방에게 「…가 있어?」라고 물어보는 구문으로 Do you have+명사? 형태를 쓰면 된다. 상대방이 갖고 있는지 여부가 불확실할 때는 Do you have any+명사? 혹은 Do you have anything to do~? 형태로 「혹 …가 있어?」라고 물어보면 된다.

공식 01 **Do you have + 명사** 넌 …가 있니?

Do you have
- **time?** 너 시간이 있니?
- **kids?** 너 애들은 있니?

공식 02 **Do you have any + 명사?** 혹시 너 …있니?

Do you have any
- **plan?** 어떤 계획이라도 있니?
- **questions.** 질문이 있나요?

공식 03 **Do you have anything to + 동사?** …할게 있니?

Do you have anything to
- **say?** 할 말이 있니?
- **declare?** 뭐 신고할거 있나요?

DIALOGUE

A: This is a hot sale item nowadays.
이게 요즘 잘 나가는 제품이에요.
B: Do you have any more in stock?
물건이 더는 없나요?
A: No, we're sold out.
네, 다 팔렸어요.
B: Can you order some in?
좀 더 주문할 순 없을까요?

Do you have the time? 몇 시야?

특히 Do you have time~?은「시간이 있냐」고 물어보는 것이고 Do you have the time?은「몇 시냐」고 물어본다는 것에 주의한다.

공식 01

Do you have pets?   애완동물을 키우니?
Do you have time to have dinner?   저녁 먹을 시간 있어?

A: **Do you have** a minute?
B: Well yeah, sure, what's up?
A: 시간 좀 있어? B: 어 그럼, 뭔데?

Do you have any idea? 뭐 좀 아는 거 있어?

단도직입적으로 물어보는 것이 아니라 조심스럽게「혹시 …가 있냐」고 물어보는 표현.

공식 02

Do you have any recommendations?   추천 좀 해주시겠어요?
Do you have any French wine?   프랑스 와인 있나요?

A: **Do you have any** hobbies?
B: I'm fond of reading novels.
A: 취미가 있나요? B: 소설 읽는 걸 좋아해요.

Do you have anything to do? 뭐 할 일이 있니?

역시 확실하지는 않지만 조심스럽게「…할 것(to+V)이 있는」지 물어보는 표현.

공식 03

Do you have anything in mind?   뭐 생각해둔 거라도 있니?
Do you have anything to say to her?   걔한테 뭐 할 말이 있니?

A: **Do you have anything** to declare?
B: I am bringing some traditional Korean food with me.
A: 신고할 물건이 있습니까? B: 한국 전통 음식을 좀 가지고 들어왔는데요.

STEP 1 04 내가 평소에 좋아하는 걸 말할 때

…하는 걸 좋아해

일반적으로 내가 좋아하는 것을 표현하고 싶을 때는 I like+명사 [to~/~ing]를 사용하는데, 반대로 싫어하는 걸 말하려면 I don't like+명사 [to~/~ing]의 형태를 쓴다. 간단히 I like that하면 "그거 좋아," "맘에 든다"라는 의미이고 비슷하지만 would가 들어간 I'd like that은 상대방의 제안에 대해 "그러면 좋지"라는 의미로 뉘앙스가 다르다는 점에 주의한다.

공식 01 I like + 명사 …를 좋아해

I like
- **you.** 난 네가 좋아.
- **your idea.** 네 생각이 좋아.

공식 02 I like to + 동사 …하는 걸 좋아해

I like to
- **play golf.** 난 골프 치는 걸 좋아해.
- **take a walk.** 난 산책하기를 좋아해.

공식 03 I don't like + 명사[to + 동사] …(하는 것)을 좋아하지 않아

I don't like
- **sports.** 난 스포츠를 싫어해.
- **to think.** 난 생각하기가 싫어.

DIALOGUE

A: What kind of movies do you like?
어떤 종류의 영화를 좋아하니?

B: **I like** all kinds, but **I really don't like** sci-fi films.
대부분 다 좋아하지만 공상과학영화는 정말 싫어해.

A: Me neither.
나도 싫어해.

B: Usually **I like to** watch dramas.
보통 드라마 보는 걸 좋아해.

I like your necktie 네 넥타이가 마음에 들어

like 다음에 명사가 오는 형태로 명사로 자기가 좋아하는 사람이나 사물을 넣으면 된다.

I like you so much.   난 네가 너무 좋아.
I like your shoes.   네 신발이 좋아 보여.

A: Which do you like better, coffee or tea?
B: **I like** coffee better than tea.
    A: 커피와 차 중 어느 걸 더 좋아하니? B: 차 보다는 커피를 좋아해.

I like to watch soccer games 난 축구경기를 관람하는 걸 좋아해

좋아하는 것을 동사로 쓸 때는 to+동사 형태를 취하는데 특히 「to have+음식명사」를 쓰면 식당에서 주문할 때 애용된다.

I like to jog in the morning.   난 아침에 조깅하는 걸 좋아해.
I like to take a walk alone.   난 혼자서 산책하길 좋아해.

A: Why don't you slow down a bit?
B: **I like to** drive fast.
    A: 좀 천천히 가자. B: 난 빨리 달리는 걸 좋아해.

I don't like to think about it 그것에 대해 생각하기 싫어

like의 부정형태로 like 다음에는 싫어하는 명사, to+동사 혹은 ~ing 형태를 써주면 된다.

I don't like my boss.   난 네 상사가 마음에 안 들어.
I don't like doing the washing.   난 세탁하는 걸 싫어해.

A: We may never see each other again.
B: **I don't like to** think about that.
    A: 우리 다시는 서로 볼 일 없을 거야. B: 그건 생각하기도 싫어.

STEP 1
05 상대방의 기호를 물어볼 때
너 …하는거 좋아하니?

이번에는 상대방의 기호를 물어보는 경우로 like를 역시 이용하여 Do you like+명사[to+동사/~ing]?를 사용하는데 「…(하는 것)을 좋아해?」라는 의미이다. "커피 마시는거 좋아해?"는 Do you like to drink coffee?, "랩 음악 좋아해?"는 Do you like rap music?이라고 하면 된다.

공식 01 **Do you like + 명사?** …를 좋아하니?

Do you like { **pizza?** 너 피자 좋아하니?
Korean food? 너 한국음식 좋아하니? }

공식 02 **Do you like to + 동사?** …하는 것을 좋아하니?

Do you like to { **sing?** 너 노래하는 것 좋아하니?
hike? 너 하이킹하는 것 좋아하니? }

공식 03 **You like + 명사?** …좋아해?

You like { **baseball?** 야구 좋아해?
comic books? 만화책 좋아해? }

DIALOGUE

A: What do you think?
어때요?
B: It looks good on you.
잘 어울리세요.
A: Do you like the blue or green better?
파란색하고 초록색 중에 어떤 게 더 낫죠?
B: I like the green better.
초록색이 더 좋은데요.

Do you like coffee? 너 커피 좋아하니?

상대방의 기호를 물어보는 표현으로 먼저 like 다음에 명사가 오는 경우를 살펴보자.

Do you like your teacher? 네 선생님이 좋으니?
Do you like Italian food? 너 이태리 음식 좋아하니?

A: **Do you like** pizza?
B: Sort of. I eat it occasionally.
A: 피자 좋아해? B: 어느 정도. 종종 먹어.

Do you like to go out for dinner? 저녁에 외식하는 걸 좋아하니?

의문문의 경우에도 역시 like의 목적어로 동작행위가 올 때는 to+동사 혹은 …ing 형태를 써주면 된다.

Do you like to play golf? 골프 치는 것 좋아해?
Do you like working here? 여기서 일하는 거 좋니?

A: Would you like to go out to lunch with me?
B: Sure. **Do you like to** eat at Happy Noodles?
A: 나랑 점심 먹으러 나갈래? B: 그래. 해피 누들즈에서 먹는 거 좋아해?

You like travelling? 여행하는 것 좋아해?

구어체에서는 Do를 빼고 그냥 You like~?이라고 하는 경우가 많은데 역시 like 다음에는 명사, to+동사, ~ing 형태를 써준다.

You like pets? 애완동물 좋아하니?
You like movies? 영화 좋아하니?

A: I wrestle in a gym every Saturday.
B: **You like** wrestling? I'm surprised!
A: 난 매주 토요일 체육관에서 레슬링을 해. B: 네가 레슬링을 좋아한다고? 놀랍네.

STEP 1 06 …를 알고 있어

내가 경험상 이미 알고 있는 걸 말할 때

체험이나 경험을 통해서 혹은 얘기를 들어서 알고 있다고 말할 때는 know를 애용하면 된다. 내가 알고 있다고 말하려면 I know+명사[주어+동사] 혹은 의문사를 이용하여 I know what [why/how 주어+동사] 형태로 쓰면 된다. 또한 I know how to do it처럼 I know 의문사+to~ 형태로 간편히 말해도 아주 훌륭한 문장이 된다.

공식 01   **I know + 명사[주어 + 동사]**   난 …를 알고 있어

I know { **the answer.** 난 해답을 알고 있어.
         you two are close. 두 사람이 가까운 거 알아.

공식 02   **I know how + to + 동사**   난 …하는 법을 알고 있어

I know { **how to play chess.** 난 체스를 어떻게 하는지 알아.
         how to handle it. 난 그걸 어떻게 처리하는지 알아.

공식 03   **I know what + 주어 + 동사**   난 …를 하는지 알고 있어

I know { **what to do.** 난 뭘 해야 할지 알아.
         where to go. 난 어디로 가야할지 알아.

DIALOGUE

A: I'm so bored with my life these days.
요즘 내 생활이 너무 따분해.
B: I know exactly what you need.
네가 원하는 게 뭔지 알겠다.
A: What's that?
그게 뭔데?
B: You need a girlfriend to spend your time with.
같이 지낼 여자 친구가 필요한 거야.

I know you are lying to me 네가 거짓말하는 거 알아

알고 있는 것이 사물, 사람 혹은 어떤 사실일 경우 know+명사, know (that) S+V의 형태로 쓴다.

I know the fact. 난 그 사실을 알고 있어.
I know you are sick. 네가 아프다는 거 알아.

A: I'm sorry I'm so late.
B: That's okay, **I know** the traffic is bad.
A: 늦어서 미안. B: 괜찮아, 교통 혼잡 때문이란 걸 알아.

I know how to get there 거기 가는 방법을 알고 있어

know 다음에 의문사구가 붙는 경우로 how, what, when, where to+동사 형태를 know의 목적어로 써주면 된다.

I know what to do. 난 뭘 해야 할지 알고 있어.
I know when to stop. 난 언제 그만둘지 알고 있어.

A: We're playing cards. Want to join us?
B: Sure. **I know how to** play poker.
A: 카드놀이 하려고 하는데, 같이 할래? B: 좋지, 나 포커 할 줄 알아.

I know what I am doing 내가 알아서 할게

이번에는 알고 있는 사실을 의문사절로 말하는 경우로 know 다음에 what, where 주어+동사의 형태로 써준다.

I know what it is. 그게 뭔지 알아.
I know how you feel. 난 네 심정 알아.

A: I can't wait to get out of here.
B: **I know what** you mean.
A: 여기서 나가고 싶어 죽겠어. B: 무슨 말인지 알아.

STEP 1 · 07 역시 이미 알고 있는 것을 말할 때
난 …를 깨닫고 있어

「…을 알고 있다」, 「…을 깨닫고 있다」라는 의미로 이번에는 be aware of~를 알아보는데, be aware of 다음에는 명사, 또는 that 절(be aware of that S+V) 그리고 의문사 절(be aware of what [how]~)이 올 수가 있다. 특히 I'm aware of that라는 굳어진 형태가 가장 많이 쓰이며 반대로 상대방에게 알고 있었냐고 물어볼 때는 You're aware of that?이라고 하면 되고 또한 「…사실을 잘 알고 있다」고 하려면 be aware of the fact that S+V를 사용하면 된다.

공식 01   **I am aware of + 명사**   난 …를 알고 있어

I am aware of
- **your problem.** 난 네 문제를 알고 있어.
- **your situation.** 네 상황을 잘 알고 있어.

공식 02   **I am aware of + 의문사절**   난 …에 대해 알고 있어

I am aware of
- **what you said.** 네가 말한 것을 깨닫고 있어.
- **what is important.** 무엇이 중요한지 깨닫고 있어.

공식 03   **Are you aware of + 명사[의문사절]?**   넌 …를 알고 있니?

Are you aware of
- **its history?** 넌 그것의 내력을 알고 있니?
- **what happened?** 무슨 일이 생겼는지 알아?

DIALOGUE

A: Are you aware of the time?
   몇시인지 알고 있어?
B: It's almost 9 pm.
   거의 저녁 9시야.
A: This store is going to close.
   이 가게가 문을 닫을 거야.
B: I'm aware of what time the store closes.
   가게가 문 닫는 시간, 알고 있어.

I am well aware of the fact 난 그 사실을 아주 잘 깨닫고 있어

of 이하 명사에 대해 잘 알고 있다는 표현으로 of 다음에 명사가 오는 경우.

공식 01

I was fully aware of the dangers. 난 위험성에 대해서 충분히 알고 있었어.
We're well aware of your problem. 네 문제를 우린 잘 알고 있어.

A: **I'm aware of** John's poor grades.
B: Should we help him to study harder?
A: 존의 성적이 안 좋다는 거 알고 있어. B: 공부 더 열심히 하도록 도와줘야 할까?

I am aware of what I owe 내가 무슨 신세를 지고 있는지 알아

of 이하에 명사 대신에 의문사 절이 들어가서 「…것을 잘 인식하고 있다」는 의미이다.

공식 02

I'm aware of what he said about you. 걔가 너에 대해 말한 것을 알고 있어.
I'm aware of when homework is due. 숙제가 언제까지인지 잘 알고 있어.

A: Were you invited to join the science club?
B: Sure. **I'm aware of where** they will meet.
A: 과학클럽에 초청 받았니? B: 그래. 만나는 장소를 알고있어.

Are you aware of what's going on with Jim? 짐이 어떻게 지내는지 알고 있니?

이번에는 상대방에게 of 이하를 잘 알고 있는지 물어보는 경우.

공식 03

Are you aware of the prices getting higher?
년 물가가 갈수록 오르는 것을 알고 있니?
Are you aware of Jen graduating this year?
년 젠이 금년에 졸업하는 걸 알고 있니?

A: **Are you aware of what time** it is now?
B: Yes, I am. I'm sorry that I am late.
A: 지금이 몇 시인지 알고 있어? B: 어, 알아. 늦어서 미안해.

STEP 1
08 …를 모르겠어

내가 알지 못한다고 말할 때

「…을 모른다」라고 말할 때는 I don't know 다음에 주어+동사의 절을 넣으면 된다. I don't know what [how] S+V는 「…인지 아닌지 모르겠어」라는 의미로 특히 I don't know if ~형태가 많이 쓰인다. 한편 좀 간단히 I don't know 의문사+to~ 라 해도 된다. 물론 I don't know+명사의 형태로도 쓰이는데 I don't know why(왜 그런지 이유를 모르겠어), I don't know about that(그거에 대해 모르는데) 정도는 암기해두자.

공식 01 **I don't know 주어 + 동사** …을 몰라

I don't know { **you met him.** 네가 걔 만났었는지 모르겠어.
he is correct. 걔가 옳은지 모르겠어.

공식 02 **I don't know what to + 동사** …를 해야 할지 몰라

I don't know { **what to say.** 뭐라 해야 할지 모르겠네.
how to thank you. 어떻게 감사해야 할지 모르겠네.

공식 03 **I don't know what 주어 + 동사** …인지 모르겠어

I don't know { **how you feel.** 네가 어떤 기분인지 모르겠어.
what I am going to do. 난 무얼 해야 할지 모르겠어.

DIALOGUE

A: I found a wallet and **I don't know what to** do.
지갑을 주웠는데 어떻게 해야 할지 모르겠어.
B: It's simple. Just do the right thing.
간단해. 그냥 옳은 일을 해.
A: Okay. I'll keep the money and return the ID.
오케이. 돈을 갖고 신분증을 돌려줄 거야.
B: Well, **I don't know what to** say!
글쎄, 무슨 말을 할지 모르겠네.

I don't know it will rain today 오늘 비 올지 모르겠어

자기가 모르는 내용을 (that) S+V의 경우로 과거에 몰랐다고 할 때는 I didn't know (that) S+V 라고 하면 된다.

공식 01
I don't know the truth.   난 진실을 모르겠어.
I didn't know it was so expensive.   그게 그렇게 비쌀 줄 몰랐어.

A: Tina was very sick after dinner.
B: **I don't know if** she can come to the party.
A: 티나는 저녁 식사 후에 무지 아팠어. B: 걔가 파티에 올 수 있을지 모르겠어.

I don't know what to do 뭘 할지 모르겠어

자기가 모르는 내용을 의문사구로 말하는 경우로 how, what, where 등의 의문사+to+동사 형태로 쓰면 된다.

공식 02
I don't know whom to believe.   누굴 믿어야할지 모르겠어.
I don't know how to put it.   그걸 어떻게 말해야 할지 모르겠어.

A: **I don't know what** to do.
B: You want my advice?
A: 뭘 어떻게 해야 할지 모르겠어. B: 내가 조언해줄까?

I don't know what you mean 무슨 말인지 모르겠어

이번에는 의문사 절이 오는 경우로 what, how 및 if 절이 오는 경우이다.

공식 03
I don't know what I am going to do.   뭘 해야 할지 모르겠어.
I don't know if it's such a good idea.   그게 좋은 생각인지 모르겠어.

A: **I don't know what** I'm going to do.
B: Don't worry. You can try again!
A: 뭘 해야 할지 모르겠어. B: 걱정 마. 다시 한 번 해봐!

027

STEP 1 상대방에게 알고 있는지 물어볼 때

09 …를 아니?

상대방이 「…에 대해 알고 있는지 여부」를 물어보는 문장으로 Do you know+명사?로 표현한다. 응용표현으로 Do you know any+명사?하면 「아는 …가 좀 있어?」, 그리고 Do you know anything about+명사 [~ing]?가 되면 「…에 대해 뭐 좀 아는 거 있어?」라는 뜻이 된다.

공식 01 **Do you know + 명사?** …을 알아?

Do you know
- **the girl?** 너 그 여자애 아니?
- **the answer?** 너 답을 아니?

공식 02 **Do you know any + 명사?** 아는 …가 있어?

Do you know any
- **student?** 아는 학생이 있니?
- **good restaurants?** 근사한 식당 아는데 있어?

공식 03 **Do you know anything about + 명사/…ing?** …에 대해 좀 아는거 있어?

Do you know anything about
- **cars?** 차에 대해 아는거 있니?
- **wine?** 와인에 대해 아는거 있니?

DIALOGUE

A: What do you want to have for dinner?
저녁 뭐 먹을래?

B: How about Chinese food?
중국음식 어때?

A: Sounds good! **Do you know any** good place here?
좋지! 어디 좋은 식당 아는 데 있어?

B: Sure. Peking Gourmet Inn is world famous.
그럼.「북경 고메이 인」은 세계적으로 유명해.

Do you know the short cut to the mall? 쇼핑몰 가는 지름길을 아니?

상대방에게 알고 있는지 여부를 물어보는 것으로 know 다음에 사람이나 사물이 오는 경우이다.

Do you know that guy? 너 그 친구 아니?
Do you know her father? 너 걔 아버지를 아니?

A: **Do you know** the manager well?
B: Yes I do. We are on a first name basis.
  A: 매니저 잘 알아? B: 그럼. 친한 사이야.

Do you know anybody here? 여기 아는 사람이 있니?

특정한 것이 아닌 뭔가 아는 게 있는지를 상대방에게 물어볼 때 Do you know any+명사~? 형태로 쓰면 된다.

Do you know any good movies? 뭐 아는 좋은 영화 있니?
Do you know any good outlet malls? 좋은 아웃렛 몰을 아니?

A: **Do you know any** one who can fix computer?
B: Why? Is your notebook broken again?
  A: 컴퓨터 고치는 사람 아니? B: 왜? 네 노트북 또 고장이냐?

Do you know anything about the twitter? 트위터에 대해 뭐 좀 알아?

about 이하의 특정한 것에 대해 아는게 있는지 물어보는 것으로 about 이하에는 명사나 ~ing을 붙이면 된다.

Do you know anything about yachting? 요트 타기에 대해 뭐 아는거 있어?
Do you know anything about car racing? 자동차 경주에 대해 아는거 있니?

A: **Do you know anything about** the golf?
B: Yes, I do. I am a weekend golfer.
  A: 골프에 대해 뭐 좀 알아? B: 그럼, 난 주말 골퍼야.

STEP 1 10 ···하는지 아니?

상대방에게 조금 복잡하게 물어볼 때

이번에는 Do you know~ 다음에 절을 붙여 상대방에게 좀 더 자세하게 물어보는 표현형태. Do you know 다음에 what, how, where 등이 다양하게 오면서 각종 정보를 구하게 된다. 역시 간편 형태인 Do you know 의문사+to~? 구문도 함께 연습해둔다. "누가 걜 좋아하는지 알아?"는 Do you know who likes him?, 그리고 "날 정말 화나게 하는게 뭔지 알아?"는 Do you know what really bugs me?라고 하면 된다.

공식 01 Do you know what[where/ how] to + 동사? ···하는지 아니?

Do you know
- **what to do?** 그걸 어떻게 하는지 아니?
- **how to fix it?** 그걸 어떻게 고치는지 아니?

공식 02 Do you know what[where/ how] 주어 + 동사? ···하는지 아니?

Do you know
- **what I mean?** 내 말 알아들었니?
- **who did that?** 누가 그랬는지 아니?

공식 03 Do you know how + 형용사 + 주어 + 동사? 얼마나 ···인지 아니?

Do you know
- **how old she is?** 걔가 몇 살인지 아니?
- **how long it will take?** 얼마나 걸릴지 아니?

DIALOGUE

A: **Do you know what** you want to order?
뭘 주문할지 정하셨습니까?

B: No. Do you have any recommendations?
아뇨. 추천 좀 해주시겠어요?

A: Well, the T-bone steak is delicious.
음, 티본스테이크가 맛이 좋습니다.

B: Maybe I'll try that then.
그럼, 그걸 먹어봐야겠군요.

Do you know how to get there? 거기 어떻게 가는지 아니?

know 다음에 의문사+to+동사 이하를 아냐고 물어보는 경우.

Do you know what to do? 무엇을 할지 알고 있니?
Do you know how to use it? 그걸 사용할 줄 아니?

A: **Do you know how to** snowboard?
B: No, I don't.
   A: 스노보드 타는 법을 아니? B: 아니, 몰라.

Do you know what you're doing? 네가 뭘 하고 있는지 알아?

이번에는 「의문사 S+V」의 형태로 상대방에게 정보를 물어보는 경우.

Do you know who did that? 누가 그랬는지 아니?
Do you know why I'm laughing? 내가 왜 웃고 있는지 아니?

A: **Do you know what** I mean?
B: Yeah! You're saying you need to take a day off.
   A: 무슨 말인지 알겠어? B: 어! 하루 쉬고 싶다는 거지.

Do you know how much I love you? 내가 널 얼마나 사랑하는지 아니?

좀 특이한 경우로 Do you know how 다음에 much, long 등의 부사를 정도부사를 써서 상대방에게 「얼마나 …한지」를 물어보는 문장.

Do you know how much it is? 그게 얼마인지 아니?
Do you know how much time we spent? 우리가 얼마나 시간 소비했는지 아니?

A: **Do you know how tall** that building is?
B: I think it's 63 stories high.
   A: 저 빌딩이 얼마나 높은지 아니? B: 63층인 것으로 생각돼.

STEP 1 - 11 어떤 소식을 들었다면서 말을 꺼낼 때
…라고 들었어(…라던데)

다른 사람에게서나 혹은 신문이나 방송 등 제 3의 출처를 통해서 들은 이야기를 할 때 말하는 표현. 「…라고 들었어」라는 의미로 주로 화제를 꺼낼 때 사용하는데 I heard 혹은 I've heard~ 로 시작하면 된다. I've never heard of[from]~는 「…을 들어본 적이 없다」, I('ve) heard about+명사는 「…에 관해 듣다」, 그리고 Did you hear that~?/Have you heard that~?는 「…을 들어본 적이 있냐?」고 각각 물어보는 표현이다.

공식 01 I've heard about + 명사 …에 대해 들었어

I've heard about
- **you.** 너에 대해 들었어.
- **the story.** 그 얘기 들었어.

공식 02 I've heard 주어 + 동사 …라던데

I've heard
- **you are going to marry.** 너 결혼예정이라고 들었어.
- **you passed the exam.** 시험에 통과되었다고 들었어.

공식 03 Did you hear 주어 + 동사? …소식 들었니?

Did you hear
- **he got the prize?** 걔가 상 탔다는 소식 들었니?
- **she got the job?** 걔가 취업했다고 들었니?

DIALOGUE

A: Did you hear there will be a concert?
음악회가 있을거라고 들었니?

B: I've heard that singers will perform.
가수들이 공연할 거라고 들었어.

A: Would you like to go to the concert with me?
나랑 같이 음악회 갈래?

B: Sure. Let's meet up tonight.
그럼. 오늘 밤에 만나자.

I've heard so much about you 너에 대해 많이 들었어

과거에 들어 지금까지 알고 있다는 맥락에서 현재완료형태인 I have heard~ 를 주로 쓰지만 그냥 I heard~ 라고도 많이 쓴다.

공식 01

I've heard about the accident. 그 사건에 대해 들었어.
I've heard about your divorce. 네 이혼에 대해 들었어.

A: **I've heard about** the Great Wall of China.
B: Would you like to go and visit it?
 A: 만리장성에 대해 들었어. B: 방문하고 싶으니?

I've heard you got fired a few weeks ago 몇 주 전에 해고됐다며

들은 내용이 좀 길면 hear (that) S+V 형태로 쓰면 만사해결~.

I've heard you failed the entrance exam. 입학시험에 떨어졌다며.
I've heard John was injured. 존이 다쳤다며.

A: **I just heard that** Jim lost his job.
B: That's too bad.
 A: 짐이 직장을 잃었다는 소식을 막 들었어. B: 안됐다.

Did you hear the news? 그 소식 들었어?

이번에는 상대방에게 어떤 사실을 들었냐고 물어볼 때 사용하는 표현으로 hear 다음에는 명사나 절이 올 수 있다.

공식 03

Did you hear the big news? 빅 뉴스를 들었니?
Did you hear that Rick got the promotion? 릭이 승진했다는 소식 들었니?

A: **Did you hear** they are getting divorced?
B: No. That's news to me.
 A: 걔들이 이혼예정이라는 걸 들었니? B: 아니. 금시초문이야.

STEP 1
12 내가 앞으로 할 일을 말할 때
내가 …할게

동작의 내용이 미래에 일어난다는 의미를 부여할 때 will을 사용하면 되는데 「I will+동사」가 되면 「내가 …을 할 것이다」, 「…을 하겠다」라는 뜻이 된다. I'll 다음에 다양한 동사를 사용하면 만사 오케~. 다만 I'll be+부사 형태로 굳어진 표현들인 I'll be right there(곧 갈게), I'll be back(곧 올게) 등은 회화에서 자주 나오는 빈출표현들이므로 잘 기억해둔다.

공식 01 **I will + 동사** 내가 …할게

I will
- **think about it.** 내가 생각해볼게.
- **take this one.** 이걸로 할게.

공식 02 **I will be + ~ing** 난 …할 거야

I will be
- **watching.** 내가 지켜보고 있을게.
- **staying with you.** 난 너랑 같이 있을게.

공식 03 **I won't + 동사** 난 …하지 않을 거야

I won't
- **tell anybody.** 누구한테도 말하지 않을게.
- **say a word.** 말 한마디 안할 게.

DIALOGUE

A: Drop me a line to let me know how you're doing.
어떻게 지내는지 궁금하니까 편지나 좀 써.
B: I will. But I don't have your address.
그럴게. 그런데 주소를 모르는데.
A: I will text it on your cell.
네 휴대폰에 문자를 넣어줄 게.
B: It's very kind of you. I will write to you.
정말 고마워. 너한테 편지 쓸게.

I will do my best 내가 최선을 다할게

내가 앞으로 할 예정인 행동을 말하는 것으로 be going to+동사로 해도 된다.

I will give you a ride. 내가 태워줄게.
I will take you there. 널 거기에 데려갈게.

A: **I will** pick you up at eight.
B: Don't be late.
> A: 8시에 데리러 갈게. B: 늦지 마.

I will be waiting for you 내가 기다려줄게

내가 미래에 어떤 동작을 '계속'하고 있겠다는 것을 강조할 때 will be+~ing를 쓰면 된다.

I will be stay**ing** with my cousin. 내 사촌 집에 머물 거야.
I will be wait**ing** inside the car. 차 안에서 기다리고 있을게.

A: I need to do my hair before we go.
B: **I will be** wait**ing** for you in the living room.
> A: 가기 전에 머리를 해야 되는데. B: 거실에서 기다려줄게.

I won't let it happen again 다시는 그런 일이 없도록 할게

I will not은 I won't로 축약되는데 발음이 [wount]라는 점에 주의해야 한다. 잘못 발음하면 상대방이 I want로 착각할 수도 있다.

It won't be easy. 쉽지 않을 거야.
I promise I won't say a word. 정말이지 한 마디도 하지 않을게.

A: I am not sure if I want to buy this.
B: Don't worry. **I won't** cheat you.
> A: 내가 이걸 사야 할 지 모르겠어요. B: 걱정 마세요. 손님한테 사기 안쳐요.

STEP 1
13 넌 …하게 될거야

상대방이 앞으로 어떻게 될 거라고 예상할 때

「넌 …하게 될거야」라고 상대방의 미래를 예측하는 표현으로 You will be~ 혹은 You will+ 동사~ 형태로 사용하면 된다. 부정으로 「…하지 않게 될거야」라고 하려면 You will never~ 혹은 You won't~ 이라고 하면 된다. You'll see(두고 봐, 두고 보면 알아), Good luck, you'll need it(행운을 빌어, 네가 필요할거야) 등이 「You will+동사」의 대표적 표현이다.

공식 01 **You will + 동사** 넌 …하게 될 거야

You will { **make money.** 넌 돈을 벌게 될 거야.
          get a job. 넌 직업을 얻게 될 거야.

공식 02 **You won't + 동사** 넌 …하지 않을 거야

You won't { **believe.** 넌 믿지 않을 거야.
           surprise. 넌 놀라지 않을 거야.

공식 03 **You will never + 동사** 넌 절대로 …하지 않을 거야

You will never { **find her.** 넌 절대로 걔를 찾지 못할 거야.
                come again. 넌 절대로 다시 오지 않을 거야.

DIALOGUE

A: I will have my first job interview this afternoon.
오늘 오후에 첫 번째 취업 인터뷰가 있어.
B: Don't be nervous. **You will be** okay.
초초하지 마. 잘 해낼 거야.
A: Thanks. I will do my best.
고마워. 최선을 다할 게.
B: Good luck to you.
행운을 빌어.

You will get to know that 넌 그걸 알게 될 거야

상대방이 앞으로 「…하게 될 거야」라는 말로 주로 충고하거나 격려할 때 사용한다.

You will get used to it.   곧 익숙해 질 거야.
You will make a lot of money.   돈을 많이 벌 거야.

A: I hope **you will** do your best in your interview.
B: Thanks. I will.
    A: 최선을 다해 면접 잘 봐. B: 고마워. 그럴게.

You won't regret this 이걸 후회하지 않게 될 거야

You will not의 축약형태로 「넌 …하지 않을거야」라고 충고하거나 격려하는 표현.

You won't get an A grade.   넌 A 학점을 받지 못할 거야.
You won't be disappointed.   실망시키지 않을 거예요.

A: **You won't** be coming over for dinner?
B: That's right. I've got soccer practice.
    A: 저녁 먹으러 못 온다고? B: 그래, 축구 연습이 있어서.

You will never see me again 날 다시는 못 보게 될 거야

You won't[will not]과 같은 의미이지만 never를 사용하여 의미가 강조되었다.

You will never forget me.   넌 날 결코 못 잊을 거야.
You will never see her cry.   넌 걔가 우는 모습을 결코 보지 못할 거야.

A: I'm going. **You will never** see me again.
B: Why are you so upset with me?
    A: 갈게. 다시는 날 못 볼 거야. B: 왜 나한테 화를 내는 거야?

STEP 1
14. …하러 갈 거야

앞으로 무엇을 하겠다고 말할 때

미래를 표시하는 표현으로 will 만큼 회화에서 많이 쓰이는 'be going to+동사'는 가까운 미래에 「…할거야」라는 의미이다. be going to는 조동사는 아니지만 마치 조동사처럼 쓰이는 셈. 따라서 be going to+동사 형태에서 'going'에는 '가다'라는 의미가 더 이상 없다. 또한 going to는 축약해서 gonna로 쓸 수 있다는 것도 알아둔다. be going to보다 아주 가까운 미래에 일어날 일을 말할 때는 'be about to+동사'를 사용하면 된다. 「바로 …할거야」라는 의미.

공식 01 **I'm going to + 동사** …할거야

I am going to
- **leave for Japan.** 일본으로 갈 거야.
- **study English.** 영어공부할거야.

공식 02 **I'm not going to + 동사** …하지 않을 거야

I'm not going to
- **get mad.** 화내지 않을 거야.
- **tell any secrets.** 아무런 비밀도 말하지 않을게.

공식 03 **Are you going to + 동사~?** …을 할 거야?

Are you going to
- **buy me a new suit?** 새 옷 사줄 거야?
- **come to the party?** 파티에 올 거야?

DIALOGUE

A: Bye for now!
이제 안녕!
B: See you later. Don't forget to write.
나중에 봐. 편지 쓰는 거 잊지 마.
A: I won't. **I'm really going to** miss you.
잊지 않을게. 정말 네가 보고 싶을 거야.
B: I'm going to miss you, too.
나도 네가 보고 싶을 거야.

I'm going to miss you so much 정말 보고 싶을 거예요

will의 대용품으로 「be going to+장소명사」와 착각하지 말아야 한다.

I'm sorry, but I'm going to be a little late. 미안, 좀 늦을 것 같아.
I'm going to take some time off. 좀 쉴 거야.

A: Alan, where are you?
B: I am sorry, but I'm going to be a little late.
  A: 앨런, 어디야? B: 미안, 좀 늦을 것 같아.

I'm not going to study for the exam 시험공부 안 할 거야

반대로 앞으로 「…하지 않겠다」고 할 때는 be not going to를 쓴다.

I'm not going to work for him. 걔를 위해서 일하지 않을 거야.
I'm not going to warn you again. 네게 다시 경고하지 않을 거야.

A: Everyone wants you to sing a song.
B: I'm not going to sing tonight.
  A: 모두가 네가 노래하길 원하고 있어. B: 오늘밤 노래하지 않을래.

Are you going to attend the meeting? 회의에 참석할거야?

상대방에게 「…을 할 것인지」를 물어볼 때 사용하는 문장.

Are you going to be here on the weekend? 주말에 여기 있을 건가요?
Are you going to take a shower right now? 지금 바로 샤워할거야?

A: Are you going to be long?
B: No, I'll be back in ten minutes.
  A: 오래 걸리나요? B: 아뇨, 10분 후에 돌아올 거예요.

STEP 1
15 내가 해야 할 의무를 말할 때
난 …를 해야 해

「…해야 한다」라는 의미의 조동사 must, should와 같은 계열로 주어가 3인칭일 때는 He(She) has to, 시제가 과거일 때는 had to 그리고 미래일 때는 will have to라 쓴다. 특히 I have to ask you something처럼 I have to는 외부적 요인으로 「내가 …을 할 수밖에 없는 처지」를 표현할 때가 많다.

공식 01 **I have to + 동사** 난 …를 해야 해

I have to { **talk to you.** 애기 좀 하자고.
finish it. 난 그걸 끝내야 해.

공식 02 **I'll have to + 동사** 난 …를 해야 할 거야

I'll have to { **leave.** 나 떠나야 할 거야.
take the bus. 그 버스를 타야 할 거야.

공식 03 **I had to + 동사** 난 …를 해야 했어

I had to { **quit school.** 난 학교를 그만두어야 했어.
change my plan. 내 계획을 바꿔야만 했어.

DIALOGUE

A: **I have to** leave right away for the meeting.
회의가 있어서 지금 당장 가봐야겠는데.
B: I will catch up with you later.
나중에 다시 전화하지 뭐.
A: Maybe we can meet for lunch.
점심 때 만날까?
B: Sounds great!
그거 좋지!

I have to tell you something 말할 게 하나 있어

have to는 must처럼 강제성이 있으면서 또한 가장 많이 쓰이는 것으로 I have to~ 하면 뭔가 자기가 할 수 밖에 없는 것을 말할 때 사용한다.

공식 01

I have to go to bed, now. 이제 자야 되겠어.
I have to finish it by tomorrow. 내일까지 이걸 마쳐야 돼.

A: I have to go talk to my dad.
B: What are you going to say?
A: 아빠한테 가서 이야기 좀 해야 되겠어. B: 무슨 이야기 할 건데?

I'll have to say goodbye 이젠 떠나야겠어요

「have to+동사」의 미래형. I will have to+동사 형태로 앞으로 해야 되는 일을 말한다.

공식 02

I'll have to ask someone else. 다른 사람한테 부탁해야겠어.
We'll have to take a shuttle bus. 우린 셔틀버스를 타야 할 거야

A: I'd be pleased if you could join us for dinner.
B: I'll have to call my wife first.
A: 저녁식사를 함께 했으면 좋겠네요. B: 아내에게 먼저 전화를 해보고요.

I had to break with her 걔랑 헤어져야만 했어

이번엔 have to의 과거형으로 「과거에 …해야만 했던」 상황을 말할 때 사용한다.

공식 03

I had to change my plans for the summer. 여름계획을 바꿔야만 했어.
We had to go to my grandmother's house. 할머니집에 가야만 했어.

A: I heard you had some trouble with your girlfriend.
B: I had to break up with her. We were fighting a lot.
A: 여친과 문제가 있다고 들었어. B: 걔랑 헤어져야 했어. 무지 싸웠지.

STEP 1
16. 넌 …를 해야 돼
상대방에게 충고내지 명령할 때

강제성이 있는 have to 와 You가 만나면 상대방에게 「…하라고 강하게 충고 내지는 명령하는」 표현이 된다. You have to~의 부정형 You don't have to+동사는 「…할 필요가 없어」, 「…하지 않아도 돼」라는 의미이고 need의 부정형을 써서 You don't need to+동사라 해도 「…할 필요가 없다」라는 같은 뜻이 된다. 한편 I don't need [have] to+동사~라고 하면 「난 …안 해도 돼」라는 의미가 된다.

공식 01 **You have to + 동사** 넌 …를 해야 돼

You have to {
 try harder. 더 열심히 해야 돼.
 study hard. 열심히 공부해야 돼.
}

공식 02 **You'll have to + 동사** 너 …해야 돼

You will have to {
 pay me $50,000. 5만 달러 내셔야 됩니다.
 study for the exam. 넌 시험 준비해야 될거야.
}

공식 03 **You don't have to + 동사** 넌 …하지 않아도 돼

You don't have to {
 do that. 그럴 필요 없어.
 come here. 여기 올 필요 없어.
}

DIALOGUE

A: Excuse me, is this where we get on the train to Montreal?
실례합니다만, 몬트리올 행 기차 여기서 타나요?

B: No, **you have to** go to the next terminal.
아뇨, 다음 터미널로 가셔야 하는데요.

A: Is it near?
여기서 가까운가요?

B: Yes, it's about three minutes away.
네, 3분 정도 걸려요.

You have to be careful 조심해야 돼

강제성이 있는 have to와 you가 만나면 상대방에게 「강하게 충고 내지는 명령」하는 것이다.

공식 01

You have to get used to it. 적응해야지.
You have to take a look at it. 한번 봐야 돼.

A: The buffet smells good. Is this food free?
B: No, you have to pay for it.
A: 뷔페 음식 냄새 좋네요. 이 음식 공짜예요? B: 아뇨, 돈을 내셔야 해요.

You'll have to wait a while 잠시 기다려야 될 거야

상대방에게 앞으로 해야 될 일을 말할 때.

공식 02

You'll have to wait your turn. 차례를 기다려야 돼요.
I can't hear you. You'll have to speak up. 잘 안 들려요. 큰 소리로 말해요.

A: How can I be a lawyer in the US?
B: You'll have to pass the bar exam.
A: 어떻게 하면 미국에서 변호사가 될 수 있어? B: 변호사 시험에 합격해야 돼.

You don't have to be sorry 미안해 할 필요 없어

You have to~의 부정형으로 상대방에게 「…하지않아도 돼」, 「…할 필요가 없다」고 충고하는 표현.

공식 03

You don't have to yell! 소리칠 필요는 없잖아!
You don't have to drive tonight. 오늘 밤엔 운전할 필요 없어.

A: You don't have to say you're sorry.
B: Sure I do. It was all my fault.
A: 미안하단 말은 할 필요 없어요. B: 어떻게 그래요. 이게 다 제 잘못인데.

STEP 1
17 상대방의 사정을 확인해볼 때
네가 … 해야 하니?

상대방이 어떤 일을 꼭 해야 하는 상황인 지를 확인해볼 때는 Do you have to+동사~?로 하는 데 우리말로는 「너 …을 해야 하니?」「…을 꼭 해야 돼?」라는 의미. 반면 Do we have to+동사~?하면 '네'가 아니라 '우리'가 「…을 해야 돼?」라는 의미.

공식 01　**Do I have to + 동사?**　내가 …를 해야 하니?

Do I have to { **choose?** 내가 선택해야 돼?
decide? 내가 결정해야 돼?

공식 02　**Do you have to + 동사?**　네가 …를 해야 하니?

Do you have to { **stay?** 남아야 돼?
work? 일해야 돼?

공식 03　**Do we have to + 동사?**　우리가 …를 해야 돼?

Do we have to { **do this now?** 우리가 지금 이거 해야 돼?
leave now? 우리가 지금 떠나야 해?

DIALOGUE

A: What time did you finish?
너 언제 끝냈니?
B: Bill relieved me of my duties early this morning.
빌이 오늘 아침에 내 일거리를 덜어줬어.
A: **Do you have to** work tomorrow?
내일도 일해야 되니?
B: No, I have the day off.
아니, 내일은 쉴 거야.

Do you have to work tonight? 오늘 밤 일해야 돼?

역시 have to는 강제성이 다분히 있는 표현으로 상대방에게 「…할 수 밖에 없는 상황」이냐고 물어보는 형식.

공식 01

Do you have to go now? 이제 가야 돼?
Do you have to do that? 그렇게 해야 돼?

A: **Do you have to** go back to work?
B: It's okay. The boss won't be here until 6 o'clock.
    A: 일하러 돌아가야 돼? B: 괜찮아. 사장은 6시나 되어야 돌아올 거야.

Do I have to choose right now? 지금 선택해야 돼?

이제는 「내가 …을 해야 하냐?」고 자신의 상황을 확인하면서 상대방의 의사를 확인하는 표현.

공식 02

Do I have to wait here? 여기서 기다려야 돼?
Do I have to decide right now? 지금 결정해야 돼?

A: **Do I have to** complete this report?
B: You should finish what you start.
    A: 이 보고서 끝내야 돼요? B: 시작한 건 끝내야지.

Do we have to talk about this right now? 지금 이 얘기를 해야 돼?

이번에는 복수로 우리가 할 수밖에 없는 일이나 상황을 언급할 때 말한다.

공식 03

Do we have to fight like this? 우리가 이렇게 싸워야겠니?
Do we have to do it right now? 우리가 지금 이거 해야 돼?

A: **Do we have to** stay here any longer?
B: No. You are free to go now.
    A: 우리가 여기에 더 있어야 합니까? B: 아뇨. 이제 가도 됩니다.

STEP 1
18 나의 능력 및 가능여부를 말할 때
난 …할 수 있어

「내가 …할 수 있거나 없을 때」는 I can [can't]+동사구문을 활용한다. 주의할 점은 can과 can't의 발음 구분이 어려운데 can은 [큰]으로 약하게 그리고 can't는 [캔ㅌ]로 강하게 발음된다. 관용표현으로는 I can't say(잘 몰라), I can't believe it(말도 안 돼) 그리고 상대방이 잘 지내냐고 인사할 때 "잘 지낸다"는 대답의 하나로 I can't complain(잘 지내고 있어) 등이 있다.

공식 01 **I can + 동사** 난 …할 수 있어

I can { **see that.** 알겠어.
         handle it. 내가 처리할 수 있어.

공식 02 **I can't + 동사** 난 …할 수 없어

I can't { **blame you.** 널 비난할 수 없어.
          follow you. 말을 알아듣지 못하겠어.

공식 03 **You will be able to + 동사** 넌 …할 수 있을 거야

You will be able to { **do better.** 넌 더 잘 할 수 있을 거야.
                      help them. 넌 걔들을 도와줄 수 있을 거야.

DIALOGUE

A: What is the cheapest you will go?
최대한 얼마까지 싸게 해주실 수 있죠?
B: I don't think **I can** give you a better price.
이보다 더 싸게는 안 될 것 같은데요.
A: Can you give me any discount for paying cash?
현금으로 계산하면 할인해 주실 수 있나요?
B: Let me talk to my boss.
사장님께 얘기해 보죠.

I can give you a hand 제가 도와드릴 수 있는데요

나의 능력뿐만 아니라 내가 하겠다는 의지를 표현할 때 사용하는 표현으로 can의 발음은 [캔]이 아니라 [큰]에 가까워 거의 잘 안 들린다.

I can handle it by myself. 혼자 할 수 있어.
I can download them on my cellular phone.
내 휴대폰에 그걸 다운로드할 수 있어.

A: The key's stuck in the lock.
B: **I can** fix it. Hold on.
 A: 키가 구멍에 박혔어. B: 내가 고칠 수 있어. 기다려.

I can't hear you very well 네 말이 잘 안 들려

반대로 내 능력이 안 되어 어쩔 수 없거나 어떤 걸 할 의사가 전혀 없을 때 던질 수 있는 표현.

I can't take it anymore. 더 이상 못 견디겠어.
I can't do this anymore. 더 이상은 이렇게 못해.

A: I'm sorry. **I can't** talk long.
B: I'll give you a call later when you have time.
 A: 미안하지만 길게 얘긴 못해. B: 그럼 나중에 시간될 때 다시 걸게.

We hope you'll be able to join us 올 수 있으면 좋겠는데

can은 부실하게도 미래형이 없기 때문에 미래의 가능성을 말할 때는 can 대신 be able to를 사용하여 will be able to+동사 형태로 써야 한다.

He won't be able to help her. 걘 그녀를 도와줄 수 없을거야.
She will be able to do better next time. 걘 다음번에 더 잘 할 수 있을거야.

A: If we hurry, **we'll be able to** meet them for drinks.
B: Sounds good to me.
 A: 서두르면 그 친구들을 만나 술을 마실 수 있을 거야. B: 그거 좋은데.

STEP 1
19 상대방에게 허가하거나 허락할 때
넌 …할 수 있어(해도 돼)

이번엔 주어를 바꿔 You can+동사~ 형태를 쓰면 상대방에게 뭔가 허가하거나 허락할 때 쓰는 것으로 「…해도 된다」 혹은 「…해라」라는 의미. 반대로 You can't+동사~하게 되면 '금지'의 뜻으로 「…하지마라」,「…하면 안된다」라는 뜻이다.

공식 01 **You can + 동사** 넌 …해도 돼

You can { **go first.** 네가 먼저 가.
trust me. 날 믿어도 돼.

공식 02 **You can't + 동사** 넌 …하면 안 돼

You can't { **do that.** 그러면 안 되지.
give up. 포기하면 안 되지.

공식 03 **Can I + 동사?** …해도 괜찮아?

Can I { **get you something?** 뭐 필요한 거 있니?
ask you a question? 질문 하나 해도 돼?

DIALOGUE

A: How much do I owe you?
얼마죠?
B: Your bill is for $33, including tax.
세금까지 해서 33달러예요.
A: Okay, here's $38 and **you can** keep the change.
알겠어요, 여기 38달러 있어요. 나머지는 가지세요.
B: Thanks a million!
정말 고마워요.!

You can call me anytime 언제라도 전화해

상대방의 능력을 표현하는 것이 아니라 상대에게 「…해도 좋다」고 허락하는 표현.

공식 01

You can do anything.   너 뭐든 할 수 있어.
You can bring it back here.   이곳으로 가져오면 돼.

A: What's your first name?
B: It's Rebecca, but you can call me Becky.
  A: 이름이 뭐예요. B: 리베카인데 부를 땐 벡키라고 하세요.

You can't do this to me 내게 이러면 안 되지, 이러지 마

반대로 상대방의 무능을 표현하는 것이 아니라 「…하면 안 된다」고 금지하는 표현.

공식 02

You can't be serious.   농담이겠지
It's on the left. **You can't** miss it.   왼쪽에 있어. 놓칠 수가 없어.

A: Sorry, I'm seeing a guy.
B: What! **You can't** do this to me!
  A: 미안해, 다른 애 만나고 있어. B: 뭐라고! 내게 이러면 안 되지!

Can I ask you a favor? 부탁하나 해도 될까요?

뭔가 상대방에게 제안하거나 허가를 구할 때 긴요하게 써먹는 표현으로 좀 더 부드럽게 말하려면 Can~ 대신 Could~로 시작하면 된다.

공식 03

Can I try this on?   이거 입어 봐도 되나요?
Can I borrow your cellular phone?   핸드폰 좀 빌려줄래?

A: Jimmy, **can I** talk to you for a sec?
B: Yeah, what is it?
  A: 지미, 잠깐 이야기해도 될까? B: 그래, 뭔데?

STEP 1
20 상대방에게 부탁할 때
…좀 해줄래?

상대방에게 무엇을 제안하거나, 「…을 해달라」고 요청하는 표현. Will you~?로 쓰면 되고 좀 더 정중하게 말하려면 Will you please+동사?라고 하면 되고 더 예를 갖추려면 Would you~?를 그리고 부탁하는 마음을 더 표현하려면 Would you~ 다음에 please를 넣어 Would you please+동사~?라고 하면 된다. 따라서 Will you do me a favor?보다는 Would you do me a favor?가 더 정중한 표현이 된다.

공식 01 **Will you + 동사?** …좀 해줄래?

Will you
- **come in here?** 좀 들어올래요?
- **have more coffee?** 커피 좀 더 할래요?

공식 02 **Would you + 동사?** …좀 해주실래요?

Would you
- **stop?** 좀 그만할래요?
- **calm down?** 좀 진정할래?

공식 03 **Will that + be~ ?** …인가요?

Will that be
- **all?** 더 필요한 것은 없나요?
- **everything?** 이제 전부인가요?

DIALOGUE

A: **Will you** come to work for my company?
우리 회사에서 일하시겠어요?
B: Let me have some time to think it over.
좀 생각해볼 시간을 주십시오.
A: Okay, I'll give you until the end of the week.
좋습니다. 이번 주말까지 시간을 드리죠.
B: Fair enough. On Friday, I'll give you my answer.
아주 좋습니다. 금요일에 확답을 드리죠.

Will you be able to attend? 참석할 수 있어?

가장 많이 쓰이는 표현으로 상대방에게 요청이나 부탁을 할 때 사용한다.

Will you marry me? 나하고 결혼해주겠니?
Will you hold this for a sec? 잠깐 이것 좀 들고 있어줘

A: Will you dance with me?
B: Well, maybe later.
A: 저랑 춤추실래요? B: 글쎄, 좀 나중에.

Would you speak more slowly, please? 좀 천천히 말씀해주시겠어요?

Will you~ 보다 공손한 표현으로 전형적으로 상대방에게 부탁할 때 쓴다. 하지만 문맥에 따라 혹은 억양에 따라 의문문이 아니라 명령조에 가깝게도 사용된다.

Would you go out with me? 나랑 데이트할래요?
Would you lend me some money? 돈 좀 빌려줄래요?

A: Would you care for dessert?
B: No, but I'd love some coffee.
A: 디저트를 드시겠어요? B: 아뇨, 그냥 커피만 좀 주세요.

Will that be cash or charge? 현금으로 내시겠어요, 아님 신용카드로 하시겠어요?

주어가 you가 아니므로 부탁이나 요청이 아닌 주어인 it [that]의 상황이 어떤지 물어보는 표현. would it be는 will it be보다 정중한 표현으로 '뭐가 가능한지' 등을 물어볼 때 사용하면 된다.

Will it be a good idea to immigrate? 이민가는게 좋은 생각일까?
Would it be okay if I smoke a cigarette? 담배를 펴도 괜찮을까?

A: Would it be possible to get another drink?
B: Sure. What would you like to have?
A: 한잔 더해도 될까요? B: 그럼. 뭐 하고 싶어요?

STEP 1 - 21 무엇이 있다 없다라고 말할 때
여기에(저기에) …가 있어

상대방에게 뭔가를 건네줄 때는 Here is [are]~로 시작해서 다음에 건네주는 물건을 써주면 된다. 「여기…있어」라는 의미로 건네주는 물건의 단수 복수에 따라 is 혹은 are를 쓰면 된다. 또한 There is [are]~ 는 생기본 표현으로 「…가 있다」라는 뜻으로 역시 다음에 오는 명사의 단수 복수에 따라 is 혹은 are를 선택하면 된다.

공식 01 **There is[are] + 명사** …가 있어

There {
- **is a long history.** 긴 역사가 있어.
- **are some problems.** 문제가 좀 있어.
}

공식 02 **There's no[not]~** …가 없어

There's no {
- **doubt.** 의심할 게 없어.
- **excuse.** 변명의 여지가 없어.
}

공식 03 **Here is[are] + 명사** 여기에 …가 있어

Here's {
- **your bill.** 여기 계산서입니다.
- **good news.** 좋은 소식이 있어.
}

DIALOGUE

A: Would you like these items delivered?
이 물건들을 배달해 드릴까요?
B: Do I have to pay extra for delivery?
배달하는데 추가요금을 내야 하나요?
A: Yes, **there is** a ten-dollar delivery charge.
네, 배달료로 10달러를 내셔야 합니다.
B: I'll just take them myself, then.
그럼, 제가 그냥 가져가죠.

There's a phone call for you 전화 왔어

어떤 장소에 어떤 사람이나 사물이 있다고 말하는 기초표현으로 there 다음에 나오는 명사의 단, 복수에 따라 There is~, There are~로 쓰면 된다. 반대로 물어볼 때는 Is [Are] there~?로 하면 된다.

There is a lot of work to do here. 여기 할 일이 너무 많아.
Is there a problem with the computer? 컴퓨터에 문제가 있어?

A: You work too hard, Mary.
B: Yes, but **there is** always something to do.
　A: 메리, 당신 일이 너무 많군요. B: 맞아요, 하지만 할 일이 끊이지 않아요.

There's no doubt about it 그건 의심할 바가 없어

There is [are]~의 부정형태로 There isn't [aren't]~로 쓰거나 혹은 다른 부정어인 no나 nothing을 써서 There is no [nothing]~ 형태를 써도 된다.

There is nothing like that. 저 만한 게 없지.
There's no excuse for it. 그건 변명의 여지가 없어.

A: I'm sorry that we argued.
B: **There are no** hard feelings on my part.
　A: 다투어서 미안해. B: 기분 나쁘게 생각하지 마.

Here's good news for you 네게 좋은 소식 있어

상대방에게 뭔가 건네주면서 하는 말로 「여기 …가 있어」라는 표현이다. 건네주는 물건의 단, 복수에 따라 Here is~, Here are~로 쓰면 된다.

Here is your passport. 여기 여권 있습니다.
Here is my business card. 여기 내 명함이에요.

A: **Here is** your birthday gift.
B: You are the best. I love you so much!
　A: 여기 생일선물. B: 네가 최고야. 널 정말 사랑해!

STEP 1
22 상대방의 모습을 말할 때
넌 …하게 보여

상대방의 상태나 모습을 언급하는 표현으로 이때는 look을 이용하면 된다. You look~ 다음에 형용사[과거분사] 등을 붙여 쓰면 되는데 You look great [good]!라고 하면 상대방을 만났을 때 "야, 너 멋져 보인다"라고 말할 때 쓰는 표현으로 회화에서 자주 쓰이는 표현으로 무조건 암기해둔다.

공식 01 **You look + 형용사** 넌 …하게 보여

You look { **pale.** 너 창백해 보여.
           tired. 너 피곤해 보여.

공식 02 **You don't look + 형용사** 넌 …해 보이지 않아

You don't look { **good.** 너 안 좋아 보여.
                 happy. 너 행복하게 안 보여.

공식 03 **You look like + 명사[주어+동사]** 넌 …인 것 같아

You look like { **an idiot.** 너 바보 같이 보여.
                you are hungry. 너 배고픈 것 같아.

DIALOGUE

A: Don't get me wrong, but **you look** awful.
오해는 하지 마세요. 얼굴이 아주 안 좋아 보이네요.
B: What do you mean?
무슨 뜻이죠?
A: Well, it looks like you haven't had much sleep lately.
저, 요즈음 잠을 못 주무신 것처럼 보여서요.
B: Exactly. I'm exhausted.
그래요. 너무 피곤하거든요.

You look happy 넌 행복해 보여

You look 다음에 사람의 모습이나 상태를 나타내는 형용사 혹은 과거분사를 넣으면 된다.

You look happy these days. 너 요즘 행복해 보여.
You look very handsome. 너 아주 핸섬해 보여.

A: Look at you, **you look** great.
B: Really? Thank you, so do you.
A: 자신을 봐, 너 멋져 보여. B: 그래? 고마워, 너도 그래.

You don't look good these days 요즘 너 안 좋아 보여

앞의 것과 반대로 「…처럼 보이지 않는다」고 할 때 쓰는 뜻으로 상대방의 모습이나 분위기가 안 좋을 때 사용한다.

What's up? **You don't look** happy. 무슨 일이야? 행복해 보이지 않아.
You don't look healthy today. 너 오늘 건강해보이지 않아.

A: **You don't look** good these days.
B: Yeah, I've been sick a lot.
A: 요즘 너 안 좋아 보여. B: 응, 많이 아팠어.

You look like you had a bad day today 너 오늘 일진이 안 좋았던 것 같아

You look 다음에, 앞에서처럼 형용사가 아니라 명사나 주어+동사의 절로 상대방의 상태나 모습을 말할 때는 look 다음에 like를 붙이고 명사나 절이 나오면 된다.

You look like a movie star. 너 영화배우 같아 보여.
You look like you've lost weight lately. 너 최근에 살이 빠진 것 같아.

A: Those glasses make **you look like** a pig.
B: Don't make fun of me.
A: 그 안경 쓰니까 너 꼭 돼지 같아. B: 놀리지 마.

STEP 1
23. 넌 …같아
상대방의 상태를 언급할 때

look (like)처럼 의미와 용법이 유사한 단어가 또 하나 있는 게 바로 seem이다. seem 다음에 형용사, 그리고 명사나 절을 붙여 seem like+명사[주어+동사]라 하면 된다. 단 look like와 다르게 He seems to hate you(걔는 널 싫어하는 것 같아)에서처럼 뒤에 to+동사가 와서 좀 더 내면적으로 「…하는 것 같아」라는 의미로 쓰이기도 한다.

공식 01 **You seem + 형용사** 넌 …같아

You seem { **tired.** 너 피곤해 보여.
{ **nervous.** 너 초조해 보여.

공식 02 **You seem to + 동사** 네가 …하는 것 같아

You seem to { **hate me.** 네가 날 미워하는 것 같아.
{ **like me.** 네가 날 좋아하는 것 같아.

공식 03 **He seems like + 명사[주어+동사]** 걔가 …할 것 같아

He seems like { **a nice gentleman.** 걔는 훌륭한 신사 같아.
{ **he will quit school.** 걘 학교를 그만둘 것 같아.

DIALOGUE

A: I wonder if the boss is still angry with me.
사장이 나한테 아직도 화가 나 있는지 모르겠어요.
B: **He seems to** be in a good mood today.
오늘 보니까 기분이 좋은 것 같던데요.
A: I guess I won't ask him about yesterday.
어제 일에 대해선 물어 보지 말아야겠군요.
B: Good idea. Let sleeping dogs lie.
그래요. 괜히 긁어 부스럼 만들지 말아요.

You seem really tired 너 정말 피곤해 보이는데

가장 기본형으로 seem 다음에 형용사를 붙이는데 부정형태로 쓰려면 ~don't seem+형용사라 하면 된다.

공식 01

You don't seem okay.   안 좋아 보여
You seem a little nervous.   너 좀 초조해보여

A: How was your date?
B: **She seemed** really fun.
A: 데이트 어땠어? B: 재미있는 애 같았어.

Pam and Paul seem to always be fighting 팸과 폴은 항상 싸우는 것 같아

seem만의 특수한 경우로 seem 다음에 「…할 듯한 행동을 말할 때」는 to+동사를 쓰면 된다.

공식 02

He seems to be an easy-going person.   걘 털털한 성격인 것 같아.
You seem to be working really slowly recently.
최근에 일이 아주 느려진 것 같아.

A: What is Brian's favorite food?
B: **He seems to** like hotdog the best.
A: 브라이언의 기호음식은 뭐니? B: 핫도그를 가장 좋아하는 것 같아.

He seems like a stranger 걘 마치 낯선 사람 같아

look like 경우와 마찬가지로 seem like 뒤에 명사나 절이 와서 「…인 것 같다」, 「…한 모양이다」라는 의미로 사용.

공식 03

He seems like his mood is good.   걔 기분이 좋은 것 같아.
Your wife seems like a nice woman.   네 와이프 좋은 여자 같더라.

A: Why is he acting like that these days?
B: I don't know. **He seems like** a stranger.
A: 걘 요즘 왜 그렇게 행동해? B: 몰라. 마치 낯선 사람 같아.

STEP 1
24 부드럽게 포장해서 말하는 법
…인 것 같아

앞서 배운 look이나 seem의 경우 사람이 주어로 쓰이는 경우도 많지만 대명사 It을 써서 사용하는 경우가 훨씬 많다. look의 경우에는 (It) Look like의 형태로 그리고 seem의 경우는 It seems (to me) that S+V 혹은 like를 넣어서 It seems like (that) S+V 형태로 주로 쓰인다. 특히 구어체에서는 it을 생략해 Looks[Seems] like~ 로 쓴다는 점, 그리고 주어가 It인 경우 seem like의 경우는 like가 들어가도 되고 안 들어가도 되는 반면, look like에서는 반드시 like가 들어가야 된다는 것을 차별해 기억해두어야 한다.

공식 01 **It looks like 주어 + 동사** …한 것 같아

It looks like { **she lied to me.** 걔가 내게 거짓말한 것 같아
summer is here. 여름이 온 것 같아.

공식 02 **It seems (to me) that 주어+동사** …하는 것 같아

It seems that { **it will rain today.** 오늘 비가 올 것 같아.
you don't have to worry. 네가 걱정안해도 될 것 같아.

공식 03 **It seems like + 명사[주어+동사]** …인 것 같아

It seems like { **a good idea.** 좋은 생각인 것 같아.
you are always busy. 넌 항상 바쁜 것 같아.

DIALOGUE

A: It looks like it will snow.
눈이 올 것 같아.
B: It seems to me that the weather is changing.
날씨가 변하고 있는 것 같아.
A: I think a storm is coming in.
폭풍이 오는 것 같지.
B: Well, let's get a taxi to our house.
그래, 택시타고 우리집에 가자.

It looks like it's going to rain 비가 올 것 같아

구어체 문장에서는 주어 It 을 생략하여 looks like~ 로 쓰는 경우가 많다.

It looks like spring is finally here. 드디어 봄이 온 것 같아.
It looks like we're stuck with traffic. 차가 밀리는 것 같아.

A: **It looks like** you don't like your food at all.
B: No, it's just that I'm not hungry right now.
A: 음식이 네 입맛에 전혀 맞지 않나 보구나. B: 아뇨, 그냥 지금은 별로 배가 안 고파서요.

It seems that I have lost my wallet 지갑을 잃어버린 것 같아

seem의 경우 특이하게도 seem 다음에 to me를 삽입하여 내게는 그렇게 보인다고 한정할 수 있다.

It seems Miranda has left. 미란다가 떠난 것 같아.
It seems that it's time to break up with. 이제 헤어져야 될 것 같아.

A: **It seems that** you are really tired from this homework.
B: Yes. It'll take a while to finish that.
A: 이 숙제 때문에 너 정말 피곤해 보여. B: 맞아. 끝내려면 시간이 한참 걸릴 거야.

It seems like everyone is talking about you 다들 네 얘기하는 것 같아

역시 It을 생략하여 seems like~로 쓸 수 있으며 특히 It seems like~ 다음에는 It seems like yesterday처럼 절이 아닌 명사가 올 수도 있다는 점에 주목한다.

It seems like something's missing. 뭔가가 빠진 것 같아.
It seems like you guys are having a great time.
너희들 신나게 보내는 것 같아.

A: Are you ready to start our trip?
B: Yes, **it seems like** we can leave now.
A: 여행을 시작할 준비가 되었니? B: 응, 지금 떠날 수 있을 것 같아.

STEP 1
25 소리를 듣고 판단할 때
그건 …처럼 들리네

sound의 경우도 마찬가지로 (It) Sounds+형용사 혹은 (It) Sounds like+명사 형태로 「…인 것 같아」라는 의미로 회화에서 많이 쓰인다. It 대신 That을 쓰기도 하는데 이 역시 생략되기도 하여 Sound(s) like~라 쓰이기도 한다. 또한 It이나 That 대신에 You, She 등의 인칭대명사가 오기도 하지만 seem, look의 경우보다는 훨씬 빈도수가 적다. 다시 말하면 sound (like) 경우는 주로 It [That]~ 으로 시작하는 경우가 많다는 말씀.

공식 01 **It[That] sounds + 형용사** 그건 …같아

It sounds { **good.** 좋게 들려.
{ **familiar.** 익숙하네.

공식 02 **It[That] sounds like + 명사** 그건 …같이 들리네

It sounds like { **a child.** 애처럼 들리네.
{ **a good plan.** 좋은 계획 같으네.

공식 03 **You sound + 형용사** 넌 …같이 보여

You sound { **happy.** 너 행복하게 들려.
{ **angry.** 너 목소리가 화나 보여.

DIALOGUE

A: Is there a problem with the computer?
컴퓨터에 문제가 있니?
B: Yeah, the mouse doesn't work properly.
응, 마우스가 제대로 작동을 안 해.
A: **It sounds like** you need a new mouse.
새 마우스가 필요할 것 같은데.
B: I probably do.
아마도 그래야겠지.

It sounds good to me 난 좋아

look, seem처럼 가장 기본형으로 형용사만 붙이는 경우인데 이때 It[That]은 생략할 수 있다.

That sounds great. 그거 좋지.
Sounds interesting. 재미있겠는데

A: How about a drink after work?
B: **That sounds** perfect.
  A: 퇴근 후 술 한 잔 어때? B: 좋고말고.

It sounds like a good idea 좋은 생각 같아

역시 「명사」처럼 들린다고 할 때는 앞의 seem, look처럼 like를 붙여서 sound like+명사 [주어+동사]라 하면 된다.

Sounds like a plan. 좋아.
Sounds like an idiot. 바보 같은 소리 하네.

A: Let's split the bill.
B: **That sounds like** a good idea.
  A: 각자 내사 B: 좋은 생각이야.

She sounds mean 걘 치사한 것 같아

sound의 주어로 사람이 오는 경우로 상대방의 목소리를 통해서 느낀 것을 말하는 것으로 sound+형용사, sound like+명사 형태로 써주면 된다.

You sound sick today. Are you OK? 너 오늘 아픈 것 같아. 괜찮니?
You sound angry with your boyfriend. 너 남친에게 화났구나.

A: Hey Joe, **you sound** tired.
B: I know. I've been awake all night.
  A: 조, 너 피곤해 보여. B: 알아. 밤을 샜거든.

STEP 1
26 자신이 하겠다고 나설 때
내가 …해볼게

내가 「…을 하도록 허락해달라」라는 뜻의 문장으로 Let me+동사의 형태로 사용한다. 어떤 행동을 하기에 앞서 상대방에게 자신의 행동을 미리 알려주는 표현법이라고 할 수 있다. 「내가 …할게」 정도의 의미. 상대방이 뭔가 물어보는 것을 잘 모를 때 확인해보겠다면서 Let me check, 도움을 주겠다고 하면서 쓰는 Let me help you 등이 있다. 관용 표현으로는 (초인종 소리에) "내가 열게"라는 뜻의 Let me, "내보내줘[들여보내줘]"라는 의미의 Let me out [in] 등이 있다.

공식 01 **Let me + 동사** 내가 …해볼게

Let me { **do it.** 내가 할게.
take a look at it. 그거 한번 볼게. }

공식 02 **Don't let me + 동사** …하지 못하도록 해

Don't let me { **drink too much.** 내가 과음하게 하지마.
stay too late. 내가 너무 오래 있게 하지 마. }

공식 03 **Don't let A + 동사** A가 …하지 못하도록 해

Don't let { **her go.** 걔 못 가게 해.
it happen again. 다시는 그런 일이 없도록 해. }

DIALOGUE

A: I'm afraid I don't know what to say.
뭐라고 해야 할지 모르겠어요.
B: I can't figure it out neither.
저도 역시 어떻게 말해야 할 지 알 수 없네요.
A: Let me ask Rick what he thinks.
릭은 어떻게 생각하는지 물어볼게요.
B: Let me know what he says about it.
그가 그것에 대해 뭐라고 하는지 알려주세요.

Let me think about it 생각 좀 해볼게

「내가 뭔가 하겠다고 제안」하거나 혹은 「내가 …을 하도록 해달라」고 상대방에게 허락을 구할 때 쓰는 표현법.

Let me take care of it.   내가 처리할게
Let me do this for you.   널 위해 내가 이거 해줄게

A: **Let me** help you with your grocery bags.
B: Thank you, that's very kind of you.
  A: 식료품 가방 들어줄게요. B: 고마워요. 정말 친절하시군요.

Don't let me stay too late 너무 늦게까지 있게 하지마

Let me의 부정형인 Don't let me+동사는 내가 「…하지 않도록 하게 해 달라」는 말. 주로 상대방에게 부탁하거나 충고할 때 많이 쓰인다. 동사가 이어지는 경우는 아니지만 필수회화표현인 Don't let me down(날 실망시키지마)도 함께 알아둔다.

Don't let me keep you.   저 때문에 있을 필요는 없어요.
Don't let me forget her birthday.   걔 생일을 잊지 않게 해줘.

A: You have to work hard. **Don't let me** down.
B: I'll do my best, boss. Believe me.
  A: 열심히 일 해야 돼. 날 실망시키지 마. B: 사장님, 최선을 다할게요. 믿어 주세요.

Just don't let it happen again, all right? 다시 그런 일 없도록 해. 알았지?

이번에는 let 다음에 me가 아니라 him[her], it[that] 등이 오는 경우로 역시 「…가 …하지 못하도록 해라」라는 뜻.

Don't let him upset you.   걔 신경 건드리지 마.
Don't let it bother you.   그거 때문에 신경 쓰지 마.

A: My sister was saying that I'm ugly.
B: She's just teasing. **Don't let it** bother you.
  A: 누나가 내가 못생겼다고 그래. B: 그냥 놀리는 거야. 너무 신경 쓰지 마.

STEP 1
27 함께 하자고 권유할 때
(우리) …하자

상대방에게 뭔가 함께 행동을 하자고 할 때 Let's+동사 형태를 사용한다. 우리말로는 「(우리) …하자」 정도의 의미로 결국 Why don't you~?와 같은 뜻. 부정으로 Let's not~하면 「…하지 말자」라는 뜻이 된다. "두고보자 혹은 지켜보자"는 Let's wait and see, "오늘밤에 외식하자"는 Let's eat out tonight, 각자 부담하자는 Let's go Dutch 등이 있다. 특히 Let's get~으로 시작하는 Let's get down to business(자 일을 시작하자, 본론으로 들어가자), Let's get started(자 시작합시다), Let's get going(가자고) 등을 암기해두도록 한다.

공식 01 **Let's + 동사** (우리) …하자

Let's { **keep in touch.** 연락하고 지내자.
       take a break. 좀 쉬자.

공식 02 **Let's + 동사, shall we?** …하자, 그럴래?

Let's { **go out tonight, shall we?** 오늘 밤 나가 놀자, 그럴래?
       get some drinks, shall we? 술 좀 마시자, 그럴래?

공식 03 **Let's not + 동사** (우리) …하지 말자

Let's not { **argue about it.** 그걸로 다투지 말자.
           forget it. 그걸 잊지 말자.

DIALOGUE

A: **Let's** go out for drink.
술 마시러 나가자?
B: I don't feel up to tonight.
오늘밤은 내키지 않아.
A: **Let's** forget about it then.
그러면 없던 일로 하지 뭐.
B: I am sorry. **Let's** do it later.
미안해. 다음에 하자.

Let's call it a day 오늘 그만 퇴근하자

상대방에게 뭔가 같이 하자고 권유할 때 쓰는 표현으로 Why don't you+동사?와 같은 의미이다.

공식 01
Let's talk later. 나중에 이야기하자.
Let's stay out all night! 밤새 놀아보자.

A: **Let's** call it a day.
B: Sounds good to me.
A: 퇴근하죠. B: 좋은 생각이야.

Let's start a party, shall we? 파티를 시작하자, 그럴래?

let's~로 상대방에게 권유를 한 다음 다시 한 번 다짐하고자 할 때는 뒤에 「~, shall we?」를 붙이면 된다. 참고로 일반 명령문일 경우에는 「~, will you?」를 쓴다는 점을 구분해둔다. 단, 단독으로 Shall we?하게 되면 상대방의 제안 혹은 바로 전에 자신이 한 제안으로 「이제 할까?」라고 하는 적극적인 권유의 표현이 된다.

공식 02
Let's get some drinks, shall we? 술 좀 마시자, 그럴래?
Let's just go to the movie, shall we? 우리 영화보자, 그럴래?

A: **Let's** buy a new smart TV, **shall we?**
B: Will you stop? We can't afford that!
A: 우리 스마트 TV 새로 사자? B: 그만해. 우린 여유가 없잖아.

Let's not think about it 그건 생각하지 말자

Let's+동사의 부정은 간단히 Let's와 동사 사이에 not을 넣어주면 된다.

공식 03
Let's not blame each other anymore. 이제 더 이상 서로 탓하지 말자.
Let's not skip the class anymore. 더이상 수업 빼먹지 말자.

A: How would you like to go to a movie?
B: **Let's not** go downtown tonight.
A: 영화 보러 가는 거 어때? B: 오늘 밤 시내 나가지 말자.

STEP 1
28 상대방에게 명령할 때
…해라

명령문을 만드는 동사가 일반동사가 아닌 be동사가 쓰인 경우로 be~ 다음에 형용사(Be careful)이나 명사(Be a man)를 붙여서 만들면 된다. 예로 Be quiet(조용히 해), Be positive(긍정적으로 생각해), Be safe(조심해) 등이 있다. 그리고 Be sure to~ 또한 이에 해당되는 표현으로 상대방에게 「반드시 …해라」라고 당부할 때 사용된다.

공식 01　**Be + 형용사**　…해라

Be { **nice.** 점잖게 굴어.
　　honest. 솔직해 봐. }

공식 02　**Be + 명사**　…가 되어라

Be { **a man!** 남자답게 굴어라!
　　an adult. 어른스럽게 굴어. }

공식 03　**Be sure to + 동사**　반드시 …해라

Be sure to { **check it.** 그거 점검해 봐.
　　　　　call him back. 반드시 걔한테 전화해 줘. }

DIALOGUE

A: **Be** patient. It takes time.
인내심을 가져. 시간이 걸려.
B: Maybe we can talk tomorrow when you have more time.
내일 시간 되실 때 다시 얘기하죠 뭐.
A: That would be much better.
그러는 편이 훨씬 낫겠어요.
B: I'll call you again, tomorrow.
제가 내일 다시 전화드릴게요.

Be patient It takes time 인내심을 가져 시간이 걸려

be 다음에 다양한 형용사를 넣어보면서 「be+형용사」 형태의 명령문에 달인이 되어본다.

Be nice to her. 걔한테 잘 해줘.
Be here at 7:40. 7시 40분까지 여기에 와.

A: Someday I just feel like giving up.
B: **Be** strong. Things will get better soon.
A: 언젠가 그냥 내가 포기하고 싶어. B: 강해져야지. 곧 더 나아질 거야.

Be a good boy! 착하게 굴어

Be+형용사보다 사용빈도수가 적어 좀 낯설어 보이지만 몇 개라도 익혀 적시에 써먹어보도록 한다.

Be my best man. 내 들러리가 되어줘.
Be a good father. 좋은 아빠가 되어라.

A: **Be a** man and take responsibility for your family.
B: What do you mean specifically?
A: 남자답게 가족에 대해 책임감을 가져. B: 구체적으로 어떤 걸 말하는 거야?

Be sure to lock the door 반드시 문을 잠가

'be+형용사(sure)'의 구조인데 뒤에 무엇을 sure해야 하는지 to+V 형태로 설명하는 것으로 굳어진 빈출 표현.

Be sure to do your homework. 반드시 숙제를 해.
Be sure to check them all. 전부 다 점검해봐.

A: **Be sure to** call him back.
B: Don't worry. I will.
A: 반드시 걔한테 전화해 줘. B: 염려 마. 그렇게 할게.

STEP 1
29 상대방에게 금지하거나 충고할 때
…하지 마

부정명령문은 상대방에게 뭔가를 금지하거나 신신당부하는 것으로 Don't+일반동사로 혹은 Don't be+형용사[명사] 형태로 쓴다. Never+동사로 써도 같은 의미가 된다. 걱정 많은 친구에게 위로하며 던지는 Don't worry, 경찰들이 자주 쓰는 Don't move, 바보 같은 말이나 엉뚱한 짓을 하는 친구에게 하는 Don't be silly[ridiculous], 그리고 애들처럼 굴지 말라고 할 때 Don't be such a baby 등이 있다.

공식 01 **Don't + 동사** …하지 마

Don't { **say a word.** 한마디도 하지 마.
        do this to me again. 내게 다시 이러지 마. }

공식 02 **Don't be + 형용사** …해 하지 마.

Don't { **be sorry.** 미안해하지 마.
        be scared. 겁먹지 마. }

공식 03 **Never + 동사** 절대로 …하지 마

Never { **mind that.** 그거 신경 쓰지 마.
        give up. 절대 포기하지 마. }

DIALOGUE

A: Sorry to hear you got fired, Frank.
네가 쫓겨나다니 프랭크, 안됐다.
B: Don't be sorry for me, I shall return.
안타까워할 필요 없어. 난 다시 돌아올 테니 말이야.
A: What do you mean?
무슨 뜻이야?
B: I'll find a better job elsewhere.
다른 데서 더 좋은 일자리를 얻을 거라고.

Don't worry about it 그거 걱정 마

Don't~ 다음에 상대방이 해서는 안 되는 행동의 동사를 아무거나 마구마구 넣으면 된다.

공식 01

Don't take me wrong. 오해하지 마.
Don't hang up. Just listen. 전화 끊지 말고 내 얘기 들어.

A: You said I'm such a loser?
B: **Don't** take me wrong. I didn't mean that.
  A: 내가 아주 삐주리라고 했다며? B: 오해하지 마. 그런 뜻이 아니었어.

Don't be nervous 초조해하지 마

이번에는 Don't~ 다음에 일반동사가 아니라 형용사나 명사가 오는 경우.

공식 02

Don't be sorry. 미안해하지 마.
Don't be scared to death. 너무 겁먹지 마.

A: **Don't be** sorry.
B: But I screwed up big time.
  A: 미안해하지 말라고. B: 하지만 제가 큰 실수를 했는걸요.

Never say die! 기운 내, 약한 소리하지 마

Never+동사~는 부정명령문으로 쓰이는데 이는 「절대로 …하지 마라」라는 의미로 앞의 부정문보다 금지하는 정도가 더 강력하다.

공식 03

Never fear. 걱정하지 마.
Never show your face to me. 내 앞에 나타나지 마.

A: How can I make it up to you?
B: **Never** mind! Just pay for the damages.
  A: 어떻게 배상해드리면 될까요? B: 걱정 마. 손해배상금만 내세요.

STEP 1
30

현재 혹은 곧 내가 할 일을 말할 때
난 …하고 있어

현재진행형으로 「내가 지금 …하고 있음」을 말하는 표현. 어떤 상태나 동작이 계속 진행 중임을 말하거나 가까운 미래를 표현한다. 한편 「난 …하고 있었어」라고 지나간 과거를 말할 때는 I was [were]+~ing라고 하면 된다.

공식 01 **I am ~ing** 난 …하고 있어

I'm { **working for him.** 걔 밑에서 일해.
      looking for a book. 책을 찾고 있어.

공식 02 **I am not ~ing** 난 …하고 있지 않아

I'm not { **lying.** 거짓말 아니야.
          going. 가지 않을 거야.

공식 03 **I was ~ing** 난 …하고 있었어

I was { **watching TV.** TV를 보고 있었어.
        sitting outside. 난 밖에 앉아 있었어.

DIALOGUE

A: Are you going to visit Danny in the hospital?
병원에 입원한 대니를 찾아가 볼 건가요?
B: Yes, **I am go**ing at lunch.
네, 점심 때 갈 거예요.
A: Give my best regards to him for me when you see him.
그를 만나면 안부 좀 전해 주세요.
B: I will definitely.
꼭 그럴게요.

I'm just looking around 그냥 둘러보는 거예요

현재 계속적으로 하고 있는 일이나 혹은 가까운 미래에 할 일을 언급할 때도 쓰면 된다.

공식 01

I'm going to visit Helsinki. 난 헬싱키를 방문할 거야.
I think I'm catching a cold. 감기 걸린 것 같아.

A: Can I help you with anything?
B: No, thank you, I'm just looking around.
　A: 도와드릴까요? B: 고맙지만 괜찮아요. 그냥 구경만 하는 거예요.

I'm not feeling well 기분이 별로 안 좋아

반대로 현재 진행 중이지 않은 상태나 가까운 미래에 내가 하지 않을 일을 말할 때 I'm not ~ing를 사용한다.

공식 02

I'm not telling anything. 난 아무것도 말하지 않을래.
I'm not saving any money right now. 짐 현재 전혀 저축하고 있지 않아.

A: Will you be around this weekend?
B: Yeah, I'm not going anywhere special.
　A: 이번 주말에 그냥 있나요? B: 네, 특별히 갈 데 없어요.

I was just doing my job 그저 할 일을 했을 뿐인데요

과거에 진행 중인 일을 말하는 것으로 「내가 과거에 …를 하고 있었다」라고 말할 때 이용한다.

공식 03

I was not drinking at that time. 그때 난 술을 마시고 있지 않았어.
I was sitting outside the church. 난 교회 밖에서 앉아있었어.

A: What are you going to have?
B: I was thinking of the special.
　A: 뭐 먹을래? B: 특별요리를 먹을까 하는데.

STEP 1
31 상대방이 현재하고 있는 행동을 말할 때
넌 …하고 있잖아

You're+~ing 형태로 ~ing 자리에 다양한 동사를 써보며 문장을 만들어 보면 된다. 또한 Are you+~ing? 형태의 의문문도 회화에서 자주 쓰이는 표현이니 함께 만들어보는 연습을 해보기로 한다. 상점에서 점원이 많이 쓰는 Are you being helped?(누가 도와드리고 있나요?), 상대방 말에 동의할 때 쓰는 You're telling me(누가 아니래, 정말 그래) 또한 이 유형에 속한다.

공식 01 **You are ~ing** 넌 …을 하고 있어

You're { **making a mistake.** 너 실수하고 있는 거야.
         talking too much. 넌 말이 너무 많아.

공식 02 **You are not ~ing + 명사** 넌 …하지 않고 있어

You are not { **telling the truth.** 넌 진실을 말하고 있지 않아.
              going to believe it. 넌 믿지 못할 거야.

공식 03 **Are you ~ing?** 너 …해?

Are you { **coming with us?** 우리랑 같이 갈래?
          still playing? 아직도 놀고 있니?

DIALOGUE

A: Excuse me, I am looking for a wedding present.
저, 결혼선물을 살까 하는데요.
B: Are you looking for anything in particular?
특별히 찾고 있는 물건은 있으신가요?
A: No, not really.
아뇨, 그렇지는 않아요.
B: What's your budget?
예산은 얼마로 잡고 계시는데요?

You're kidding me 농담하지 마

상대방이 뭔가 하고 있다는 의미로 주로 비난이나 칭찬 등을 말할 때 애용된다.

You're scaring me. 너 때문에 놀랐잖아.
You're lying to me. 너 내게 거짓말하지.

A: I'm sorry but I have to break up with you.
B: **You're** kidd**ing** me.
   A: 미안하지만 너랑 헤어져야겠어. B: 농담하지 마.

You're not listening 너 내 말 안 듣고 있지

반대로 상대방이 뭔가를 하지 않는다거나 앞으로 「…을 하지 않을 것」이라는 뜻으로 역시 비난 혹은 격려할 때 사용한다.

You're not working today. 너 오늘 일하지 않지.
You're not going to believe it. I got promoted!
너 못 믿겠지만 나 승진했어.

A: Look, don't get so upset at me.
B: I'm angry because **you're just not** listen**ing**.
   A: 이봐, 나한테 너무 화내지 마. B: 네가 내 말을 듣지 않으니까 화난거지.

Are you being helped? 도움을 받고 계신가요?

상대방이 지금 현재 뭔가 하고 있는 것을 묻거나 상대방의 앞으로의 예정을 물을 때 사용

Are you still playing computer games? 아직도 컴퓨터 게임하니?
Are you going to visit Danny in the hospital?
대니 병문안하러 병원갈래?

A: **Are you** com**ing** to the party tonight?
B: I can't. I have an appointment.
   A: 오늘 밤 파티에 올 거야? B: 안 돼. 선약이 있어.

STEP 1 32 상대방에게 고마움을 표시할 때
…해서 고마워

Thank you for~ 이하에 고마운 내용을 명사나 혹은 ~ing 형태를 넣어 표현하면 된다. 물론 Thank you를 Thanks로 바꿔 Thanks for~ 라고 해도 되고, 간단히 고마운 행위를 구체적으로 언급하지 않고 그냥 Thank you very(so) much, Thanks a lot 등으로 말해도 된다. 한편 상대방의 제의를 거절하면서 "고맙지만 괜찮아요"라고 말하려면 No, thank you라고 하면 된다. Thank you~ 외에 고마워하는 다른 표현으로는 I appreciate it(감사해요), I really appreciate it(정말 고마워요), That's (so) sweet(고마워라) 그리고 It's very kind of you to say so(그렇게 말해줘서 고마워) 등이 있다.

공식 01 Thank you for + 명사 …에 고마워

Thank you for
- **the ride.** 태워줘서 고마워.
- **your time.** 시간 내줘서 고마워.

공식 02 Thank you for ~ing …해줘서 고마워

Thank you for
- **coming.** 와줘서 고마워.
- **saying that.** 그렇게 말해줘서 고마워.

공식 03 Thanks for + 명사 …에 대해 고마워

Thanks for
- **the gift.** 선물 고마워.
- **the lovely dinner.** 멋진 저녁식사 고마워.

DIALOGUE

A: You mustn't go in there.
거기 들어가면 안 되는데.
B: Why not?
왜 안 돼?
A: They're in the middle of an important meeting right now.
지금 한창 중요한 회의를 하고 있거든.
B: Thanks for tell**ing** me.
말해줘서 고마워.

Thank you for your help 네가 도와줘서 고마워

Thank you for~ 다음에 상대방이 베푼 은혜(?)를 명사로 써주면 된다.

공식 01

Thank you for the lovely present. 멋진 선물 고마워.
Thank you for your time. 시간 내줘서 고마워.

A: **Thank you for** the ride.
B: You're welcome. I was going this way anyway.
  A: 태워다줘서 고마워요. B: 천만에요. 어차피 이 길로 가는 걸요.

Thank you for coming here 여기 와줘서 고마워

이번에는 상대방이 도와준 행동을 말할 때 사용하는 표현으로 for 다음에는 동사의 ~ing를 써주면 된다.

공식 02

Thank you for inviting us. 우릴 초대해줘서 고마워.
Thank you for telling me. 말해줘서 고마워.

A: I want to **thank you for** lett**ing** me use the car.
B: It was nothing.
  A: 차 빌려줘서 고마워요. B: 별 것도 아닌데요.

Thanks for everything 다 고마워

Thank you for~ 보다는 좀 더 캐주얼한 표현으로 Thanks for~ 다음에 명사나 ~ing를 이어서 말하면 된다.

공식 03

Thanks for the lovely flower. 예쁜 꽃을 줘서 고마워.
Thanks for the dinner last night. 지난밤 저녁 고마워.

A: Can I help you with anything?
B: **Thanks for** ask**ing**.
  A: 도와드릴까요? B: 물어봐줘서 고마워요.

STEP 1
33 ···해서 미안해

상대방에게 미안함을 표현할 때

I'm sorry about [for]+명사로 쓸 수도 있지만 뒤에 to+동사나 절이 와서 I'm sorry to+동사, I'm sorry (that) 주어+동사 형태로 많이 쓰인다. 기본적으로는 잘못을 사과하는 표현이지만 상대방에게 안 좋은 일이 일어났을 때 위로하는 표현으로 사용되기도 한다. 응용표현으로 미안한 말을 하기에 앞서 하는 I'm sorry to say (that)~ (미안한 말이지만 …하다)과 I'm sorry to trouble you, but~ (폐를 끼쳐서 미안합니다만…)을 알아둔다.

공식 01 **I am sorry about[for] + 명사** …에 대해 미안해

I'm sorry about
- **that.** 그거 미안해.
- **the mistake.** 실수해서 미안해.

공식 02 **I am sorry to + 동사** …해서 미안해, 유감이야

I'm sorry to
- **hear that.** 안됐네.
- **bother you.** 귀찮게 해서 미안해.

공식 03 **I am sorry 주어 + 동사** …해서 미안해

I'm sorry
- **I'm late again.** 또 늦어서 미안해.
- **I can't make it.** 미안하지만 못 갈 것 같아.

DIALOGUE

A: Is David free right now?
지금 데이빗씨와 통화할 수 있을까요?
B: **I'm sorry** he hasn't come back from lunch yet.
점심 식사하러 가셔서 아직 안 들어오셨는데요.
A: What time do you expect him back?
언제쯤 들어오실까요?
B: In five minutes. May I take a message?
5분 내로요. 메모 남기시겠어요?

I'm sorry about last night 어젯밤 일은 안 됐어

미안한 내용을 명사로 간단히 말할 때는 I'm sorry~ 다음에 about+명사를 붙이면 된다.

I'm sorry about the delay. 지연이 되어 미안해요.
I'm sorry about your problems. 네 문제들은 유감이야.

A: Do you want to break up with me?
B: I have to. **I'm sorry about** that.
A: 나하고 헤어지고 싶은 거야? B: 그래야겠어. 미안해.

I'm sorry to have kept you waiting for so long 오래 기다리게 해서 미안해

미안한 내용이 명사로 간단히 표현하기 어려울 때는 길게 풀어써야 하는데 이때는 I'm sorry to 다음에 동사를 이어서 써주면 된다.

I'm sorry to trouble you. 폐를 끼쳐서 미안해요.
I'm sorry to tell you this. 이런 말을 하게 되어 미안해요.

A: I just found out that I got transferred.
B: **I'm sorry to** hear that.
A: 제가 전근 대상이 되었다는 걸 방금 알았어요. B: 그렇다니 정말 유감이네요.

I'm sorry I have to go 미안하지만 가야 해요

상대방에게 미안한 내용이 명사나 동사로도 표현하기 부족할 때는 I'm sorry (that)~ 이하에 "주어+동사"의 절 형태로 풀어써주면 된다.

I'm sorry I am quite busy right now. 미안하지만 지금 아주 바빠요.
I'm sorry I kept you waiting so long. 너무 오래 기다리게 해서 미안해.

A: Is Bill available?
B: **I'm sorry** he just stepped out.
A: 빌 있나요? B: 어쩌죠, 지금 막 나갔는데요.

STEP 1 · 34 기쁘고 만족해할 때
난 …에 만족해

I'm+형용사[과거분사]+전치사~의 형태로 나의 감정이나 상태를 나타내는 표현. be worried about, be mad at, be sorry about, be sick of, be proud of, be good [poor] at 등의 표현들이 주로 회화에서 많이 쓰인다. 여기서는 I'm happy with~의 표현으로 "…에 대해 만족해"라는 뜻이며 with 대신에 to+동사가 나오면 "…하게 되어 만족해"라는 뜻이 된다. I'm happy for you는 상대방의 기쁨에 나도 기쁘다고 함께 좋아할 때 쓰는 표현으로 "네가 잘 돼서 나도 기뻐"라는 말이다.

공식 01 **I am happy with[about] + 명사** …에 만족해

I am happy with
- **that.** 난 그거에 만족해.
- **you.** 난 너 때문에 행복해.

공식 02 **I am not happy with[about] + 명사** …에 만족하지 않아

I am not happy with
- **my job.** 난 내 일에 만족하지 않아.
- **this schedule.** 난 이 일정에 만족못해.

공식 03 **I am happy to + 동사[that]** …해서 무척 만족스러워.

I am happy to
- **see you.** 널 보게 되어 만족해.
- **stay here.** 여기 있게 되어 만족스러워.

DIALOGUE

A: Are you happy to take the job in Hong Kong?
홍콩에서 취직해서 기쁘니?
B: Definitely. I've longed for the job.
그럼. 그 일자리를 원해왔어.
A: That's really good to hear.
그거 정말 잘됐구나.
B: Yes, **I'm really happy about** my decision.
그래. 내 결정에 대해 정말로 만족하고 있어.

I'm happy with my job 난 내 직업에 만족해

여기서 happy는 꼭 「행복하다」라기보다는 「기쁘다」, 「만족하다」 정도의 의미로 받아들이면 된다. 왜 기쁜지는 with나 about 다음에 명사를 넣어 말하면 된다.

공식 01
I'm happy with my life. 내 삶에 만족해.
I'm happy with my college. 난 내 대학에 만족해.

A: How do you like your new house?
B: **I am totally happy with** it.
A: 새로 들어간 집이 어떠니? B: 완전히 만족스러워.

I'm not happy with that 난 그게 만족스럽지 않아

부정형태로 뭔가 맘에 들지 않을 때 사용하면 된다. 역시 맘에 들지 않은 것은 with나 about 다음에 써준다.

공식 02
I'm not happy with my look. 내 외모가 마음에 들지 않아.
I'm not happy with your dress. 네 옷이 마음에 들지 않아.

A: Tell me, what's wrong?
B: **I'm not happy with** my job any more.
A: 말해봐, 뭐가 문제야? B: 더 이상 내 직업이 마음에 들지 않아.

I'm happy to be with you 너랑 같이 있게 되어 행복해

기쁜 이유를 명사가 아니라 동사나 절[주어+동사]로 말하는 경우.

공식 03
I'm very happy to have you here. 네가 와줘서 무지 좋아.
I'm happy to be able to meet you. 널 만나게 되어 좋아.

A: What makes you so happy?
B: **I'm happy to** have a chance to teach.
A: 왜 그렇게 행복해하니? B: 가르칠 기회가 생겨서.

STEP 1
35 역시 기쁘고 반가울 때
난 …해서 기뻐

처음 만나서 주고받는 인사인 Glad to meet you로 잘 알려진 표현. 「…하게 되어 (내가) 기쁘다」라는 의미로 I'm glad to~ 혹은 I'm glad (that) 주어+동사의 형태를 사용하면 된다. Glad to meet you에서 보듯 구어체에서는 I'm 을 생략하기도 한다. "그렇게 하게 되어 기뻐"는 I'm glad to do that, "네가 성공해서 기뻐"는 I'm glad you made it이라고 하면 된다. 조금 응용해서 (I'm) Glad to see [hear] 주어+동사(…를 보니[들으니] 기뻐)라 해도 된다.

공식 01 **I am glad to + 동사** 난 …해서 기뻐

I'm glad to
- **meet you.** 널 만나서 기뻐.
- **hear that.** 그 얘기를 들으니 기쁘네.

공식 02 **I am glad to hear[see]** …하니 기뻐

I am glad to
- **see you are okay.** 네가 괜찮다니 기뻐.
- **hear you say that.** 네가 그렇게 말해주니 기뻐.

공식 03 **I am glad 주어 + 동사** 난 …해서 기뻐

I am glad
- **you like it.** 네가 좋다니 기뻐.
- **you are here.** 네가 여기 있어 기뻐.

DIALOGUE

A: How nice of you to call!
이렇게 전화를 다 해주고!
B: **I am glad that** we finally have a chance to talk.
마침내 얘기 나눌 기회가 생겨 기뻐요.
A: I don't remember the last time we talked.
우리가 마지막으로 언제 얘길 나눴는지 기억도 안나요.
B: It was last spring.
지난봄이었어.

I am glad to meet you 널 만나서 기뻐

처음 만났을 때 나누는 문장으로 유명한 표현으로 I'm glad to~ 다음에 기쁜 내용을 말하면 된다.

공식 01

I'm glad to be of help. 도움이 되다니 기뻐.
I'm glad to get a letter. 편지를 받아 기뻐.

A: **I'm glad to** be back on the job.
B: How long were you off sick?
> A: 다시 일할 수 있게 돼서 나도 기뻐. B: 병가로 얼마나 걸렸지?

I'm glad to hear you're all right 네가 괜찮다니 기뻐

이번에는 I'm glad to~의 형태 중 가장 많이 쓰이는 I'm glad to hear[see]~ 표현을 연습해본다. 특히 hear, see+명사[주어+동사]를 넣어 쓰는 경우가 많다.

공식 02

I'm glad to hear that. 그 걸 듣게 되어 기뻐.
I am glad to see her again. 걜 다시 보게 되어 기뻐.

A: Delicious! That was the best meal I ever had.
B: **Glad to hear** you liked it.
> A: 맛있어라! 이제껏 먹어본 것 중에 최고의 식사였어. B: 맛있게 먹었다니 기뻐.

I'm glad you feel that way 그렇게 생각한다니 기뻐

기쁜 내용을 문장으로 말할 경우 I'm glad~ 다음에 주어+동사 형태로 이어주면 된다.

공식 03

I'm glad you think so. 그렇게 생각해주니 기쁘네요.
I'm glad you came here. 여기 와줘서 고마워.

A: That new software package is great.
B: **I'm glad** you like it.
> A: 저 새로운 소프트웨어 대단해. B: 네가 좋다니 나도 기뻐.

STEP 1 36 ···에 신나다

아주 무척 기뻐 신날 때

꿈에서나 바라던 세계일주를 하게 되었을 때의 기쁨은 glad나 happy로는 부족하다. 이처럼 기분이 너무 좋아 들뜨고 흥분될 때 쓸 수 있는 단어가 excite로 주로 수동태형 be excited about[to+동사] 형태로 많이 쓰인다. 우리말로 옮기자면 「···하게 돼 신난다」에 해당하는 말로 좀 더 강조하려면 excited 대신에 thrilled를 써도 된다. 물론 어디서든지 빠지지 않는 감초동사인 get을 be동사 대신 써도 된다.

공식 01 **I am excited about + 명사[to + 동사]** 난 ···에 신나

I am excited about
- **the game.** 그 게임에 빠져있어.
- **our marriage plan.** 우리 결혼계획에 들떠 있어.

공식 02 **I am excited to + 동사** 난 ···하게 되어 신나

I am excited to
- **meet you.** 널 만나게 되어 신나.
- **travel abroad.** 해외여행에 신나.

공식 03 **I am excited that[because/ when] 주어 + 동사** 난 ···에 신나

I am excited that
- **you're here.** 네가 오게 돼서 너무 신나.
- **you will get married.** 네가 결혼하게 되어 기뻐.

DIALOGUE

A: I'm excited about our trip overseas.
우리가 해외여행을 가게 되어 흥분돼.

B: Me too. I love traveling to new places.
나도 그래. 새로운 곳을 여행하는 것을 좋아해.

A: Jane will meet us at the airport.
제인은 공항에서 우릴 만날 거야.

B: I'm excited that she is coming too.
걔도 오게 되어서 나도 무지 기뻐.

I'm excited about our first trip to Europe 난 첨으로 유럽여행하게 돼 들떠 있어

신나는 이유는 about~ 다음에 명사나 동사의 ~ing을 붙인다. 조금 어렵지만 I'm so excited about you getting pregnant(네가 임신해서 무척 기뻐)처럼, 좀 자세히 말하려면 I'm excited about sb ~ing 형태를 활용해도 된다.

I am pretty excited about it! 정말 기대되는데!
You're excited about going shopping. 넌 쇼핑가는 거에 들떠 있어.

A: **Are you excited about** celebrating Christmas?
B: Yes, I think I'll get a lot of presents.
　　A: 크리스마스를 즐길 생각에 신나니? B: 그럼, 선물을 무지 많이 받을 거야.

I am so excited to see you again 널 다시 만나게 되어 무척 신나

이번에는 신나는 이유를 to+동사 형태로 쓰는 경우이다.

He is excited to travel overseas. 걘 해외여행 가는 데 들떠 있어.
Well, I was just so excited to see you.
저기, 널 만난다는 거에 무척 신이 났었어.

A: **I am much excited to** meet you.
B: Well, it is nice to meet you too.
　　A: 널 만나게 되어 너무 기뻐. B: 그래, 나도 만나게 되어 좋아.

I'm just excited that she's coming home 걔가 집에 온다고 해서 넘 기뻐

be excited 다음에 절이 오기도 하는데 that 절이 이어져 그냥 기쁜 내용을 말할 수도 있고 아니면 because를 써서 기쁜 이유, 또는 when 절을 써서 언제 기뻤는지를 말할 수 있다.

I'm so excited you're coming out tonight. 네가 오늘밤 나와줘 넘 기뻐.
She was so excited when I asked her out.
내가 데이트 신청하지 걔기 너무 기뻐했어.

A: What makes you so happy these days?
B: **I am so excited** I can make a trip to the States at last.
　　A: 요즘 뭐 땜에 행복해하니? B: 드디어 미국여행을 하게 되서 무지 기뻐.

STEP 1
37 어떤 행동을 할 준비가 되었다고 할 때
…할 준비가 되어있어

「준비」하면 제일 먼저 ready를 떠올려야 한다. be ready for+명사[to+동사]~는 「…할 준비가 되어있다」라는 의미로 Are you ready for+명사 [to do~]?는 상대방에게 「…할 준비가 되었냐?」고 물어보는 표현이고 준비가 되었다고 말하려면 I'm ready for+명사 [to do~]라고 하면 된다. be all set 또한 be ready와 같은 의미로 (I'm) All set은 (I'm) Ready와 같은 말이다. 또한 Get ready하면 명령문으로 "준비해라"는 의미이다.

공식 01 **I am ready for + 명사[to + 동사]** …할 준비가 되어 있어

I'm ready { **for a promotion.** 난 승진할 태세가 되어 있어.
to do it. 그거 할 준비 됐어.

공식 02 **I am not ready for + 명사/to + 동사** …할 준비가 안됐어

I am not ready { **for the trip.** 난 여행준비가 안되었어.
to order yet. 아직 주문할 준비가 안 돼 있어.

공식 03 **Are you ready for + 명사/to + 동사?** …할 준비가 되어 있니?

Are you ready { **for our meeting?** 회의 준비됐어?
to order now? 지금 주문하시겠어요?

DIALOGUE

A: **Are you ready to** order your food?
주문하시겠어요?
B: No, I haven't decided yet.
아뇨, 아직 못 정했는데요.
A: That's all right, I'll just come back in a few minutes.
괜찮아요. 잠시 후에 다시 오겠습니다.
B: That would be perfect.
그렇게 해 주시면 좋겠네요.

I'm ready to go now 지금 갈 준비 됐어

준비하는 내용은 be ready for+명사, be ready to+동사 형태로 써주며 be 대신에 동사 get을 써줘도 된다.

I'm ready to help you. 널 도와줄 준비가 되어 있어.
We are ready to hold the meeting. 우린 회의를 열 준비가 되어 있어.

A: **I'll be ready to** go in five minutes.
B: What do you still have to do?
   A: 난 5분이면 준비가 될 거야. B: 뭘 더해야 하는데?

I'm not ready for the test 난 시험 준비가 안 되어 있어

아직 준비가 안 되었다고 할 때는 I'm not ready~ 를 쓰면 된다.

I'm not ready to decide yet. 난 아직 결정을 내릴 준비가 안 되어 있어.
I'm not ready to retire. 난 아직 은퇴할 준비가 되어 있지 않아.

A: What would you like to eat?
B: **We're not ready to** order yet.
   A: 뭘 드실래요? B: 아직 결정 못했어요.

Are you ready to go? 갈 준비되어 있니?

상대방에게 「…할 준비가 되었냐」고 물어볼 때 쓰는 표현으로 역시 for+명사, to+동사 형태를 쓴다.

Are you ready for that? 이거 준비됐어?
Are you ready to accept the offer? 그 제안을 수락할 준비가 되었니?

A: **Are you ready for** the test?
B: I guess so. Wish me luck.
   A: 시험 준비됐니? B: 예. 행운을 빌어줘.

STEP 1
38 …에 관심이 있어
어떤 일에 관심이 있다고 말할 때

자신의 「취향」이나 「관심사항」을 표현하는 방법으로 타동사 interest의 과거분사형을 써서 be interested in이라고 쓰면 된다. in 다음에 관심이 가는 내용을 말하면 되는데 형식은 그냥 명사를 써도 되고 아니면 행위를 말하려면 ~ing를 사용하면 된다. 이는 interest를 명사로 사용해서 표현할 수 도 있는데 관사를 붙이지 않고 have interest in~이라고 하면 된다.

공식 01   **I am interested in + 명사[~ing]** 난 …에 관심이 있어

I'm interested in { **the yoga class.** 난 요가 반에 관심이 있어.
the stock market. 난 주식시장에 관심이 있어.

공식 02   **I'm not interested in + 명사[~ing]** 난 …에 관심이 없어

I'm not interested in { **politics.** 난 정치에 관심이 없어.
playing golf. 난 골프 치는 데 관심이 없어.

공식 03   **Are you interested in + 명사[~ing]?** 넌 …에 관심이 있니?

Are you interested in { **the deal?** 이 거래에 관심이 있니?
the Korean culture? 한국문화에 관심있니?

DIALOGUE

A: I want to buy a snowboard.
스노보드를 사려고 하는데요.
B: Are you an experienced snowboarder?
스노보드를 많이 타보셨나요?
A: I've been a couple of times.
몇 번은 타 봤어요.
B: **Are you interested in** buying a used one?
중고품 구입은 관심 있으세요?

I am much interested in computer games 난 컴퓨터 게임에 관심이 많아

be interested in 다음에 관심 있는 일을 명사나 ~ing로 말하면 된다. have interest in과 같은 의미. 강조할 때는 interested 앞에 very나 much를 써도 된다.

Bill is interested in taking photos. 빌은 사진 찍는데 관심이 있어.
I am interested in watching horror movies.
난 공포영화를 보는데 관심이 있어.

A: **I'm interested in** the new yoga class.
B: Me too! Why don't we join together this Saturday?
   A: 난 새로 생긴 요가 반에 관심이 있어. B: 나도! 이번 토요일에 같이 가보는 게 어때?

I'm not interested in meeting movie stars 난 영화스타들 만나는데 관심이 없어

이번엔 반대로 관심이 없다고 말하는 경우. 마찬가지로 in 다음에는 명사나 ~ing를 쓴다.

I'm not interested in going shopping. 난 쇼핑가는 것에 관심이 없어.
She's not interested in working with us.
걘 우리랑 일하는 것에 관심이 없어.

A: Would you like to go to a museum?
B: No, **I'm not interested in** art.
   A: 박물관에 가고 싶니? B: 아니, 난 예술에 관심이 없어.

Are you interested in cars? 차에 관심이 있니?

상대방의 관심사항이나 기호를 물어볼 때 사용하면 좋을 표현.

Are you interested in this ring? 이 반지에 관심 있어?
Are you interested in the deal I just offered?
내가 방금 제시한 건에 관심 있어?

A: **Are you interested in** coming over for a barbecue tomorrow?
B: Tomorrow is not a good time. Thanks anyway, though.
   A: 내일 바비큐 먹으러 올래요? B: 내일은 좀 그런데요. 아무튼 고마워요.

STEP 1
39 말하는 내용이 확실할 때
…가 확실해

sure는 회화용 단어라 할 정도로 영어회화에서 아주 많이 쓰인다. 많이 쓰이는 만큼 두번에 걸쳐 구분하여 각기 연습해보도록 한다. 먼저 여기서는 내가 확신하고 있는 이야기를 할 때 사용되는 I'm sure of[about]~이나 I'm sure S+V 형태를 집중적으로 살펴본다. 또한 빈 출표현으로 "Sure"는 대답으로 그래(Yes)라는 의미이고 "Sure thing"은 역시 대답으로 물론(Of course)이란 말이다.

공식 01 **I am sure of[about] + 명사** …가 확실해

I am sure
- **of** her love. 걔의 사랑은 확실해.
- **about** that. 그거 확실해.

공식 02 **I am sure 주어 + 동사** …가 확실해

I am sure
- **I locked the door.** 내가 문을 확실히 잠갔어.
- **I can do it.** 내가 그걸 확실히 할 수 있어.

공식 03 **Are you sure + 명사/주어 + 동사?** …가 확실하니

Are you sure
- **you did it?** 정말 네가 그렇게 한 거야?
- **you want this?** 이걸 원하는 게 맞아?

DIALOGUE

A: What's wrong with you?
무슨 일 있니?
B: I feel so sad because my father is sick.
아버지께서 편찮으셔서 기분이 좋지 않아.
A: Don't worry. **I'm sure** he'll be just fine in a few weeks.
걱정 마. 몇 주 후면 좋아지실 거야.
B: I sure hope so.
그랬으면 좋겠어.

I'm sure about the answer to this question 이 문제에 대한 해답이 확실해

확신이 있을 때 사용하는 표현으로 be sure 다음에 about 혹은 of를 이어쓰면 된다.

공식 01

I'm sure of the schedule. 일정이 확실해.
I'm sure of her love for me. 나에 대한 걔의 사랑은 확실해.

A: I think that you made a mistake here.
B: No I didn't. **I'm sure about** that.
A: 네가 여기서 실수한 것으로 생각돼. B: 아냐. 확실해.

I'm sure you'll understand this 네가 이걸 이해할거라고 확신해

자기가 확실하다고 생각되는 것을 말하는 경우로 I'm sure 다음에 주어+동사를 붙여 쓴다.

공식 02

I'm sure that won't be necessary. 그게 꼭 필요하지 않을 수도 있을거야.
I'm sure she's going to be all right. 걔는 괜찮아 질거라고 확신해.

A: **I'm sure** she wants to live with you.
B: You're sure? You're absolutely sure?
A: 그 여자는 너랑 살고 싶어 하는 게 확실해. B: 정말야? 정말 확실한거야?

Are you sure about that? 그게 정말 맞아?

의문문형태로 sure 이하의 내용이 믿기지 않거나 놀라울 때 정말인지 확인할 때 쓰는 표현. 단독으로 Are you sure?(정말야?)라고 하면 상대방 말이 믿기지 않거나 놀라운 이야기를 들었을 때 쓰는 표현이 된다.

공식 03

Are you sure you'll be able to do it? 정말 너 그거 할 수 있어?
Are you sure it's okay if we stay another day?
우리가 하루 더 머물러도 정말 괜찮아?

A: **Are you sure** you can't do it?
B: I can! I choose not to!
A: 못하는 거 확실해? B: 할 수는 있지만 안 하기로 한 거야!

STEP 1
40 말하는 내용이 확실하지 않을 때
…가 확실하지 않아

이번엔 부정의 표현으로 자신 없는 이야기를 할 때나 확신이 없을 때 I'm not sure of [about]~ 혹은 I'm not sure S+V 형태로 사용하면 된다. 특히 I'm not sure 의문사 to do~ 구문과 I'm not sure if [what] S+V 등 의문사 절이 오는 구문도 함께 연습해보도록 한다. 대답으로 간단히 I'm not sure하면 "잘 모르겠는데," "글쎄"라는 뜻이고 "아직 잘 모르겠다"고 할 때는 I'm not sure yet이라고 하면 된다.

공식 01 **I am not sure of[about] + 명사** …를 잘 모르겠어

I am not sure { **of** my plan. 내 계획이 확실치 않아.
about that. 확실히 몰라.

공식 02 **I am not sure + 의문사구** …할지 모르겠어

I am not sure { **where to go.** 어디로 갈지 모르겠어.
what to do. 뭘 할지 모르겠어.

공식 03 **I am not sure if[what] 절** …인지 잘 모르겠어

I am not sure if { **I can do it.** 내가 그걸 할 수 있을는지 모르겠어.
she will come. 걔가 올지 잘 모르겠어.

DIALOGUE

A: What time did Mary get to the exam?
메리가 몇 시에 시험 치러 갔니?
B: I'm not sure.
잘 모르겠어.
A: I wonder if she made it on time.
제 시간에 도착했는지 모르겠네.
B: I'm sure she did.
분명 그랬을 거야.

I am not sure of the difference 난 그 차이에 대해 잘 모르겠어

확실하지 않아 조심스럽게 말할 때 사용하는 표현으로 I'm sure~ 못지않게 무척 많이 사용되는 표현이다.

공식 01

I'm not sure of anything yet. 몰라. 아직 아무것도 몰라
I'm not sure about the weather tomorrow. 낼 날씨에 대해 잘 모르겠어.

A: **I'm not sure about** the price of this item.
B: We can ask a clerk how much it costs.
  A: 이 물건 가격이 확실하지 않아. B: 점원에게 얼만지 물어볼 수 있지.

I am not sure which one to take 어느 것을 택해야할지 모르겠어

확실하지 않은 내용을 의문사구, 즉 how, what to+동사로 말하는 경우.

공식 02

I'm not sure which menu to use. 어떤 메뉴판을 보고 골라야 할지 모르겠어.
I'm not sure how to turn on this phone. 이 전화를 어떻게 켜는지 모르겠어.

A: **I'm not sure how to** input these numbers.
B: Let me handle it.
  A: 이 숫자들을 어떻게 넣는지 모르겠어. B: 내가 처리하죠.

I'm not sure what you mean 무슨 말인지 모르겠어

이번에는 확실하지 않은 내용을 what, if 등의 절로 표현하는 방법.

공식 03

I'm not so sure if that's a good idea. 그게 좋은 생각인지 잘 모르겠어.
I'm not so sure if she's going to marry me. 걔가 나와 결혼할지 모르겠어.

A: **I'm not sure if** this computer program will work.
B: Why don't you try it?
  A: 컴퓨터 프로그램이 작동될지 모르겠어. B: 한번 해보지 그래?

STEP 1
걱정과 근심이 가득할 때
난 …가 걱정돼

무엇에 관해 걱정이 될 때 사용하는 표현으로 I'm worried하면 "걱정돼"라는 의미이고 걱정의 대상을 말하려면 I'm worried about~을 쓰면 된다. 물론 걱정이 되는 것을 자세히 말하려면 I'm worried that S+V의 구문을 사용해도 된다. be concerned about~도 「걱정하다」는 뜻이지만 걱정보다는 「염려한다」는 뉘앙스를 가지고 있다.

공식 01 **I am worried[worry] about + 명사** …가 걱정돼

I am worried about
- **that.** 그게 걱정이 돼.
- **my career.** 내 경력이 걱정 돼.

공식 02 **I am worried[worry] 주어 + 동사** …가 걱정돼

I am worried
- **it's too late.** 너무 늦을까 걱정돼.
- **it's too cold.** 너무 추울까 걱정돼.

공식 03 **I am concerned about + 명사** …가 걱정돼

I am concerned about
- **you.** 네가 걱정돼.
- **my grade.** 내 학점이 걱정돼.

DIALOGUE

A: Where have you been all night?
밤새 어디에 있었니?
B: I was at my friend's house.
친구 집에 있었어.
A: **I was worried about** you. You should have called.
걱정했잖아. 전화를 했어야지.
B: Sorry, I didn't want to wake you up.
미안, 너를 깨우고 싶지 않았어.

I am worried about your safety 너의 안전이 우려 돼

뭔가 걱정할 때는 be worried about~ 혹은 그냥 worry about~이라고 써도 된다.

공식 01

I'm worried about your safety. 네 안전이 우려돼.
I'm worried about your health. 네 건강이 우려돼.

A: I'm worried about Dick. He doesn't look good these days.
B: I heard his wife is asking him to divorce.
A: 딕이 걱정이야. 요즘 안 좋아 보여. B: 아내가 이혼하자고 그런대.

I'm worried it's going to be a mistake 실수가 되지 않을까 걱정 돼

걱정하는 내용을 절로 표현하는 것으로 역시 be worried that~ 혹은 be worry that~ 이라고 쓴다.

I'm worried I might be late. 늦을까봐 걱정돼.
I'm worried she might be angry. 걔가 화가 났을까봐 걱정돼.

A: I'm worried Pam won't come to the party.
B: Why? Is she still angry with you?
A: 팜이 파티에 오지 않을 것이 우려 돼. B: 왜? 걔가 아직도 나한테 화가 났니?

I am concerned about my math grade 내 수학 학점이 걱정 돼

be concerned 역시 「걱정하다」,「염려하다」라는 의미로 about+명사 혹은 (that) 주어+동사를 이어 쓴다.

공식 03

I'm concerned she may fail the test. 걔가 시험에 떨어질까 걱정 돼.
I'm concerned about Gary and his family. 게리와 그 가족들이 걱정 돼.

A: I'm not going to die that easy. Don't worry about that.
B: I'm not worried. I'm concerned.
A: 그렇게 쉽게 난 안 죽을 거야. 걱정 마. B: 걱정하는 게 아니라 염려가 돼서.

STEP 1 뭔가 당황하고 혼란스러울 때

…에 당황돼

I am [feel]+형용사[pp] 구문은 앞서 배운 것이지만 이번에는 I am[feel]+pp 구문 중에서 좀 난이도가 있는 그러면서도 회화에서 많이 쓰이는 것들을 살펴보자. 「당황하다」는 의미의 I'm embarrassed (about~/to do), 「혼란스럽다」는 의미의 I'm confused, 「수치스럽다」는 의미의 I'm ashamed of~ 를 연습해보자.

공식 01 **I am embarrassed about + 명사[to + 동사]** …에 당황스러워

I'm embarrassed
- **about speaking in public.** 대중앞에서 연설하기 싫어.
- **to tell you.** 당황스러워서 네게 말할 수 없었어.

공식 02 **I am confused by + 명사** …에 혼란스러워

I am confused by
- **the explanation.** 그 설명으로 혼동되었어.
- **the signs on the road.** 도로 사인이 혼동되었어.

공식 03 **I am ashamed of** …가 수치스러워

I was ashamed of
- **her bad behavior.** 난 걔의 행동이 수치스러워.
- **the problems I created.** 내가 만든 문제로 수치스러워.

DIALOGUE

A: I don't want to give a speech in the meeting.
모임에 나가서 연설하기가 싫어.
B: Why? I think you are an excellent speaker.
왜? 난 네가 훌륭한 연설가라고 생각하는데.
A: Maybe, but I always end up turning bright red. I **get embarrassed** speak**ing** in public.
글쎄, 항상 얼굴이 새빨개지고 말잖아. 사람들이 많이 모인 데서 연설하는 것은 창피해.
B: Please have confidence in yourself!
부디 자신감을 가져.

I'm kind of embarrassed 난 좀 당황스러워

be embarrassed는 당황하거나 난처한 경우로 그 이유는 about+명사 혹은 to+동사로 말한다.

I am too embarrassed to say the word. 넘 창피해서 그 말 못하겠어.
He was embarrassed about the nature of his illness.
걘 자신의 병명에 대해 당황했어.

A: Have you asked him about it?
B: **He's embarrassed.** He doesn't want to talk about it.
  A: 걔한테 그것에 대해 물어보았니? B: 걘 당황해서 그것에 대해 말하고 싶지 않대.

I'm a little confused 좀 혼란스러워

뭔가 혼선이 생겼거나 헷갈릴 때 쓰는 표현으로 be mixed up이라고도 하는데 혼란스러운 비교대상이 있을 경우에는 with를 써서 말한다.

I am confused by the teacher's explanation.
선생님의 설명에 혼란스러워.
I think some of us **are feeling confused**.
좀 헷갈리는 사람들도 있을 것 같아요

A: The menu has so many choices that **I'm confused!**
B: I know but nothing appeals to me today.
  A: 음식 종류가 너무 많아서 고민이야. B: 그래, 하지만 오늘은 딱히 끌리는 게 없는걸.

I am ashamed of myself 내 자신이 부끄러워

뭔가 창피한 짓을 했을 경우 부끄럽고 창피하다고 말할 때 be ashamed of~ 를 쓰면 된다. of 다음에는 명사나 ~ing을 이어 쓴다.

I have nothing to **be ashamed of.**   난 부끄러울 것이 없어.
He was **ashamed of** his old clothes. 걘 자신의 낡은 옷이 수치스러웠어.

A: You stole the money. **I'm ashamed of** you.
B: I'm sorry Dad. I won't let it happen again.
  A: 돈을 훔쳤어. 부끄러운 일이야 B: 죄송해요 아빠. 다시는 안 그럴게요.

memo

STEP 2

영어회화 내공쌓기

영어회화 기본공식 500+

STEP 2 - 01 내게 뭔가 있다고 말할 때
난 …가 있어

Step 1에서 have 동사를 사용해 한번 연습해 본 공식. 이번에는 have got을 사용하는 법을 배워보기로 하자. 이는 「갖고 있다」라는 뜻의 have와 같은 의미의 구어체 표현이다. 이때 have는 축약되거나(I've) 혹은 생략되기도 하여 I got~으로 쓰이기도 한다. You've got a meeting at three(3시에 회의 있어요)처럼 You've got+명사~ 하게 되면 「네게 …가 있다」라는 의미로 You've got nothing to lose(손해볼게 없어) 처럼 쓰인다.

공식 01 I've got + 명사 난 …가 있어

I've got
- **a question.** 질문이 있어.
- **a new plan.** 새로운 계획이 있어.

공식 02 You've got + 명사 네게 …가 있어

You've got
- **a meeting.** 3시에 회의가 있어.
- **a problem.** 당신 문제가 있어.

공식 03 We've got + 명사 우리에게 …가 있어

We've got
- **some gifts.** 선물이 약간 있어.
- **plenty of time.** 시간이 많이 남아 있어.

DIALOGUE

A: What's his problem?
그가 왜 그러는데?
B: He's just jealous that **I've got** a pretty girlfriend.
내가 이쁘디 이쁜 여자 친구와 사귄다고 샘내고 있는 거야.
A: That's no excuse for hitting you.
그렇다고 너를 때리다니 말도 안 돼.
B: I know. He's just a big bully.
나도 알아. 그저 거들먹거리는 놈이지 뭐.

I've got something for you 네게 줄게 있어

I have got+명사는 I have+명사의 경우와 동일하게 생각하면 된다.

I've got so much to do. 할 일이 많아.
I've got something in my eye. 눈에 뭐가 들어갔어.

A: You look stressed out. What's wrong?
B: **I've got** so much to do and I have to go now.
A: 스트레스에 지쳐 빠진 것 같으네. 무슨 일이야? B: 해야 할 일이 너무 많아서 지금 가야돼.

You've got a point there 네 말이 맞아

이번엔 주어가 You로 You've got+명사 하면 「네게 …가 있다」라는 뜻이 된다.

You've got to be kidding. 농담하지 마.
You've got a meeting at three. 3시에 회의가 있어.

A: Actually, I must go now.
B: Oh, that's right. **You've got** a meeting at three.
A: 실은 그만 가야 돼요. B: 어, 그래요. 3시에 회의가 있죠.

We've got a challenge 우리 문제가 생겼어

단지 주어가 we로 바뀐 경우로 「우리에게 …가 있다」라는 말.

We've got a problem. 우린 문제가 있어.
We've got gifts for all of the children. 애들 모두를 위한 선물이 있어.

A: I think we're going to be late.
B: **We've got** plenty of time.
A: 우리 늦을 거 같아. B: 시간 충분해.

STEP 2 02 지금 먹고 싶은 거나 하고 싶은 일을 말할 때
…하고 싶어

나의 성향이나 취미를 말할 때는 I like를 쓰지만 「내가 지금 …을 원하거나」, 「…을 하고 싶다」는 현재의 마음을 표현하고 싶을 때는 I would like~를 쓰면 된다. 보통 축약하여 I'd like+명사[to do]~ 형태로 쓰이는데 I'd like+명사의 경우는 I'd like it medium rare please(반쯤 살짝 익혀주세요)처럼 특히 음식점 등에서 「…로 주세요」라고 주문할 때 많이 쓰인다. I'd love to~ 도 I'd like to~ 와 같은 의미.

공식 01 **I'd like + 명사** …로 주세요

I'd like { **hot tea.** 뜨거운 차로 주세요.
another beer. 맥주 한잔 더 하고 싶어. }

공식 02 **I'd like to + 동사** …하고 싶어요

I'd like to { **talk to you.** 너와 얘기하고 싶어.
chat with you. 너랑 잡담하고 싶어. }

공식 03 **I'd like you to + 동사** …해주세요

I'd like you to { **meet my friend.** 내 친구와 인사해.
leave right now. 지금 당장 떠나줘. }

DIALOGUE

A: **I'd like to** reserve a table for two for tonight.
오늘밤 2인석을 예약하고 싶은데요.
B: For what time?
시간은요?
A: Eight o'clock. And, if possible, **we'd like** a view of the water.
8시요. 가능하면 강이 보이는 곳이었으면 좋겠군요.
B: No problem.
그럼요.

I'd like a window seat 창가 좌석으로 주세요

I'd like+명사는 상대방에게 공손하게 '명사'를 요구할 때 사용한다.

I'd like plain bagel with cream cheese. 보통 베이글에 크림치즈 주세요.
I'd like my coffee with milk. 커피에 우유를 타 주세요.

A: **I'd like** a round-trip ticket to Chicago.
B: When would you like to depart and return?
A: 시카고 행 왕복 항공권을 사고 싶은데요. B: 언제 출발해서 언제 돌아오시나요?

I'd like to thank you guys for coming here 너희들 와줘서 고마워

가장 많이 쓰이는 I'd like to+동사는 「내가 뭔가를 하고 싶다」고 말할 때 쓰면 된다.

I'd like to propose a toast. 건배하자.
I'd like to talk to you about that. 너와 그거에 대해 얘기하고 싶어.

A: **I'd like to** buy this coat.
B: Will that be cash or charge?
A: 이 코트를 사고 싶은데요. B: 현금 아님 신용카드로 하시겠어요?

I'd like you to think about that 그것에 대해 생각 좀 해줘

이번에 내가 뭔가 하고 싶은게 아니라 상대방(you)이 to~ 이하를 하기를 원한다는 말로 상대방에게 부탁할 때 사용하는 표현법.

I'd like you to leave right now. 지금 당장 떠나줘.
I'd like you to talk with her. 걔하고 얘기를 해봐.

A: **I'd like you to** finish the project as soon as possible.
B: Alright, I'll get right on it.
A: 가능한 한 빨리 이 프로젝트를 끝내 줘. B: 그래, 잘 알았어.

STEP 2
03 내가 하고 싶다고 캐주얼하게 말할 때
···하고 싶어

내가 원하는 걸 말한다는 점에서 I'd like~ 와 같은 의미이지만 I'd like~가 부드러운 표현임에 반해 I want~는 친구 등 친밀한 사이에서 격의 없이 말할 때 사용하는 표현. 부정으로 I don't want to~하게 되면 「···하고 싶지 않아」라는 의미가 된다. I want+명사의 경우 I want to+동사~에 비해 별로 쓸 기회가 적지만 I want a baby(애기를 갖고 싶어), I want a marriage(결혼하고 싶어) 그리고 I want a rematch(다시 붙자) 등으로 요긴하게 사용할 수 있다.

공식 01 | **I want + 명사[to + 동사]** ···하고 싶어

I want
- **to talk to you.** 너하고 얘기하고 싶어.
- **ask you something.** 뭐 좀 물어볼게.

공식 02 | **I don't want to + 동사** ···하고 싶지 않아

I don't want to
- **lose you.** 너를 잃고 싶지 않아.
- **be rude.** 무례를 범하고 싶지 않아.

공식 03 | **I want you to + 동사** ···해라

I want you to
- **be happy.** 네가 행복했으면 해.
- **meet my friend, Sam.** 인사해, 내 친구 샘이야.

DIALOGUE

A: I'd like to propose a toast.
건배하자.
B: What do **you want to** drink to?
무엇을 위해서?
A: **I want to** drink to our friendship.
우리들의 우정을 위해서 하고 싶군.
B: I'll drink to that.
나도 우정을 위해 마시겠어.

I want to thank you for helping me 도와줘서 고마워요

I'd like to~ 와 같은 의미이지만 더 친하고 허물없는 사이에 쓰는 표현.

I want a rematch.   다시 붙고 싶어.
I want a marriage. 결혼하고 싶어.

A: **I want to** reconfirm my reservation.
B: What is your flight number?
　A: 예약을 재확인하려고요. B: 비행편 번호가 어떻게 되시죠?

I don't want to work overtime every day 매일 야근하고 싶지 않아

부정형으로 뭔가 반대하거나 원하지 않는다고 말할 때.

I don't want to be late.   늦고 싶지 않아.
I don't want to see you again.   널 다시 보고 싶지 않아.

A: Come on, **I don't want to** be late to the meeting again.
B: Okay, okay. Quit yelling at me and relax.
　A: 서둘러, 그 모임에 또 늦기 싫단 말이야 B: 알았어, 알았다고. 소리 좀 그만 지르고 진정해.

I want you to join us 네가 우리랑 같이 하길 원해

상대방(you)이 to~ 이하를 하길 원한다는 말로 I'd like you to~ 와 마찬가지지만 좀 격의없이 상대방에게 뭔가 부탁할 때 사용한다.

I want you to get me a present.   선물 사와야 해.
I want you to be with you.   너랑 같이 있고 싶어.

A: Julie, **I want you to** meet my friend. This is Peter.
B: Hi! Nice to meet you.
　A: 줄리, 인사해, 내 친구 피터야. B: 안녕, 반가워.

STEP 2 04 상대방이 뭘 하고 싶은지 의향을 물을 때

…할래(요)?

앞서 배운 I'd like+명사[to do~]를 의문문 형태로만 바꾸면 된다. Would you like~?로 무조건 말문을 트고 다음에 상대방이 원하는 명사나 원하는 행동을 말해주면 된다. Would you like+명사?의 경우는 I'd like+명사의 경우처럼 음식관련 상황에서 유용하게 쓰이며 조금 어렵지만 한 단계 응용해서 Would you like+명사+pp?하면 「…를 pp하게 할까요?」라는 의미로 단순히 명사를 원하는 게 아니라 어떤 상태로 하기를 원하느냐고 물어보는 문장이 된다.

공식 01 **Would you like + 명사/명사 + pp?** …해주실래요?

Would you like
- **an appetizer?** 애피타이저 드실래요?
- **this item delivered?** 이 물건들 배달해드릴까요?

공식 02 **Would you like to + 동사?** …하실래요?

Would you like to
- **come in?** 들어오실래요?
- **have coffee?** 커피 드실래요?

공식 03 **Would you like me to + 동사?** 제가 …해줄까요?

Would you like me to
- **do it?** 내가 그걸 하길 원하니?
- **go with you?** 너랑 같이 가자고?

DIALOGUE

A: Would you like to go out to lunch with me?
나랑 점심 먹으러 나갈래?

B: Sure. **Would you like to** eat at McDonald's?
그래. 맥도날드에서 먹을래?

A: No, let's go to a fancy restaurant. It's my treat.
아니, 고급 레스토랑에 가자. 내가 쏠게.

B: That sounds great.
그거 좋지.

Would you like some dessert? 후식 좀 하실래요?

상대방에게 먹을 것 등 뭔가 권할 때 사용하면 된다. 좀 어렵지만 Would you like+명사+pp?하면 '명사'를 'pp' 상태로 하길 원하냐고 물어보는 표현.

Would you like some wine?   와인 좀 하실래요?
Would you like something to drink?   마실 것 좀 줄까요?

A: I'd like a pizza.
B: **Would you like** a small or a large?
    A: 피자 주세요. B: 작은 걸로 드릴까요, 큰 걸로 드릴까요?

Would you like to go out with me sometime? 언제 나와 데이트할래?

상대방의 의향을 물어보거나 뭔가 하자고 제안할 때 쓰는 전형적인 표현.

Would you like to go out to lunch with me?   나랑 점심 먹으러 갈래?
Would you like to try it on?   옷을 입어보시겠어요?

A: **Would you like to** go to a movie sometime?
B: Yeah, that'd be great. I'd love it.
    A: 나중에 한번 영화 볼래요? B: 그래요, 좋겠네요. 좋아요.

Would you like me to close the window? 창문 내가 닫을까?

내가 뭔가 하겠다는 것이 아니라 상대방에게 내가 to~ 이하를 하기를 원하느냐고 상대방의 의향을 물어볼 때 사용한다.

Would you like me to join the party?   파티에 내가 같이 가길 원하니?
Would you like me to get out of here?   여기서 나가줄까?

A: **Would you like me to** help you?
B: No, thank you. I know what I'm doing
    A: 내가 도와주길 바래? B: 고맙지만 됐어. 내가 알아서 할게.

STEP 2 — 05 상대방이 뭘 하고 싶은지 캐주얼하게 물을 때
…할래?

이번에는 격의 없이 상대방의 의향을 물어보거나 혹은 상대방에게 필요한 것을 권유하는 표현을 배워본다. 앞의 Would you like+명사[to do~]?와 같은 의미지만 친한 사이에 「…할래?」,「…하고 싶어?」라고 물어볼 때는 Do you want+명사[to do~]?를 쓰면 된다. 특히 Do you want+명사?의 경우 Do you want soup or salad?처럼 음식 등을 권할 때 자주 사용된다. 또한 Do you want some?하면 "좀 먹을래?," Do you want some more?하면 "좀 더 먹을래?"라는 뜻으로 식사시 요긴하게 써먹을 수 있는 표현들이다.

공식 01 **Do you want + 명사?** …를 원하니?

Do you want
- **a refund?** 환불 원해요?
- **a date?** 데이트하길 원해?

공식 02 **Do you want to + 동사?** …할래?

Do you want to
- **come along?** 같이 갈래?
- **talk about it?** 그거에 대해 얘기하고 싶어?

공식 03 **Do you want me to + 동사?** 내가 …해줄까?

Do you want me to
- **check again?** 확인 더 해볼까요?
- **go with you?** 내가 같이 가길 원해?

DIALOGUE

A: I want to go to a show tonight.
오늘 밤에 쇼 보러 가고 싶어.

B: Do you want to see an early or late one?
이른 시간 걸 보고 싶니, 아님 늦은 시간 걸 볼래?

A: It doesn't matter to me.
아무거나 상관없어.

B: Why don't we go for dinner and catch a late show?
그럼 저녁 먹고 늦게 하는 걸 보러 가자.

Do you want some? 좀 먹을래?

Would you like+명사?와 같은 의미이지만 좀 더 친하고 허물없는 사이에서 사용하면 된다.

공식 01

Do you want a mirror? 거울 줄까?
Do you want something hot? 뭔가 따뜻한 걸 원해요?

A: Regular unleaded. Please fill it up.
B: No problem. **Do you want** the car wash with that?
A: 보통 무연휘발유로 가득 채워주세요. B: 알겠습니다. 세차도 해드릴까요?

Do you want to buy me a drink? 술 한 잔 사줄래?

역시 Would you like to~?와 의미상 차이는 없으나 더 친한 사이에서 사용된다.

공식 02

Do you want to visit the city? 그 도시를 방문하길 원해?
Do you want to go out with me? 나랑 데이트하고 싶어?

A: **Do you want to** go golfing this weekend?
B: That's a great idea.
A: 이번 주말에 골프갈래? B: 좋지.

Do you want me to teach you? 내가 가르쳐줄까?

want 다음에 me가 있어 좀 복잡한 느낌이 들지만 상대방의 의중을 확인하거나 혹은 내가 상대방에 해주고 싶은 걸 제안할 때 쓰는 표현.

공식 03

Do you want me to call a cab? 택시 불러드릴까요?
Do you want me to quit? 내가 그만두길 원하니?

A: **Do you want me to** give you a ride to the airport?
B: Yes, I would really appreciate it.
A: 내가 공항까지 태워다 줄까? B: 그래주면 정말 고맙지.

STEP 2 06 확실하지 않아 추측해서 말할 때
…이겠구나

must와 should는 「의무」의 뜻 뿐만 아니라 「추측」을 의미할 때도 쓰이는 조동사이다. 그래서 우리말로 「…임에 틀림없다」라고 영어문장을 만들 때는 S+must[should] be~ 형태를 활용하면 된다. 어떤 일이 일어나거나 혹은 어떤 사실이 맞을 거라는 추측의 의미이다. 한편 S+can't be~는 「…일리가 없다」는 의미로 That can't be true하면 "그게 사실일 리가 없어," You can't be a lawyer하면 "네가 변호사일 리가 없어"라는 문장이 된다.

공식 01 **You must be + 형용사** 너 …하겠구나

You must be
- **tired.** 너 피곤하겠구나.
- **new here.** 여긴 잘 모르시나봐요.

공식 02 **It should be + 형용사** …할거야

It should be
- **cloudy tomorrow.** 내일 흐릴 거야.
- **real easy.** 정말 쉬울 거야.

공식 03 **That can't be + 형용사/명사** 그건 …일 리가 없어

That can't be
- **true.** 그게 사실일 리가 없어.
- **good.** 안 좋은 징조야.

DIALOGUE

A: May I speak to Bill, please?
빌 좀 바꿔 주시겠어요?
B: He just stepped out for lunch.
점심 식사하러 방금 나가셨는데요.
A: How soon do you expect him back?
언제쯤 돌아올까요?
B: **He should be** back in about 15 minutes.
15분쯤 후엔 돌아오실 거예요.

You must be very proud 무척 자랑스러우시겠어요

must에는 '강한 의무'의 뜻 외에도 추측의 뜻으로도 사용되는데 주로 must be~ 형태로 쓰이는 경우가 많다.

공식 01

You must be Owen. 너 오웬이구나.
He must be with a client. 그는 고객과 함께 있어요.

A: I didn't get the promotion.
B: **You must be** very upset about that.
A: 승진에서 떨어졌어. B: 엄청 열 받았겠구나.

I think you should be okay 너 괜찮을 것 같아

should 또한 마찬가지로 '의무' 외에 추측의 의미로도 많이 쓰이며 역시 should be~ 형태로 쓰일 때가 많다.

공식 02

It should be helpful. 도움이 될 거야.
They should be punished. 걔들은 처벌 받아야해.

A: Are you expecting to get some more?
B: Yes, **they should be** here by next week.
A: 물건이 더 들어올 건가요? B: 네, 다음 주까지는 틀림없이 물건이 더 들어올 겁니다.

You can't be serious 농담이겠지

가능의 조동사 can이 can't be~ 형태로 쓰이면 「…일 리가 없다」라는 강한 부정의 추측 표현이 된다.

공식 03

You can't be sure. 확실하지 않잖아.
You can't be dependent on others. 남한테 의지만 할 수 없잖아.

A: You have to stay late tonight.
B: **You can't be** serious. I want to go home.
A: 오늘밤 늦게까지 남아 있어야해. B: 농담이겠지. 십에 가고파.

STEP 2 07 여러 가지 가능성을 놓고 말할 때
…일 지도 몰라(…일 수도 있어)

앞의 표현보다 좀 더 소심한(?) 추측을 말하고자 할 때는 may를 사용해보자. may 조동사의 가장 큰 특징은 가능성(possibility)으로 You may[might]~ 하게 되면 아직 잘 모르는 이야기를 할 때 「…일 수도 있어」,「…할지도 모르겠다」라는 표현이 된다. 따라서 You might be right를 달리 표현하자면 I'm not sure you're right가 된다. 물론 여기서 might는 무늬만 과거일 뿐 현재의 의미임을 기억하자.

공식 01 **She may be + 형용사**   걔가 …일 수도 있어

She may be { **right.** 걔가 맞을 수도 있어.
             wrong. 걔가 틀릴 수도 있어. }

공식 02 **He might + 동사**   걔가 …하고 있을 지도 몰라

He might { **have cancer.** 걔가 암일 지도 몰라.
           have the answer. 걔가 답을 가지고 있을 지도 몰라. }

공식 03 **It might be + 형용사/동사**   …일 수도 있어

It might be { **true.** 사실일 수도 있어.
              raining. 비가 올지 몰라. }

DIALOGUE

A: Do you hear background noise?
당신도 잡음이 들리나요?
B: Yeah, it seems like there may be some wires crossed.
네, 여러 회선이 꼬여있는 것 같군요.
A: Maybe we're connected with another line.
아마 혼선됐나 봐요.
B: I'm not sure, **it might be** my phone.
확실치는 않지만 내 전화가 그런 것 같아요.

You may be right about it 네 말이 맞을 수 있어

may의 다양한 의미 중 「추측」 내지는 「가능성」을 말하는 것으로 주로 may be+형용사로 쓰일 때가 많다.

He may be old. 그 분은 나이가 들었을 수 있어.
He may be poor. 걔가 가난할 수 있어.

A: I'm not so sure that's a good idea.
B: It may be worth a try.
  A: 그건 좋은 생각이라는 확신이 안 서는데. B: 그래도 해봄직 할 거야.

I thought you might need a hand 네가 도움을 필요로 할지 모른다고 생각했어

may의 과거형 might 역시 뭔가 「추측」할 때 사용하는 표현으로 형태는 과거형이지만 의미는 현재이다.

She might have a date with John. 걘 존하고 데이트 했을지 몰라.
She might have a boyfriend. 걘 남자친구가 있을지 몰라.

A: **Dave might** have the key.
B: I don't think so because he wasn't in yesterday.
  A: 데이브가 키를 가지고 있을지도 몰라. B: 그렇진 않을 걸. 어제 출근 안했잖아.

It might be helpful Just try it 그게 도움이 될 수도 있으니 해봐

추측의 might은 특히 It might+동사의 형태로도 다양하게 사용된다.

It might be hard. 그게 어려울 수도 있어.
It might hurt you. 너 속상할 수도 있어.

A: **It might** leave a scar following the operation.
B: I am fully aware of the possibility.
  A: 수술 후에 상처가 남을 수 있어요. B: 그 가능성을 충분히 인지하고 있어요.

STEP 2
08 상대방에게 공손히 부탁할 때
…해도 될까요?

상대방에게 부탁을 하거나 허락을 구할 때 사용하는 표현으로 앞에 나온 may 조동사를 다시 사용해본다. may는 추측 뿐만아니라 말하는 입장 방향에 따라 상대방에게 부탁을 하거나 혹은 상대방에게 허가를 할 수도 있다. 특히 May I help you?는 특히 상점 등에서 쓰는 전형적인 표현으로 "뭘 도와드릴까요?"라는 친절한 표현. 하지만 May I~?는 회화에서 많이 쓰이기는 하지만 윗사람, 처음 보는 사람 혹은 아는 사이라도 좀 조심스럽게 물어볼 때 사용한다.

공식 01 **May I + 동사?** 제가 …해도 될까요?

May I { **come in?** 들어가도 되겠습니까?
        try it on? 입어 봐도 될까요? }

공식 02 **May I speak to + 사람?** …랑 통화할 수 있나요?

May I speak to { **Tony?** 토니 있나요?
                 the supervisor? 관리자하고 통화할 수 있나요? }

공식 03 **You may + 동사** 네가 …해도 돼.

You may { **go now.** 가도 돼.
          play the piano. 피아노 연주해도 돼. }

DIALOGUE

A: Don't you like this coat?
이 코트가 맘에 안 드시나요?
B: May I see others in a different style?
다른 스타일의 코트를 볼 수 있을까요?
A: I'll go to the back and see what we have.
매장 뒤쪽에 뭐가 있는지 가서 살펴보죠.
B: Thank you.
고맙습니다.

May I ask you a question? 한 가지 여쭤 봐도 될까요?

잘 모르는 사람에게 조심스럽게 부탁할 때 쓰는 표현으로 일반적으로는 Can [Could]~ ?을 쓰는 경우가 많다.

May I have a word with you?   잠깐 얘기할 수 있을까요?
May I see your passport[ticket]?   여권[표]을 보여줄래요?

A: **May I** help you?
B: Oh, no thanks, we're just here to look around.
    A: 제가 도와드릴까요? B: 괜찮아요. 그냥 둘러보러 왔어요.

May I speak to somebody who can speak Korean? 한국어하는 사람과 통화할 수 있나요?

대표적인 전화영어로 전화를 걸어서 통화하고 싶은 사람을 바꿔달라고 할 때 사용한다.

May I speak to operator again?   다시 교환수랑 통화할 수 있나요?
May I have your name again?   성함이 어떻게 되신다고 했죠?

A: **May I** speak to supervisor?
B: **May I** ask who's calling, please?
    A: 관리자하고 통화할 수 있나요? B: 누구시죠?

Good job You may go now 잘 했어 이제 가도 돼

May I~?는 공손한 부탁이지만 반대로 You may+동사 하게 되면 부탁하는 상대방에게 허락할 때 사용하는 표현이 된다.

You may use your credit card.   신용카드를 사용하셔도 돼.
You may play music until 10 pm.   저녁 10시까지 연주할 수 있어.

A: Mr. Smith, I finished all of my work.
B: Good job. **You may** go now.
    A: 스미스 씨, 제 일을 다 끝냈는데요. B: 잘 했어요. 이제 가도 되요.

STEP 2 09 상대방에게 부탁하면서 양해를 구할 때
…해도 괜찮아요?

우리말로 상대방에게 부탁하는 표현이 한 두가지가 아니듯 영어도 마찬가지이다. 이번에는 좀 조심스럽게 「…해도 되겠냐」고 물어볼 때 사용하는 표현법을 익혀보자. 동사 mind를 사용하면 되는데 mind 자체가 「…하기를 꺼려한다」는 의미를 담고 있어 Would(Do) you mind~ing?하게 되면 「…하기를 꺼려하느냐?」, 즉 의역하면 「…하면 안 될까?」로 조심스럽게 상대의 양해를 구하는 표현이 된다. 물론 would를 쓰면 do보다 정중해진다. 이에 대한 대답은 부정의문문의 답변에 준해야 하는데, 그래서 Yes하면 「그렇다」(Yes I mind), 즉 「꺼려한다」는 의미로 부정의 답이 되고, No를 하게 되면 「꺼리지 않는다」(No, I don't mind)라는 의미로 긍정의 답이 된다.

공식 01 — Do you mind ~ing? …해도 될까요?

Do you mind
- **closing** the door? 문 좀 닫아줄래요?
- **turning** the TV off? TV 좀 꺼줄래요?

공식 02 — Do you mind if 주어 + 동사? …하면 안 될까요?

Do you mind if
- I smoke in here? 여기서 담배 펴도 돼?
- I seat here? 여기 앉아도 돼?

공식 03 — Would you mind ~ing/if 주어 + 동사? …해주지 않으실래요?

Would you mind
- do**ing** me a favor? 날 좀 도와주지 않겠니?
- **if** I use your cellular phone? 핸폰 좀 써도 될까요?

DIALOGUE

A: **Do you mind** pick**ing** me up tomorrow?
내일 나 좀 태워 줄 수 있겠니?

B: Sure, what time?
물론이지, 몇 시에?

A: Around 7:30 or 8:00 in the morning.
아침 한 7시 반이나 8시 경에.

B: I'll see you then.
그럼 그때 봐.

Do you mind picking me up tomorrow? 내일 나 좀 태워 줄 수 있겠니?

가장 기본형으로 do you mind 다음에 다양한 동사의 ~ing형을 써보면 된다.

Do you mind coming somewhat earlier? 조금 일찍 올 수 있을까요?
Do you mind parking my car here? 여기에 주차해도 괜찮을까?

A: **Do you mind** picking me up tomorrow?
B: Sure, what time?
  A: 내일 나 좀 태워 줄 수 있겠니? B: 물론이지, 몇 시에?

Do you mind if I close the window? 창문을 닫아도 될까요?

할 말이 많을 때는 주어+동사 절을 써야 되는데 do you mind 다음에 "if S+V"를 연결하면 된다.

Do you mind if I speak out? 솔직하게 말해도 괜찮을까요?
Do you mind if I sit here for a sec? 여기 잠시 앉아도 돼?

A: **Do you mind if** I use your bathroom?
B: No, go ahead.
  A: 화장실 좀 써도 되겠어? B: 그래, 그렇게 해.

Would you mind if we ask you a few questions? 질문 몇 개 해도 될까요?

would you 표현은 do you보다 공손한 표현으로써 상대방에게 양해를 정중하게 요청할 때 사용한다.

Would you mind if I leave early? 좀 일찍 나가도 괜찮을까요?
Would you mind letting me check your bag?
가방을 확인 해봐도 될까요?

A: **Would you mind if** I take a look around here?
B: Not at all, be my guest.
  A: 내가 여기 좀 둘러봐도 괜찮겠니? B: 그럼, 물론이지.

STEP 2
10 내 진의를 전달하려고 할 때
…하려는거야

아직 하지는 않았지만 앞으로 혹은 현재 자신이 하고 있는 일을 상대방에게 전달하는 것으로 이때는 동사 try를 써야 한다. try는 다음에 주로 「명사」나 「to+동사」가 목적어로 와서 「…을 해보다」, 「시도하다」라는 뜻이 된다. 특히 명사가 목적어로 올 경우에는 I'll try my best(최선을 다할거야)처럼 「시도하다」라는 뜻이지만 Try kalbi처럼 음식이 올 경우에는 「먹어 보다」라는 의미가 된다. 특히 try 다음에 목적어로 '옷'이 올 경우에는 try it on처럼 on을 붙여야 한다.

공식 01 **I am (just) trying to + 동사** 난 (단지) …하려는 거야

I was just trying to { **explain.** 난 그저 설명하려는 거였어.
make sure. 난 단지 확실히 하려는 거였어.

공식 02 **I will try to + 동사** …하도록 할게

I will try to { **forget it.** 잊으려고 노력 할게.
call you later. 나중에 전화할게.

공식 03 **You have to try to + 동사** 넌 …하도록 해야 돼

You have to try to { **do it.** 넌 그걸 하도록 노력해야 돼.
help people. 넌 사람들을 도우려고 해야 돼.

DIALOGUE

A: Thank you very much for the beautiful flower you sent me!
보내주신 예쁜 꽃 정말 고마워요!

B: You're welcome. **I always try to** remember your birthday.
뭘요. 늘 당신 생일을 잊어버리지 않으려고 노력해요.

A: Yes, and you always send me something very special.
네, 항상 아주 특별한 것을 보내주시잖아요.

B: Well, I'm happy that you are pleased.
당신이 맘에 들어 하니까 제가 좋은데요.

I am just trying to help you 난 그저 널 도와주려는 거야

try to~의 현재진행형으로 주어가 현재 하고 있는 행동의 진의를 어필 할 때.

She was just trying to make you feel better.
걘 널 기분 좋게 해주려는 거였어.

I'm just trying to focus on this. 이거에 집중하려고 하고 있는 거야.

A: **I'm just trying to** help you.
B: Oh, you are such a kind person.
A: 도와주려는 것뿐예요. B: 오, 친절도 하셔라.

I'll try to get back as soon as I can 가능한 빨리 돌아오도록 할게

미래형으로 will try~하면 주어가 앞으로 「…을 해보겠다」는 의지를 표현한다.

I'll try to catch you later. 나중에 다시 이야기하자.
I'll try to be more quiet. 좀 더 조용히 해볼게.

A: Stop that noise. You're bothering me.
B: **I'll try to** be more quiet.
A: 시끄러운 소리 좀 그만 내. 신경 쓰여. B: 좀 더 조용히 해볼게.

You have to try to do your best 넌 최선을 다하도록 노력해야 돼

상대방에게 직접적으로 명령하기 보다는 한 단계 수위를 낮추어서 「…을 해보도록 해라」라고 조언이나 지시할 때.

You have to try to help the poor. 가난한 사람들을 돕도록 해라.
You have to try to be social with others. 다른 사람들하고 사교해보도록 해.

A: I feel like I want to go to sleep.
B: **You have to try to** stay up and study.
A: 자고 싶은데. B: 깨어서 공부하도록 해야 돼.

STEP 2 - 11

뭔가 확실히 확인해볼 때

…를 확인해볼게

내가 나서서 확인해 본다는 것으로 단순한 대상을 확인할 때는 Let me check+명사 혹은 I'll check+명사를, …인지 아닌지 사실 여부를 확인할 때는 Let me see if~ 혹은 I'll see if~ 형태를 사용한다. 또한 make sure는 「…을 확인하다」, 「확실히하다」라는 의미로 Let me make sure that S+V하게 되면 「…을 확인해볼게」, 「…을 확실히 할게」라는 뜻이 된다. 자신 없는 부분을 재차 확인할 때 긴요하게 써먹을 수 있는 표현. 반대로 상대방에게 「…을 확실히 하라」, 「…을 꼭 확인해」라고 할 때는 Please make sure that S+V형태를 쓰면 된다.

공식 01 | Let me check 명사[if 주어 + 동사] …인지 확인해볼게

Let me check
- my schedule. 내 일정을 확인해볼게.
- if I got this straight. 내가 제대로 이해하는지 확인해볼게.

공식 02 | Let me make sure 주어 + 동사 …을 확인해볼게

Let me make sure
- it's raining. 비가 오는지 확인해볼게.
- I don't have any schedule. 일정없는지 확인해볼게.

공식 03 | Please make sure 주어 + 동사 네가 …를 확실히 해

Please make sure
- she comes. 걔가 꼭 오도록 해.
- you get up early. 반드시 일찍 일어나도록 해.

DIALOGUE

A: When are you going in for surgery?
언제 수술할 거니?

B: I'm not sure. I've got to schedule an appointment with the surgeon.
잘 모르겠어. 외과의하고 약속시간을 정해야 해.

A: Well, **make sure** you let me know when you set a date.
그럼, 날짜가 잡히면 내게 꼭 알려줘야 돼.

B: Don't worry, I will. Thanks a lot for your concern.
걱정 마, 그럴게. 걱정해줘서 정말 고마워.

Let me check your blood pressure 혈압 좀 재볼게요

앞서 배운 let me 다음에 check 이란 동사를 쓰는 경우로 check 다음에는 확인하고자 하는 명사 혹은 if 절을 이어 쓰면 된다.

공식 01

Let me check the other list. 다른 리스트 확인해볼게.
Let me check your temperature. 체온 재볼게요.

A: Do you know when the next flight leaves?
B: Just a moment. **Let me check.**
A: 다음 비행기는 언제죠?. B: 잠깐만요. 확인해볼게요.

Let me make sure you understand my point 내 말 이해했는지 확인해볼게

let me 다음에 make sure라는 동사구를 쓰는 경우로 make sure 다음에는 주어+동사절을 쓰며 의미는 make sure 이하를 「확실히 하겠다」는 뜻이다.

공식 02

Let me make sure it is perfectly safe. 그게 완전히 안전한지 확인해볼게.
Let me make sure that I don't have any meetings.
회의가 없는지 확인해볼게.

A: I'm leaving my wife.
B: **Let me make sure** I understand. You don't love her?
A: 아내와 헤어져. B: 확인해볼게. 아내를 사랑하지 않는 거야?

Please make sure you arrive on time tomorrow 내일 정시에 꼭 도착해

이번에는 반대로 상대방에게 make sure 이하를 확실히 하도록 지시하는 경우로 앞에 please를 써서 지시 내용을 좀 더 부드럽게 할 수 있다.

공식 03

Please make sure you are here before eight a.m.
아침 8시 전에 꼭 오세요.
Please make sure we don't lose it again. 다신 잃지 않도록 다짐합시다.

A: **Please make sure** you don't let her down.
B: Don't worry. I won't.
A: 그 여자를 실망시키지 않도록 해. B: 걱정 마. 안 그럴 테니.

STEP 2 | 12
뭔가 해야 할 일을 말할 때
…할 필요가 있어

의무라기 보다는 내 상황상 뭔가 필요하거나 해야한다고 말할 때는 동사 need를 활용하면 된다. 그래서 「내가 (…하는 것이) 필요하다」라고 하려면 I need+명사[to do]라고 쓰면 되는데 이는 I want~ 혹은 I have to+동사와 같은 맥락이지만 나의 기호나 기분에 따라 원하는 것이 아니라 내가 처한 사정상 「…가 꼭 필요하다」고 말하는 것으로 자신의 필요가 꼭 이루어져야 한다는 강한 느낌을 주는 표현이다.

공식 01 **I need + 명사** 난 …가 필요해

I need
- **a girlfriend.** 난 여친이 필요해.
- **your help.** 네 도움이 필요해.

공식 02 **I need to + 동사** 난 …할 필요가 있어.

I need to
- **get some sleep.** 좀 자야겠어.
- **stay another day.** 하루 더 머물러야 돼.

공식 03 **You don't need to + 동사** 넌 …할 필요가 없어

You don't need to
- **know.** 알 필요 없어.
- **talk about it.** 그것에 대해 말할 필요 없어.

DIALOGUE

A: I need to know whether you're coming to the party.
파티에 올 건지 알려주세요.
B: I'm still not sure.
아직은 잘 모르겠어요.
A: Could you give me an answer by tomorrow?
내일까지 알려주시겠어요?
B: Sure, I'll let you know by tomorrow.
그러죠, 내일까지 알려드릴게요.

I need more time to decide 결정할 시간이 더 필요해

내가 무엇이 필요한지 말하는 것으로 I need 다음에 필요한 명사를 넣는다.

공식 01

I need some rest.   좀 쉬어야겠어.
I need more money.   돈이 더 필요해.

A: **I need** more money to invest.
B: Oh! How much?
    A: 투자할 돈이 더 필요해. B: 그래, 얼마나!

I need to borrow a cellular phone 휴대폰을 빌릴 필요가 있어

앞 표현과 같은 의미로서 이번에는 필요한 것이 사람이나 사물이 아니라 어떤 행위일 경우.

공식 02

I need to take a test.   시험을 볼 필요가 있어.
I need to get back to the office.   사무실로 돌아가야 돼.

A: Hey, **I need to** talk to you.
B: What's the matter?
    A: 저기, 얘기 좀 하자. B: 무슨 일인데?

You don't need to worry about that 그거 걱정할 필요 없어

don't need to는 「…할 필요가 없다」라는 의미로 앞서 배운 You don't have to~ 와 같은 의미.

공식 03

You don't need to jot it down.   받아 적을 필요는 없어.
You don't need to practice more.   더 연습하지 않아도 돼.

A: Please tell me what happened.
B: **You don't need to** know.
    A: 무슨 일인지 말해봐. B: 알 필요 없어.

STEP 2
13 …가 필요하니?
상대방에게 뭔가 필요한 지 물어볼 때

이번에는 반대로 상대방에게 무엇이 필요한지 혹은 …을 해야 하는지 물어볼 때 사용하는 공식. Do you need+명사~?하면 「…가 필요하냐?」, Do you need to+동사~?하게 되면 상대방이「…을 꼭 해야 하냐?」고 물어보는 표현이 된다. 앞서 연습한 Do you have to+동사~?와 같은 맥락의 표현. 조금 변형하여 Do you need me to+동사?하면「내가 …해줄까?」라는 의미로 "내가 함께 가줄까?"라고 하려면 Do you need me to go with you? 라 하면 된다.

공식 01 **Do you need + 명사?** 너 …가 필요하니?

Do you need { **a ride?** 태워 줄까?
more time? 시간 더 필요해?

공식 02 **Do you need to + 동사?** 너 …해야 하니?

Do you need to { **rest?** 쉬어야 돼?
do that? 그거 해야 돼?

공식 03 **Do you need me to + 동사?** 내가 …해줄까?

Do you need me to { **pick you up?** 픽업해줄까?
go with you? 함께 가줄까?

DIALOGUE

A: How did you twist your ankle?
어떻게 하다가 발목을 삔 거야?
B: I was climbing a hill and I lost my footing.
언덕을 올라 가다가 발을 헛디뎠어.
A: Do you need to use crutches?
목발을 써야 돼?
B: No, I should be okay just limping.
아니, 괜찮아. 다리를 조금 절 뿐이야.

Do you need anything else? 뭐 다른 거 필요해?

상대방이 뭐가 필요한 지 물어보는 표현으로 Do you need 다음에 필요한 명사를 넣는다.

Do you need some help? 도움이 좀 필요하니?
Do you need a day off? 하루 쉬어야 돼?

A: I'm sorry to trouble you, but could you hold the door?
B: Sure, **do you need** a hand?
  A: 미안하지만, 문 좀 잡아주실래요? B: 그럼요, 도와드릴까요?

Do you need to improve your English? 너 영어실력을 향상시켜야 하니?

상대방이 필요한 것이 사람이나 사물이 아니라 어떤 행위를 말할 때 Do you need to 다음에 동사를 붙인다.

Do you need to see a doctor? 의사에게 가봐야 하니?
Do you need to see my identification? 신분증 확인해야 되나요?

A: **Do you need to** get up early tomorrow morning?
B: Yeah. Please set the alarm for 6 a.m.
  A: 내일 아침 일찍 일어나야 돼? B: 이. 6시로 알람 좀 해줘.

Do you need me to come to your house? 네 집에 갈까?

상대방에게 필요한 것을 물어보는 것이 아니라 「상대방이 내가 …을 해주기를 필요로 하는」지 물어보는 표현.

Do you need me to pray for you? 널 위해 기도해줄까?
Do you need me to give you some advice? 충고를 좀 해줄까?

A: **Do you need me to** stay longer?
B: No, we're all finished. You can go.
  A: 내가 좀 더 있어야 하나요? B: 아뇨, 우리 일은 다 끝났어요. 가도 좋아요.

STEP 2
14 내가 하고 싶은 것을 말할 때
⋯하길 바래

자기의 희망사항을 말하는 표현. I hope to+동사~ 또는 I hope 주어+동사의 형태로 「⋯하기를 바래」라는 뜻이다. 「to+동사」이나 「주어+동사」에 자신의 희망사항을 말하면 된다. 굳어진 표현으로는 I hope so(나도 그러길 바래), I hope so too(나도 역시 그러길 바래), I hope not(그렇지 않기를 바래) 등이 있다. wish라는 동사가 동의어이기는 하지만 I wish to+동사는 formal한 경우에만 쓰이고 I wish 주어+동사는 현재사실과 반대되는 경우에 사용된다는 점이 다르다. hope와 같은 뜻으로 쓰이는 wish는 I wish you good luck 형태뿐이다.

공식 01 **I hope to + 동사**   난 ⋯하기를 바래

I hope to { **see you again.** 널 다시 보길 바래.
get the ticket. 표를 구하길 바래.

공식 02 **I hope 주어 + 동사**   난 ⋯하기를 바래

I hope { **you will enjoy the game.** 네가 경기를 즐기길 바래.
you will come again. 네가 다시 오길 바래.

공식 03 **We hope 주어 + 동사**   우린 ⋯를 바래

We hope { **she will join the club.** 걔가 클럽에 들어가길 바래.
you'll be able to join us. 네가 올 수 있기를 바래.

DIALOGUE

A: Kevin, what are you doing on Saturday night?
케빈, 토요일 밤에 뭐해?
B: I'm not sure, why?
잘 모르겠는데, 왜?
A: You're invited to Bob's bachelor party. **We hope** you'll be able to join us. 밥의 총각파티에 참석했으면 해서. 올 수 있으면 좋겠는데.
B: **I hope so too.** It sounds like fun!
나도 가고 싶은데. 재미있겠다!

I hope to open my own restaurant 내 식당을 오픈하고 싶어

I hope 다음 내가 희망하는 사항을 to+동사형태로 적어주면 된다.

I hope to get a chance to study abroad.   유학 갈 기회를 갖고 싶어.
I hope to get tickets to the next K-league game.
다음 K리그 경기 표를 구하고 싶어.

A: Thank you for inviting me. I really enjoyed it.
B: Glad to hear that. **I hope to** see you again.
  A: 초대해줘 고마워. 정말 즐거웠어. B: 그렇게 말해줘 고마워. 다시 보길 바래.

I hope you will like it 네가 그걸 좋아하길 바래

hope 동사는 절 또한 받을 수 있어 I hope 주어+동사 형태로 내가 바라는 말을 자세히 말할 수 있다.

I hope we will win.   우리가 이기기를 바래.
I hope it doesn't rain.   비가 오지 않기를 바래.

A: Thank you for the gift you sent on my birthday.
B: Oh, it was my pleasure. **I hope** you like it.
  A: 내 생일에 보내준 선물 고마워. B: 뭘 그런 걸 갖고. 네 맘에 들었으면 좋겠다.

We hope you enjoy the show 즐거운 관람이 되기를 바랍니다

이번에는 주어가 내가 아니라 「우리」가 바란다는 말로 We hope that 주어+동사의 문장을 만들어 본다.

We hope we will serve you again.   여러분들 다시 모시기를 바랍니다.
We hope they will attend our party.   걔들이 파티에 참석하기 바래.

A: **We hope** you'll be able to join us.
B: **I hope so too.** It sounds like fun!
  A: 네가 올 수 있으면 좋겠는데. B: 나도 가고 싶은데. 재미있겠다!

STEP 2
15 과거의 습관을 말할 때
난 …하곤 했어

교회를 규칙적으로 다니듯 「과거의 규칙적인 습관」을 말할 때는 used to를 사용하면 된다. I used to~하게 되면 (과거에) 「…하곤 했었다」, 혹은 used to~ 다음에 be 동사가 오면 (과거에) 「…이었다」, 「…있었다」라는 상태를 뜻한다. 반면 would는 「과거의 불규칙적인 습관」을 말할 때 사용하면 된다. would나 used to 모두 과거사실을 언급하는 것으로 현재는 그렇지 않다는 것을 암시하고 있다는 점에 유의한다. used to의 과거형은 I didn't used to be like this(난 과거에 이렇지 않았어)에서 보듯 didn't used to로(과거에) 「…하지 않았었다」라는뜻.

공식 01 **I used to + 동사** (규칙적으로) …하곤 했었어

I used to { **jog everyday.** 매일 운동하곤 했었어.
go to church. 교회에 가곤 했었어.

공식 02 **I would + 동사** (불규칙적으로) …하고 했었어

I would { **play the violin when I was young.** 어렸을 때 바이올린 켰었어.
talk to everyone that I met. 만나는 사람 마다 다 말하곤 했어.

공식 03 **There used to + be 동사** (과거에) …가 있었어

There used to { **be a big tree in the park.** 예전엔 공원에 큰 나무가 있었어.
be an old house standing here. 예전엔 고옥이 있었어.

DIALOGUE

A: What's that way over there in the distance?
저 멀리 보이는 게 뭐지?
B: Great Scott! It's a black bear.
이런! 흑곰이잖아.
A: Are you sure about that?
그게 확실해?
B: It's positive. My father **used to** hunt black bears.
틀림없어. 아버지가 흑곰 사냥을 즐기셨거든.

I used to wet my bed 침대를 지리곤 했었지

주말마다 가는 교회처럼 주기적으로 했던 그러나 지금은 하지 않는 행동을 말할 때.

I used to eat fast food. 난 패스트푸드를 먹곤 했었어.
We used to play together all the time. 우린 항상 함께 놀았었지.

A: Do I know you?
B: **You used to** be my baby-sitter.
　A: 절 아세요? B: 제 애기 봐줬잖아요.

I would listen to music when I rode the subway 난 지하철에서 음악을 들었어

I used to~ 와 비슷하지만 다만 행동이 비주기적이라는 점이 다르다.

I would play golf when I was in the US. 미국에 있었을 때 골프쳤어.
I would work very hard at that company.
난 그 회사에서 열심히 일을 했었어.

A: Did you have any hobbies as a child?
B: **I would play** the violin when I was young.
　A: 어렸을 때 어떤 취미를 가졌었니? B: 어렸을 때 간혹 바이올린을 켰어.

There used to be a park in my neighborhood 내 동네에 공원이 있었어

There is~ 에서 is 대신 used to를 쓴 표현으로 과거에 「…가 있었다」라는 의미가 된다. 물론 현재에는 없다는 의미를 내포한다.

There used to be a cat that came to our house.
우리 집에 오던 고양이가 있었는데.
There used to be a department store nearby.
근처에 백화점이 있었는데.

A: **There used to be** a big tree in the park where I played.
B: I know. I think they cut it down.
　A: 내가 놀던 공원에 큰 나무가 있었는데. B: 알지. 아마도 사람들이 베어 버렸나봐.

STEP 2
16 (내 생각엔) …인 것 같아

내 생각이라고 하고 부드럽게 말할 때

「내 생각엔 …인 것 같아」는 자신 없는 이야기를 하거나 혹은 자기의 생각을 부드럽게 말할 때 사용하면 딱 좋은 표현이다. I think~로 말할 내용을 둘러싸는 것으로 예를 들어 다짜고짜 She's lying이라고 하기 보다는 I think she's lying이라고 하면 "쟤 거짓말하는 것 같아"라는 의미가 되어 자신의 생각을 훨씬 부드럽게 전달할 수 있게 된다. I guess that S+V도 같은 경우.

공식 01   **I think 주어 + 동사** …인 것 같아

I think { **you are right.** 네가 맞는 것 같아.
you'll like it. 네가 좋아할 것 같아.

공식 02   **I guess 주어 + 동사** …인 것 같아

I guess { **we should go.** 우리 가야 될 것 같아.
we don't have a choice. 우리에게 기회가 없는 것 같아.

공식 03   **I think so.** 그렇게 생각해

I { **think so too.** 나 역시 그렇게 생각해.
guess so. 나도 그렇게 추측해.

DIALOGUE

A: People are telling lies about me behind my back.
사람들이 내 뒤에서 말도 안 되는 얘길 수군거려.
B: I think you are overreacting to the situation.
네가 과민 반응하는 거 같은데.
A: Get off my back. I am not overreacting.
상관 마. 그리고 오버하는 거 아냐.
B: It seems like you are.
에이, 그런 것 같은데.

I think it's weird 이상한 것 같아

무엇이든 말하려는 내용을 I think~ 다음에 주어+동사 형태로 적으면 된다.

공식 01

I think I can do that. 할 수 있을 것 같아.
I think it's too expensive. 너무 비싼 것 같은데요.

A: I think we have a bad connection.
B: Maybe I should call you back.
A: 연결 상태가 안 좋은 것 같아요. B: 다시 전화 드려야겠네요.

I guess it's a little better now 지금 좀 나아진 것 같아

I guess 주어+동사의 경우도 I think와 유사한 표현으로 역시 확신이 없는 이야기를 전달할 때 혹은 전달하는 이야기를 부드럽게 할 때 쓰는 표현.

공식 02

I guess I'll see you at dinner. 저녁 때 봐요.
I guess it's worth a try. 한번 해 봄직도 한데.

A: I can't believe you got a hole in one!
B: I guess it's just beginner's luck.
A: 어떻게 홀인원을 쳐냈냐! B: 그냥 처음 하는 사람에게 따르는 운일 뿐이야.

I guess so 아마 그럴 거예요

상대방의 이야기에 가볍게 동조할 때 「아마 그럴거예요」라고 하는 I guess so도 I think so와 더불어 많이 쓰인다. I suppose가 문장 뒤에 나오면 앞에 나온 내용을 추정한다는 의미로 사용된다.

공식 03

I guess not. 아마 아닌 것 같아.
I suppose so. 그럴 거로 추정해.

A: You should have a girlfriend.
B: I think so.
A: 여자 친구를 사귀어봐. B: 그래요.

STEP 2
17 부정하거나 반대의견을 부드럽게 표현할 때
(내 생각엔) …가 아닌 것 같아

반대로 상대방과 반대되는 의견이나 자기가 말할 내용이 부정적일 경우에는 I don't think~ 를 사용하면 되는데 역시 자기가 말하려는 부정적 내용을 부드럽게 해준다. 특이한 것은 영어에서는 I think~ 다음의 절을 부정으로 하기보다는 주절, 즉 I think~ 부분을 부정으로 사용하는 것을 더 선호한다는 점이다. 다시 말하면 I think it's not a good idea라고 하지 않고 부드럽게 I don't think it's a good idea라고 해야 한다.

공식 01 **I don't think 주어 + 동사** …가 아닌 것 같아

I don't think { **I can do this.** 내가 그걸 할 수 없을 것 같아.
that's a good idea. 좋은 생각 같지 않아.

공식 02 **Do you think 주어 + 동사?** …인 것 같으니?

Do you think { **it's too expensive?** 너무 비싸다고 생각해?
I am responsible? 내가 책임이 있다고 생각해?

공식 03 **Don't you think 주어 + 동사?** …한 것 같지 않아

Don't you think { **it's too early?** 좀 이르다고 생각되지 않니?
it's too late? 좀 늦었다고 생각되지 않니?

DIALOGUE

A: Well, I guess I'm all done here.
저 일 다 끝냈는데요.
B: Do you think that it will break again?
다시 고장 날 것 같아요?
A: No, **I don't think** so. I replaced all the damaged parts.
아뇨. 그러지 않을 거예요. 손상된 부품들을 다 갈았거든요.
B: By the way, could you let me know how to turn down the heater?
참. 히터 줄이는 것 좀 알려주세요?

I don't think it is going to happen 그럴 리는 없겠지

부정적인 내용을 표현할 때는 I don't think 주어+동사 처럼 think를 부정으로 하고 다음에 긍정의 문장을 연결하면 된다.

I don't think it'll rain tomorrow.   내일 비가 올 것 같지 않아.
I don't think I can live without you.   너 없이 살 수 없을 것 같아.

A: **I don't think that** I have the time to finish it.
B: Come on, you have the time. Go for it!
  A: 그 일을 끝낼 시간이 없는 것 같아. B: 왜 그래, 시간은 얼마든지 있다고. 자, 파이팅!

Do you think there's a chance to do it? 그걸 할 기회가 있을 것 같아?

Do you think 주어+동사?로 상대방이 어떤 생각을 갖고 있는지, 어떻게 생각하고 있는지 등을 물어보면 된다.

Do you think you can do that for me?   네가 날 위해 그걸 할 수 있을 것 같아?
Do you think we should go there?   우리가 거기 가야 된다고 생각해?

A: **Do you think** he understands?
B: I'm not sure if he's getting the picture.
  A: 그가 이해한다고 생각하니? B: 그가 이해하고 있는지 잘 모르겠어.

Don't you think it's kind of selfish? 좀 이기적인 것 같지 않니?

부정의문문의 말투에서도 느껴지듯이 자기 생각을 강조해서 전달하거나 혹은 억양에 따라 질책과 책망의 뉘앙스까지도 줄 수 있는 표현

Don't you think this is a little extreme?
이거 좀 너무 지나치다고 생각하지 않아?
Don't you think it's time you went home?
집에 갈 시간이라고 생각하지 않니?

A: I haven't taken a vacation for 3 years.
B: **Don't you think** it's about time you took one?
  A: 3년 전에 보낸 휴가가 마지막이었지. B: 휴가 한 번 가질 때 됐다고 생각 안 해?

STEP 2
18 상대적으로 더 좋아하는 것을 말할 때
…하는게 더 좋아

내가 뭔가 더 좋아한다고 말할 때 필요한 동사는 prefer. 이 동사의 용법으로는 prefer A (to B) 형태로「A를 (B보다) 더 좋아하다」, 혹은 prefer to+동사 (rather than+동사) 형태로「(…하기보다) …하는 것을 더 좋아하다」라는 의미로 주로 쓰인다. 응용표현으로는 I'd prefer to~(난 …을 더 좋아할거야), 그리고 Which do you prefer, A or B?(A가 좋아 B가 좋아?) 등이 있다.

공식 01   **I prefer + 명사** …를 더 좋아해

I prefer { **draft beer.** 생맥주가 더 좋아.
non-smoking room. 비흡연 방을 선호해. }

공식 02   **I prefer A to B** B 보다 A를 더 좋아해

I prefer { **New York to other cities.** 뉴욕이 다른 도시보다 더 좋아.
sports to news channel. 뉴스보다 스포츠채널이 더 좋아. }

공식 03   **I prefer to + 동사/ ~ing** …하기를 더 좋아해

I prefer to { **be alone.** 혼자 있는 것이 더 좋아.
enjoy free time rather than study.
공부하기보다 노는게 더 좋아. }

DIALOGUE

A: Do you want to join me for dinner?
나랑 저녁 식사 함께 할래?

B: No, my wife is waiting for me. Why don't you go home too?
아니, 우리 집사람이 날 기다리고 있거든. 너도 집으로 가지 그래?

A: **I prefer** eating out in a restaurant **to** sitting around at home.
집에서 쓸데없이 시간 보내는 것보다 밖에서 먹고 싶어.

B: Yeah, and the food is often better, too.
그래, 음식도 식당이 더 좋은 경우가 많지.

I prefer Italian restaurant 난 이태리 식당을 더 좋아해

prefer의 가장 기본형으로 prefer+명사하면 like+명사+better라는 뜻이 된다.

I prefer townhouses. 난 타운하우스를 선호해.
People prefer luxurious cars. 사람들이 고급차를 선호해.

A: Smoking or non-smoking?
B: I would prefer non-smoking.
　A: 흡연석으로 드릴까요, 비 흡연석으로 드릴까요? B: 비 흡연석으로 주세요.

I prefer wine to soju 난 소주보다 와인을 더 선호해

prefer는 'like better'이기 때문에 비교의 대상을 써서 강조할 수도 있는데 이때 비교대상은 than 이 아니라 to를 쓴다는 점에 주의한다.

I prefer single houses to apartments. 아파트보다 단독주택을 더 좋아해.
I prefer indoor sports to outdoor sports. 실외운동보다 실내운동을 좋아해.

A: I think I prefer New York to other cities in America.
B: Really? Is there some special reason for that?
　A: 미국에서 뉴욕이 다른 도시들보다 더 좋아. B: 그래? 뭐 특별한 이유라도 있어?

I prefer travelling rather than staying home 집에 있는 것보다 여행을 더 좋아해

prefer의 비교대상이 명사가 아니라 동사나 동명사일 경우 prefer to+동사+rather than+동사 의 형태로 쓰며 이때 rather than 이하는 생략되기도 한다.

I prefer to see action movies. 액션 영화 보는 게 더 좋아.
I prefer not to answer that right now. 그 대답은 바로 하지 않을래.

A: Why are you always here in the library?
B: I prefer studying **rather than** going out.
　A: 왜 항상 도서관에서 사니? B: 외출하는 것보다 공부하는 게 더 좋아서.

STEP 2
19 즐거운 시간을 보내고 나서
…가 즐거웠어

식사건 콘서트 건 뭐든 「…가 즐거웠다」라고 말할 때는 enjoy를 빼놓을 수가 없다. enjoy의 목적어로 명사나 동명사(~ing) 형태로 즐긴 것이나 즐긴 행위를 말하면 된다. 특히 enjoy 다음에는 ~ing 형태가 오는 것으로 유명하지만 회화에서는 enjoy+명사 형태도 많이 쓰이니까 enjoy+명사[~ing] 형태를 함께 알아본다. 명령문 형태로 enjoy+명사[oneself]로도 쓰이는데 Enjoy your meal(식사 맛있게 해!), Enjoy yourself(즐겁게 지내) 등을 기억해둔다.

공식 01 **I enjoy + 명사** …를 즐겨

I enjoyed
- **the food.** 그 음식 즐겼어.
- **the party.** 파티 즐거웠어.

공식 02 **I enjoy ~ing** …하는 게 즐거워

I enjoyed
- **talking with you.** 너랑 얘기해서 즐거웠어.
- **being with you.** 너랑 있어서 즐거웠어.

공식 03 **I enjoy myself + 부사구** …즐겼어

I enjoyed myself
- **at the beach.** 해변에서 즐거웠어.
- **very much.** 무척 즐거웠어.

DIALOGUE

A: Did you enjoy the opera last night?
어젯밤에 오페라는 어땠니?

B: Not really. It was a little boring.
별로. 약간 지루했어.

A: Do you have a chance to see many operas?
오페라를 볼 수 있는 기회가 많니?

B: Yes, my brother works for the box office.
응. 우리 오빠가 매표소에서 일하거든.

I enjoyed the dinner 저녁 즐겁게 먹었어

enjoy 다음에 즐기는 대상인 명사 혹은 앞의 문맥에 따라 다 아는 경우에는 대명사 it 을 사용한다.

공식 01

I think you'll enjoy it. 네가 즐겨 할 거야.
I hope you'll enjoy the party. 네가 파티를 즐기기를 바래.

A: Everyone seems to **be enjoying** your dish.
B: Thank you for saying that.
> A: 모두들 네 음식을 맛있게 먹는 것 같아. B: 그렇게 말해줘서 고마워.

I'm going to enjoy shopping in New York 뉴욕에서 쇼핑을 즐길 거야

enjoy의 대표적인 경우로 즐기는 것을 enjoy 다음 바로 ~ing 형태로 붙여 쓰면 된다.

공식 02

I enjoy a lot taking a walk alone. 난 혼자 산책하는 걸 무척 즐겨.
Did you enjoy walking around today? 오늘 둘러보는 거 좋았어?

A: **Did you enjoy** walk**ing** around today?
B: Yes, but I'd like a guide tomorrow.
> A: 오늘 둘러보는 거 좋았어? B: 어, 하지만 내일은 가이드가 필요해.

I hope you enjoy yourself today 오늘 즐거운 시간을 보내면 좋겠네요

enjoy의 목적어가 스스로인 경우로 식사를 하든 영화를 보든 즐겁게 시간을 보내라고 할 때.

공식 03

Just try to enjoy yourself. 즐겁게 지내도록 해봐.
Enjoy yourself to the full! 최대로 즐겨.

A: Your parties are always a lot of fun.
B: It's good to hear that. **Enjoy yourself.**
> A: 네 파티는 항상 무지 재미가 있어. B: 그렇게 말해줘서 고마워. 즐겁게 보내.

STEP 2
20 상대방에게 허락을 할 때
…해도 괜찮아

가장 기본적으로 상대방의 허락을 구하거나 허락을 할 때는 okay를 사용하면 된다. It is okay (for 사람)+ to do~하게 되면 「…하는 것이 괜찮다」, 반대로 상대방의 허락을 받기 위해 「…해도 돼?」「…해도 괜찮아?」라고 하려면 Is it okay to+동사 [if 주어+동사]~?로 쓰면 된다. for+사람은 생략되는 경우가 많고 okay 대신에 all right 을 써도 된다.

공식 01　**It is okay to + 동사**　…해도 돼

It is okay for you to { **go out.** 너 외출해도 돼.
　　　　　　　　　　　　 ask a question. 질문해도 돼.

공식 02　**It is okay if 주어 + 동사**　…해도 괜찮아

It is okay if { **you leave school early.** 너 조퇴해도 괜찮아.
　　　　　　　　 you leave work early. 너 일찍 퇴근해도 괜찮아.

공식 03　**Is it okay[all right] to + 동사[if 절]?**　…해도 돼?

Is it all right if { **I ask one more question?** 하나 더 물어봐도 돼?
　　　　　　　　　　 I stay here one more night? 하룻밤 더 묵어도 돼?

DIALOGUE

A: What a noisy line! I'll switch to another line.
　　웬 잡음이 이리 심해! 다른 전화로 걸어볼게.
B: Make sure you ask for my extension when you call.
　　전화할 때 잊지 말고 내 내선번호로 돌려달라고 해.
A: Is it okay if I phone after lunch?
　　점심시간 후에 전화해도 되니?
B: No problem. I'll talk to you then.
　　상관없어. 그럼 그때 얘기하자.

It is okay for you to call me late at home 늦게 집에 전화해도 돼

기본적으로 to~ 이하를 해도 내가 괜찮다는 의미이고 okay 다음에 for+사람을 추가하면 그 사람이 to~ 이하를 해도 된다는 허가의 표현이 된다.

It's okay to start eating.　　　　　먹기 시작해도 돼.
It's all right to turn off the radio.　라디오를 꺼도 돼.

A: I'm worried about giving her a gift.
B: **It's okay to** give her something simple.
　A: 걔한테 선물할게 걱정돼. B: 간단한 것을 주면 괜찮을 거야.

It is okay if you come to my house 내 집에 와도 괜찮아

의미는 동일하나 okay 다음에 if 절이 오는 경우이다.

Is it OK if I park here?　　　　　　여기에 주차해도 돼?
Is it okay if I finish the apple juice?　사과주스 마저 다 마셔도 될까?

A: **Is it okay if** I phone after lunch?
B: No problem. I'll talk to you then.
　A: 점심시간 후에 전화해도 되니? B: 상관없어. 그럼 그때 얘기하자.

Is it all right to talk to you about this? 네게 이거 이야기해도 돼?

이번에는 의문문형태로 상대방에게 to~ 이하 혹은 if 절을 해도 되냐고 허가를 구하는 문장.

Is it all right if I leave this stuff here.　이 물건 여기에 놔둬도 돼?
Is it all right if I borrow your book.　　책 좀 빌려가도 괜찮아?

A: Can I bring a friend to your house?
B: Sure, **it's all right if** you do that.
　A: 친구를 네 집에 데려가도 돼? B: 그럼. 그래도 괜찮아.

STEP 2
21

상대방의 의견을 존중해주면서 말할 때
괜찮다면 …해라

상대방에게 뭔가 제안하거나 부탁할 때 상대방의 의견을 존중한다는 의미에서 쓰면 목적달성을 위해 도움이 될 만한 문장들이 있다. 단독적으로 쓰이기보다는 부탁 문장의 앞뒤에서 사용하면 되는 것으로 if it is okay (with you), if you don't mind, 그리고 if you want [like] 등이 있다. 특히 if you want [like]는 뒤에 to+동사를 붙여서 상대방의 의향을 좀 더 구체적으로 표현할 수 있다.

공식 01 **If it is okay with + 사람** …에게 괜찮다면

If it's okay with you,
- I'll come to your place. 괜찮다면 니가있는 곳으로 갈게.
- I'll come over at nine o'clock. 괜찮다면 9시에 올게.

공식 02 **If you don't mind,** 괜찮다면

If you don't mind,
- I will be out for lunch. 괜찮다면 점심 먹으러 나갈게.
- I could stay up late. 괜찮다면 늦게까지 깨어있을 수 있어.

공식 03 **If you want[like],** 원한다면

- **If you want,** you can go home. 원한다면 집에 가도 돼.
- I can meet you there **if you want**. 원한다면 거기서 만날 수 있어.

DIALOGUE

A: Let me help you finish the work **if you like**.
원한다면 일 마무리하는데 도와줄게.
B: I appreciate it. I'm so exhausted.
고마워. 정말 지쳤어.
A: You need to have a break.
좀 쉬어야 할 거야.
B: Can I go out for some fresh air **if you don't mind**?
괜찮다면 잠시 공기 좀 쐬고 와도 돼?

If it's okay with you, I want to change the plan 괜찮다면 계획을 바꾸고 싶어

상대방의 허가를 받을 때 사용하는 구로 if it is okay 혹은 좀 더 분명히 if it is okay with you라고 쓴다.

공식 01

If it's okay with you, I'll take tomorrow off. 괜찮다면 내일 쉴게.
I'll come at eleven thirty if that's okay. 괜찮다면 11시 반에 올게.

A: **If it's okay with you,** I'll take tomorrow off.
B: Let me check the schedule.
  A: 괜찮으면 내일 쉬고 싶은데요. B: 일정 좀 보고.

If you don't mind, I want to invite you to dinner 괜찮다면 저녁 초대하고 싶어

역시 상대방이 괜찮은지 물어볼 때 사용하는 표현으로 기계적으로 암기해두면 된다.

공식 02

If you don't mind, I have a lot of work to do.
괜찮다면 아직 할 일이 많아.
If you don't mind, I'm going to get some food.
괜찮다면 음식 좀 가져올게.

A: Would you like to stay longer?
B: **If you don't mind,** I'm ready to leave.
  A: 좀 더 체류하길 원해요? B: 괜찮다면 떠날 준비가 되어 있어.

If you want, you can smoke here 원한다면 여기서 담배를 피워도 돼

역시 상대방에게 허가를 하거나 구할 때 사용하는 표현으로 want 대신 like를 써서 if you like라 해도 된다. 좀 더 구체적으로 말하려면 if you want to go처럼 to+동사를 붙이면 된다.

공식 03

I could even help you study if you want. 원한다면 공부도와줄 수 있어.
I'll help you finish washing the dishes if you like.
원한다면 설거지하는거 도울게.

A: I can meet you there **if you want**.
B: That would be more convenient for me.
  A: 좋으시다면 제가 거기로 가서 뵐 수 있어요. B: 저한테는 그게 더 편할 것 같네요.

STEP 2
22 ···하는 것이 어려워

어떤 일을 하는 것이 어렵거나 쉽다고 말할 때

It is+형용사+(for 사람)+ to+V 형태 중 가장 많이 쓰이는 것 중 하나로 It is hard [difficult] to do~ 나 It is (not) easy to do 형태로 어떤 일이 하기 쉽다거나 아님 어렵다거나 말할 때 많이 애용되는 표현. 응용표현으로 It's hard to believe that S+V(···라는 게 믿기지 않아), It's hard to tell[say] 의문사 S+V(···을 구분하기[말하기] 어려워) 등이 있다. 암기할 만한 표현들로는 Is that so hard to believe?(그게 그렇게 믿겨지지 않아?), Hard to believe, isn't it?(믿기 어렵지, 그렇지?), 그리고 I find that hard to believe(그게 믿겨지지 않아) 등이 있다.

공식 01 — It is hard to + 동사 ···하기가 어려워

It's hard to
- **decide.** 결정하기 어려워.
- **explain.** 설명하기 어려워.

공식 02 — It is easy to + 동사 ···하기가 쉬워

It is easy to
- **get nervous.** 초조해지기 쉬워.
- **waste money.** 돈을 낭비하기가 쉬워.

공식 03 — It is hard to believe 주어 + 동사 ···가 믿기지 않아

It's hard to believe
- **it happened here.** 여기서 그 일이 생겼다는 게 믿기지 않아.
- **that was five years ago.** 5년전 일이라는 게 믿기지 않아.

DIALOGUE

A: What do you think about the new office manager?
새로 온 상사 어때요?

B: He's a nice guy, very friendly and easy-going.
좋은 분이죠. 정도 많고 털털해요.

A: Gee, that's great. **It's hard to** work for uptight bosses.
와, 잘 됐네요. 깐깐한 상사 모시기가 얼마나 힘든데요.

B: Yeah, I feel that we are really lucky.
맞아요, 우리 정말 운이 좋은 것 같아요.

It is hard to study English 영어 공부하는 건 어려워

to~ 이하 하는 것이 어렵다고 할 때는 hard 혹은 difficult를 쓰면 된다.

공식 01

It's hard to forget! 잊어버리기 힘드네!
It's hard to say (for sure). (확실히) 뭐라 말하기가 힘드네요.

A: English **is hard to** learn but easy to forget.
B: You can say that again!
　A: 영어는 배우기는 어려운데 잊기는 쉬워. B: 누가 아니래!

It is easy to forget names 이름들을 잊어버리기 쉬워

반대로 to~ 이하 하는게 쉽다고 할 때는 easy를 사용하면 된다.

공식 02

It's easy to get nervous on dates. 데이트 날 떨리기 십상이지.
It's easy to spend more than you have. 자기 분수이상으로 소비하는 건 쉬워.

A: It's not easy for college graduates to find a job in Korea.
B: Yes, it's true.
　A: 한국에선 대학 졸업생들이 직장을 잡기가 어려워. B: 정말 그래!

It's just hard to believe that happened to us 그런 일이 일어났다니 믿기지 않아

It's hard to~ 의 응용표현으로 뭔가 놀라운 사실이 믿어지지 않을 때 사용하면 된다.

공식 03

It's hard to believe the weather is so hot.
날씨가 그렇게 덥다니 믿기지 않아.
It's hard to believe he's gone. 걔가 가버렸다는 게 믿겨지지 않아.

A: **It's hard to believe** Jason left.
B: I wish that he was still here.
　A: 제이슨이 떠났다는 게 믿기지 않아. B: 걔가 여기 있었으면 좋을 텐데.

STEP 2
23 가능성이 있거나 없다고 말할 때
…할 가능성이 있어

어떤 가능성을 물어보는 표현으로 「…할 가능성이 있느냐」는 의미로 Is it possible to+동사/(that) 주어+동사~?, 반대로 가능할 수도 있다고 말하려면 It is possible to+동사/(that) 주어+동사~라 하면 된다. 물론 반대로 불가능하다고 말하려면 possible 대신에 impossible을 사용하면 된다. 한편 간단히 That's (im)possible하면 "그럴 수도 있어" ("말도 안 돼")라는 뜻으로 구어체에서 많이 쓰인다. 좀 부드럽게 쓰려면 I don't think that's possible (그럴 리가 없을 걸)이라고 하면 된다.

공식 01 **It is possible to + 동사/주어 + 동사** …할 수 있어

It's possible
- **to go outside for lunch.** 점심먹으러 나갈 수 있어.
- **I will come back.** 내가 돌아올 수 있어.

공식 02 **It is impossible to + 동사/주어 + 동사** …하는 건 불가능해

It's impossible to
- **find her apartment.** 걔 아파트를 찾는 건 불가능해.
- **find the solution.** 해결책을 찾을 수가 없어.

공식 03 **Is it possible to + 동사[주어 + 동사]?** …하는게 가능할까?

Is it possible to
- **go on a vacation?** 휴가를 갈 수 있을까?
- **avoid the disaster?** 재앙을 피할 수 있을까?

DIALOGUE

A: Would it be possible to change shifts with you tomorrow?
내일 당신과 근무 조를 바꿀 수 있을까요?
B: What shift are you on?
무슨 조인데요?
A: I'm on afternoons, but I have an appointment at four o'clock.
오후 조인데, 제가 4시에 약속이 있거든요.
B: I don't see any reason why not.
안될 이유가 어디 있겠어요.

It's possible to get a discount 할인을 받을 수 있어

to~ 이하 하는게 가능하다고 말할 때. to~ 대신에 절을 써서 It's possible that 주어+동사로 써도 된다.

It's possible for me **to** go there. 내가 거기 갈 수 있어.
It's possible to meet them here. 걔들을 여기서 만날 수 있어.

A: I'm really tired of working.
B: Okay. **It's possible** for you **to** go home early.
A: 일하는데 정말 지쳤어. B: 알았어. 일찍 퇴근해.

It's impossible to know what is going on 어떻게 돌아가는지 알 수가 없어

반대로 불가능하다고 말할 때는 It's impossible to+동사 혹은 절을 붙이면 된다.

It's impossible to follow the teacher. 선생님 말을 이해하기 불가능해.
It's impossible to cross the river. 그 강을 건너가기가 불가능해.

A: **It's impossible to** find her office.
B: Why don't we check this area again?
A: 걔 사무실 찾을 수 없을 것 같아. B: 이 지역을 다시 한 번 둘러보자.

Is it possible that I have cancer? 내가 암일 수도 있나요?

이번에는 「상대방에게 …일 수도 있냐」고 물어보는 것으로 역시 (im)possible 다음에 to+동사나 절을 이어 말하면 된다.

Is it possible he didn't hear you? 걔가 네 소리 못 들었을 수도 있어?
Is it possible to believe in love at first sight?
첫눈에 반했다는 걸 믿을 수 있니?

A: **Is it possible to** write a book?
B: I think it would take a long time to complete.
A: 책을 쓸 수가 있나요? B: 완성하는데 시간이 오래 걸릴 거야.

STEP 2 / 24

어떤 상태로 되고 있다고 말할 때
…해지고 있어

만능동사 get이 be[become]자리를 대신하는 경우로 get+형용사하면 「…해지다」, 「…하게 되다」라는 의미가 된다. 특히 get+pp의 경우는 be+pp가 변화된 상태를 정적으로(be married) 말하는 반면 get은 변화하는 과정을 동적으로(get married) 표현하는 것이다. 또한 be getting+비교급은 「점점 …해지다」라는 뜻으로 get+형용사의 강조구문으로 상태의 변화에 초점을 맞춘 표현이다.

공식 01 **I get + 형용사** 난 …해져

I got { **angry.** 화가 나.
 lucky. 운이 좋았어. }

공식 02 **We get + pp** 우린 …해져

We got { **married.** 우린 결혼했어.
 fired. 우리 잘렸어. }

공식 03 **It is getting + 비교급 형용사** 점점 …해지다

It's getting { **worse.** 점점 나빠지고 있어.
 better. 점점 나아지고 있어. }

DIALOGUE

A: So **you're finally getting** married? Who's the lucky guy?
그래 네가 마침내 결혼을 하게 되는구나? 그 행운의 남자가 누구야?

B: David from Accounting. We've been seeing each other for six months now.
회계부의 데이빗이야. 사귄 지 6개월 됐어.

A: Really? Well, I think he'll make a good husband.
정말? 음, 내 생각엔 그는 좋은 남편이 될 것 같아.

B: I hope so. I don't want to **get married** more than once.
나도 그러길 바래. 결혼은 한번만 하고 싶거든.

Don't get angry with me! 내게 화내지마!

get이 become처럼 쓰인 경우로 다음에 형용사를 취하여 「…해지다」라는 의미로 쓰이는 용법이다.

공식 01

Don't get upset! 화내지마!
Let's get ready for Christmas. 크리스마스 준비하자.

A: How did you find such a beautiful girlfriend?
B: **I got** lucky.
A: 어떻게 그런 예쁜 애인을 찾았어? B: 운이 좋았어.

We're going to get married 우린 결혼할거야

이번에 형용사 대신 과거분사형인 pp가 와서 역시 「…해지다」라는 변화의 의미를 띈 경우

공식 02

He got caught by the police. 걘 경찰에게 붙잡혔어.
I got bored with computer games. 컴퓨터 게임에 질렸어.

A: You want to **get** married?
B: Someday.
A: 결혼하고 싶어? B: 언젠가는.

Things are getting better 사정이 점점 좋아지고 있어

get+형용사의 강조구문으로 상태의 변화에 초점을 둔 것으로 I'm getting~ 다음에 비교급을 쓰면 된다.

공식 03

I'm getting old. 난 점점 나이를 먹고 있어.
I'm getting wise. 난 점차 현명해지고 있어.

A: The rash on my skin **keeps getting** worse.
B: Hurry and go to see a doctor.
A: 피부에 뾰루지가 점점 심해지고 있어. B: 어서 병원에 가봐.

STEP 2
25 기분이 …해

기분이나 감정이 어떤지 말할 때

나의 현재 「몸상태」나 「감정상태」가 어떠한 지를 말할 때는 I feel~ 다음에 형용사를 붙여서 표현하면 된다. 반대로 기분이 그렇지 않다고 말할 때는 I don't feel+형용사 형태를 쓰고 한편 상대방의 기분이나 상태를 물어볼 때는 Do you feel+형용사?라고 하는데 그냥 구어체에서는 You feel+형용사?라고 하기도 한다. 특히 많이 쓰이는 표현들로는 feel sick, feel sorry, feel bad, feel good, feel better 등이 있다.

공식 01 **I feel + 형용사** 난 …해

I feel { **tired.** 피곤해.
better. 기분이 나아졌어.

공식 02 **I don't feel + 형용사** 내 기분이 …하지 않아

I don't feel { **good today.** 오늘 기분이 안 좋아.
healthy these days. 요즘 건강이 좋지 않아.

공식 03 **Do you feel + 형용사?** 기분이 …해?

Do you feel { **well?** 기분이 좋아?
sick? 아픈 것 같아?

DIALOGUE

A: **I feel** sick after eating too much.
과식을 하고 나서 아프네.

B: **Do you feel** bad enough to go to the hospital?
병원에 갈 정도로 좋지 않니?

A: No, I don't want to leave home.
아니, 집을 떠나고 싶지는 않아.

B: OK, just lay down and rest for a while.
오케이, 그냥 누워서 좀 쉬어봐.

I feel hungry Let's eat 배가 고파 우리 뭐 좀 먹자

feel 다음에 자신의 심정이 어떤지 대변할 형용사를 넣으면 된다.

공식 01
I feel bad. 기분이 안 좋아.
I feel sorry for you. 네게 미안해.

A: **I feel** really sick today.
B: What are your symptoms?
A: 오늘 무척 아파요. B: 증상이 어떤데요?

I don't feel well these days 요즘 몸이 안 좋아

이번에 반대로 현재 내 기분이나 건강상태가 …하지 않다고 말하는 표현법.

공식 02
I don't feel comfortable with her. 걔가 편안하게 느껴지지 않아.
I don't feel full after dinner. 저녁식사후 배부르게 느껴지지 않아.

A: How are you doing Jodie?
B: **I don't feel** good today. I want to go home.
A: 조디, 어떻게 지내니? B: 오늘 기분이 좋지 않아. 집에 가고 싶어.

Do you feel better? 기분이 좀 나아졌어?

상대방의 기분이 어떤지 물어보는 것으로 그냥 기분이 어떠냐고 물어볼 때는 How do you feel? 이라 한다.

공식 03
Do you feel sorry for that? 그것에 대해 유감이니?
Do you feel guilty about that? 그것에 대해 죄책감을 느끼니?

A: Do you feel comfortable with foreigners?
B: No. I feel nervous.
A: 외국인들과 같이 있어도 편하니? B: 아니. 떨려.

STEP 2
26 내가 느끼는 것을 이야기 할 때
…같은 느낌이야

내 느낌상 「…한 것 같아」라고 표현하는 것으로 I feel like~를 활용한다. It seems (like)~, It looks like~가 겉보기에 혹은 주변 상황상 「…한 것처럼 보인다」라는 뜻인 반면 I feel like~에서 주어가 it 이 아니고 I 인 점, 그리고 동사가 주관적인 feel이라는 점에서 알 수 있듯이 다소 주관적인 표현으로 「내 느낌상 …한 것 같다」라는 뜻이다. feel like 또한 바로 명사 혹은 주어+명사의 절이 와서 「…같은 느낌이야」라는 의미로 쓰인다.

공식 01 **I feel like + 명사[주어 + 동사]** …한 것 같아

I feel like
- **I've been here before.** 전에 여기 와본 것 같아.
- **I'm never going to find him.** 절대로 걔 못 찾을 것같아.

공식 02 **I don't feel like 주어 + 동사** …한 느낌이 안 들어

I don't feel like
- **he is happy.** 걔가 행복하다는 느낌은 안 들어.
- **I'm learning anything.** 뭔가 배우고 있다는 느낌이 전혀 없어.

공식 03 **You make me feel like + 명사** 넌 날 …처럼 느끼게 해

You made me feel like
- **an idiot.** 너 때문에 바보가 된 기분이야.
- **a good man.** 너 때문에 내가 좋은 사람이 된 것 같아.

DIALOGUE

A: Oh my God! How could I have done that?
어머나, 세상에! 내가 왜 그랬을까?
B: Don't worry about it.
걱정하지 마세요.
A: **I feel like** an idiot.
바보가 된 기분이에요.
B: It could have happened to anyone.
누구한테나 일어날 수 있는 일인 걸요.

I feel like such a loser 내가 아주 멍청한 놈인 것 같아

역시 명사를 붙이려면 like가 필요한 건 look, sound, seem과 매한가지이다.

공식 01

I feel like I am getting strong. 내가 강해지고 있는 것 같아.
I feel like I am dreaming. 내가 꿈을 꾸고 있는 것 같아.

A: **I feel like** such a loser. I have no friends.
B: That's not true. I'm your friend.
A: 난 한심한 것 같아. 친구가 없어. B: 그건 사실이 아냐. 내가 네 친구잖아.

I don't feel like I'm learning anything 아무 것도 배우는 것 같지 않아

반대로 뭔가 되고 있지 않다는 느낌을 받았을 때는 I don't feel like 다음에 주어+동사 절을 붙여 쓴다.

공식 02

I don't feel like the homework is finished. 숙제가 끝난 것 같지 않아.
I don't feel like I have been treated fair.
내가 공정하게 대접받았다는 느낌이 들지 않아.

A: **I just don't feel like** we're breaking up.
B: No, we are. I'm sad.
A: 우리가 헤어지는 것 같지 않아. B: 아냐 우린 헤어지는 거야. 난 슬퍼.

You make me feel like a loser 너 나를 바보로 만드는 구나

사역동사 make 와 feel like가 결합된 것으로 상대방 때문에 내가 어떤 느낌을 받았을 때 사용하면 된다.

You made me feel like money was important.
넌 내게 돈이 중요하다고 느끼게 해줬어.
You made me feel like Christmas was romantic.
넌 내게 크리스마스가 낭만적이라고 느끼게 해주었어.

A: **You made me feel like** a queen today.
B: I wanted to show that I love you.
A: 오늘 넌 내가 마치 여왕이 된 것처럼 느끼게 했어. B: 널 사랑하는 걸 보여주고 싶었어.

STEP 2 - 27

비슷한 느낌이 들었을 때
…하는 것 같아

좀 생소해 보일 수도 있지만 네이티브들이 즐겨 사용하는 표현법으로 It's like~ 라는 문장형태가 있다. 여기서 like는「…와 같은」이라는 의미로 It's like~ 하게 되면「…와 같은거네」,「…하는 것 같아」등의 뜻이 된다. It seems[looks like]~ 등이 외관상, 주관상「…한 것처럼 보인다」라는 느낌인데 반해 It's like~는 바로 앞 대화에서 얘기하고 있는 사물이나 상황을 비유적으로 다시 한 번 이야기할 때 쓰는 말이다. It's like 다음에는 명사, ~ing, 절 등이 다양하게 올 수 있다.

공식 01 It's like + 명사[~ing] …같아(하는 것 같아)

It's like { **a first date.** 첫 데이트 같아.
me feeling happy with you. 내가 네게 만족하는 것 같아.

공식 02 It's like 주어 + 동사 …하는 것 같아

It's like { **it's raining.** 비가 오는 것 같아
he hates me. 걔가 날 싫어하나 봐

공식 03 It's not like + 명사[~ing/ 주어+동사] …하는 것 같지 않아

It's not like { **a secret.** 그건 비밀 같은 게 아냐.
it's snowing outside. 밖에 눈이 오는 것 같지 않아.

DIALOGUE

A: My sister is quiet today.
내 여동생이 오늘 조용하네.
B: It's like she is angry at you.
걔가 너한테 화가 난 것 같아.
A: It's not like we had a fight.
우리가 싸운 것 같지는 않은데.
B: Maybe she is upset about other things.
걘 아마도 다른 일로 화가 난 것 같아.

It's like work becoming more difficult 일이 점점 더 어려워지는 것 같아

It's like 다음에 비슷하게 느껴지는 명사만 써도 되고 아니면 명사+~ing 형태로 '명사'가 「…하는 것 같다」고 말할 수도 있다.

공식 01

It's like **tsunami**. 쓰나미 같아.
It's like **me when I was born!** 태어날 때의 나 같아.

A: How hot is it outside?
B: It's like being in a sauna.
 A: 밖에 얼마나 덥니? B: 사우나에 들어가 있는 것 같아.

It's like you don't believe me 넌 날 믿지 않는 것 같아

아니면 그냥 It's like 다음에 주어+동사의 절을 이어 써도 깔끔하다.

공식 02

It's like **something's changed.** 뭔가 바뀐 것 같아.
It's like **we live in a desert!** 우리가 마치 사막에서 사는 것 같아.

A: It's like it's raining outside.
B: I don't want to go for a walk in the rain.
 A: 밖에 비가 오는 것 같아 B: 비 맞으며 산책하고 싶지 않아.

It's not like dancing at a club 클럽에서 춤추는 것 같지 않아

반대로 그런 느낌이 안 든다고 할 때는 It's not like~를 쓰며 뒤에는 명사, ~ing, 혹은 주어+동사의 절을 써도 된다.

공식 03

It's not like **making your mom angry.** 네 엄마를 화나게 한 것 같지 않아.
It's not like **anything we knew in the past.**
과거에 우리가 알던 것과는 다른 것 같아.

A: I heard you don't like watching boxing.
B: Right. It's not like a team playing baseball.
 A: 너 권투경기 관람을 싫어한다고 들었어. B: 그래. 팀플레이를 하는 야구와는 달라.

STEP 2
28 무척 뭔가 하고 싶다고 할 때
…를 몹시 하고 싶어

몹시 뭔가를 하고 싶을 때, 안달이 나 있을 때 사용할 수 있는 표현으로 I can't wait to+동사[for+명사]를 사용한다. 「…하기를 기다릴 수 없을 정도로 바로 하고 싶다」는 뜻으로 be eager to+동사, be dying to+동사와 같은 뜻이다. I can't wait for A to+동사 하면 「A가 to~ 하기를 바란다」는 뜻이 된다.

공식 01   **I can't wait for + 명사**   …을 몹시 하고 싶어

I can't wait for
- **Christmas.** 크리스마스가 빨리 왔으면 좋겠어.
- **the long weekend.** 긴 주말이 빨리 왔으면 좋겠어.

공식 02   **I can't wait to + 동사**   …를 몹시 하고 싶어

I can't wait to
- **tell you this.** 네게 이걸 빨리 말하고 싶어.
- **be with you!** 너랑 빨리 함께 있고 싶어.

공식 03   **I am dying to + 동사**   …를 하고 싶어 견딜 수 없어

I am dying to
- **go there.** 거기 가고 싶어 견딜 수가 없어.
- **go travelling again.** 다시 여행가고 싶어 견딜 수가 없어.

DIALOGUE

A: Hi, Janet. How did your date with Rob go?
안녕, 재닛. 랍과의 데이트 어땠어?
B: Oh, it was great! I really like him.
정말 좋았어! 난 그 사람이 진짜 맘에 들어.
A: No wonder you seem to be so happy.
그래서 그렇게 기분이 좋아 보이는구나.
B: I am! **I can't wait to** see him again.
그래! 어서 빨리 또 봤으면 좋겠어.

I can't wait for my vacation 내 휴가가 빨리 왔으면 좋겠어

for 다음에 간절히 기다리는 명사를 넣어주면 된다.

I can't wait for spring. 봄이 빨리 왔으면 좋겠어.
I can't wait for the concert. 연주회가 빨리 다가오면 좋겠어.

A: **I can't wait for** the school holiday.
B: What will you do with your free time?
 A: 학교 휴일이 빨리 왔으면 좋겠어. B: 자유시간에 뭘 하려고 하는데?

I can't wait to meet you 널 몹시 만나고 싶어

간절히 기다리는 것을 to+동사로 이어주면 되고 「to+동사」를 하는 것이 내가 아니라 다른 사람이나 사물일 경우에는 「for A to+동사」로 써주면 된다.

I can't wait for you to meet her. 네가 걔 빨리 만났으면 좋겠어.
I cannot wait to get to New York. 어서 뉴욕에 가고 싶어.

A: **I can't wait to** see the results of the test.
B: They should be here by Monday.
 A: 시험 성적을 알고 싶어 죽겠어. B: 월요일까지는 알게 될 거야.

I am dying to learn English 난 영어를 배우려고 열을 내고 있어

비슷한 표현으로 우리말의 「…하고 싶어 죽겠어」에 해당하는 것으로 be dying to도 있다.

I'm dying to have my vacation. 어서 휴가를 갔으면 해.
I've been dying to go to the club. 클럽에 가고 싶어 견딜 수가 없었어.

A: **I'm dying to** go traveling again.
B: When was the last time you went somewhere?
 A: 다시 여행을 떠나고 싶어 죽겠어. B: 여행을 마지막으로 간 게 언제였는데?

STEP 2
29 상대방에게 어떤 정보를 달라고 할 때
…를 알려줘

내게 뭔가를 알려달라고 상대방에게 부탁할 때 쓰는 표현. Let me know 의문사(what, when, where, if~) 주어+동사의 구문을 사용하면 된다. 주어+동사 대신 의문사 to do~가 올 수도 있다. 앞에 Please를 붙여 Please let me know~ 라고 하거나 Could [Would] you let me know~?라고 부드럽게 물어볼 수도 있다. 단독으로 쓰이는 Please let me know(알려줘), You let me know(네가 알려줘) 등도 알아두자.

공식 01 **Let me know 의문사 + to + 동사** …를 알려줘

Let me know how to { **reach you.** 연락할 방법을 알려줘.
                         get there. 거기 가는 방법을 알려줘.

공식 02 **Let me know 의문사 + 주어 + 동사** …를 알려줘

Just let me know { **if you need help.** 도움필요하면 그냥 알려줘.
                       where you go. 네가 어디 가는지 알려줘.

공식 03 **Could[Would] you let me know 명사[주어 + 동사]?** …를 알려줄래요?

Could you let me know { **the price?** 가격 좀 알려줄래?
                            when it'll happen? 언제 그 일이 생길지 알려줄래?

DIALOGUE

A: Can I help you with anything?
도와드릴까요?
B: No, thank you, I'm just looking around.
고맙지만 괜찮아요. 그냥 구경만 하는 거예요.
A: **Let me know if** you have any questions.
물어 보고 싶은 게 있으시면 알려 주세요.
B: I'll keep that in mind.
그렇게 할게요.

Let me know how to study 공부하는 방법 좀 알려줘

let me 다음에 가장 많이 나오는 동사중 하나로 통째로 let me know~ 를 암기해두어야 한다.

공식 01

Let me know when to **stop**. 언제 멈춰야할지 알려줘.
Let me know how to **fix it**. 그걸 어떻게 고치는지 알려줘.

A: Let me know how to reach you.
B: My telephone number is on this card.
  A: 너한테 어떻게 연락을 해야 하는지 알려줘. B: 내 전화번호가 이 카드에 있어.

Let me know what you think 네 생각이 어떤지 알려줘

알고 싶은 것을 의문사절로 말하는 방법으로 let me know 다음에 의문사 주어+동사를 이어 쓰면 된다.

공식 02

Let me know how **it goes**. 그게 어떻게 되 가는지 알려줘.
Let me know when **she gets here**. 걔가 언제 여기에 도착하는지 알려줘.

A: Let me know if you need any help.
B: Sure. Thanks.
  A: 어떤 도움이라도 필요하면 말해. B: 그래. 고마워.

Could you let me know your schedule? 일정을 좀 알려주실래요?

let me know이기는 하지만 좀 더 부드럽게 말하려면 앞에 Could you~?를 붙이면 된다.

공식 03

Could you let me know **your plan**? 네 계획 좀 알려줄래?
Could you let me know **what the rate is**? 요금이 얼만지 알려줄래요?

A: Could you let me know the total cost?
B: I'll bring you the bill.
  A: 총 합계가 얼마죠? B: 계산서를 갖다 드리죠.

155

STEP 2 30 내가 상대방에게 정보를 알려줄 때
…를 알려줄게

이번에는 반대로 내가 아는 정보를 상대방에게 알려주겠다고 하는 말로 I'll let you know 의문사(what, when, if~) 주어+동사 구문. 순서를 바꿔 When[If] 주어+동사, I'll let you know 형태로도 많이 쓰인다. 또한 네이티브들이 자주 쓰는 표현으로 I wanted to let you know~라는 응용표현이 있는데 이는 자신의 진심을 전달할 때 유용한 표현이다.

공식 01 **I will let you know 명사/의문사+to+동사** …를 알려줄게

I'll let you know { **when I find it.** 내가 그걸 찾으면 알려줄게.
when I'm finished. 내가 끝마치면 알려줄게.

공식 02 **I will let you know if 주어+동사** …를 알려줄게

I'll let you know if { **I need help.** 도움이 필요하면 알려줄게.
he shows up. 걔가 나타나면 알려줄게.

공식 03 **I wanted to let you know 주어+동사** …를 알려주고 싶었어

I wanted to let you know { **you did okay.** 네가 잘 했다는 걸 알려주고 싶었어.
it is finished. 그 일이 끝났다는 걸 알려주고 싶었어.

DIALOGUE

A: Do you know when you will be finished with your project?
당신이 맡은 프로젝트를 언제 끝낼 수 있어요?
B: No, I haven't had much time to think about it.
아니요. 생각 많이 안 해봤는데요.
A: Well, I have to know as soon as possible.
글쎄. 바로 좀 알아야 되는데.
B: Okay. **I'll let you know** by Wednesday.
알았어요. 수요일까지는 알려드릴게요.

If we hear anything, I'll let you know right away 얘기 들으면 바로 알려줄게

상대방에게 뭔가 알려준다고 할 때는 me 대신에 you를 써서 let you know~ 라 한다.

공식 01

I'll let you know as soon as he gets home. 걔가 집에 오면 바로 알려줄게.
I'll let you know when the surgery is over. 수술 끝나면 알려줄게.

A: If we hear anything, I will let you know right away.
B: Okay, I will be waiting for your call.
    A: 무슨 얘기 들으면 바로 알려줄게. B: 그래. 네 전화 기다리고 있을게.

I'll let you know if there's anything new 뭐 새로운 것이 있으면 알려줄게

알려줄 내용이 아직 결정이 안 되었거나 모를 경우에는 「if 주어+동사」를 연결해 쓰면 된다.

공식 02

I'll let you know if I make up my mind. 내가 결정을 내리면 알려줄게.
I'll let you know if it's a boy or a girl. 남자애인지 여자애인지 알려줄게.

A: I will let you know if she's getting better.
B: I hope she gets better soon.
    A: 걔가 좀 나아지면 알려줄게. B: 걔가 빨리 나아지면 좋겠어.

I wanted to let you know how much I love you 널 얼마나 사랑하는지 알려주고 싶었어

좀 어렵지만 과거 자기 행동의 진심 내지는 진정성을 상대방에게 어필할 때 요긴한 표현.

공식 03

I wanted to let you know that Sam went home.
샘이 집에 갔다는 것을 알려주고 싶었어.
I wanted to let you know I'm going to do my best.
내가 정말 최선을 다 할 것이라는 걸 알려주고 싶었어.

A: **I wanted to let you know** I'm getting divorced.
B: But why? You seemed so happy with your husband.
    A: 내가 이혼했다는 것을 일러주고 싶있이. B: 왜? 남편하고 행복한 것처럼 보였는데.

STEP 2 상대방에게 충고나 조언할 때
너 …하는게 좋을 걸

보통 친구나 아랫사람에게 「…해라」, 「…하는게 좋을 것」이라는 뜻으로 충고 내지는 경고를 할 때 딱 적합한 표현으로 You'd better~가 있다. You'd better+동사 형태로 쓰이는데 보통 줄여서 You'd better, I'd better, We'd better로 쓰고 아예 had를 빼고 I(We, You) better+동사, 혹은 아예 인칭도 빼고 「Better+동사」 형태로도 쓴다. 부정형은 You'd better not do this처럼 better 다음에 not을 붙이면 된다.

공식 01 **You'd better + 동사** 넌 …하도록 해

You'd better { **be careful.** 조심해라.
do it now. 그거 당장 하는 게 좋을 걸.

공식 02 **I'd(We'd) better + 동사** …하는 게 좋을 걸

I'd better { **get going.** 출발해야겠어.
go home. 집에 가야겠어.

공식 03 **You'd better not + 동사** 넌 …하지 않는 것이 좋겠어

You'd better not { **go outside.** 나가지 마.
do this. 이걸 하지 않는 것이 좋겠어.

DIALOGUE

A: The dentist up at the mall was charged with sexual assault!
상가 위에 있는 치과의사가 성폭행으로 고소됐대!
B: Oh, my God! That's the same dentist I use.
맙소사! 내가 치료를 받던 그 치과의사잖아.
A: **You'd better not** go there again.
다시는 안 가는 게 좋겠어.
B: Don't worry, I won't.
걱정 마, 안 갈 테니까.

You'd better be on time tomorrow 내일 늦지 않도록 해라

거의 명령조에 가까운 표현으로 윗사람이나 잘 모르는 사람에게 써서는 안 된다.

You'd better believe it. 믿는 게 좋을 거야.
You'd better get used to it. 적응하도록 해라.

A: **You'd better** hurry up so we can go.
B: Okay, I will.
  A: 같이 나가려면 서둘러. B: 알았어, 그렇게.

I'd better call the police 경찰을 부르는 게 좋겠어

「내가 …하는 게 좋겠다」는 의미로 I should~, I must~ 그리고 I have to~와 일맥상통한 표현이다.

I'd better go back to work. 다시 일해야겠어.
We'd better call the fire department. 소방서에 전화해야 돼.

A: All right, well, **I'd better** take it back.
B: What? Why?
  A: 좋아, 그럼 내가 그거 취소할게. B: 뭐? 왜?

You'd better not let him know 걔한테 알리지 않는 게 좋을 걸

You'd better~의 부정문으로 You'd better not~ 다음에 하지 않았으면 하는 동사를 넣으면 된다.

You'd better not make noise. 시끄럽게 하지 않는 것이 좋을 걸.
You'd better not go outside. It's raining. 나가지 마. 밖에 비가 와.

A: **You'd better not** go outside. It's too cold.
B: You're right, but I want to see the game.
  A: 나가지 마. 밖은 너무 추워. B: 그렇긴 하지만, 그 경기를 보고 싶단 말이야.

STEP 2
32 앞으로 무슨 일을 하겠다고 말할 때
…를 생각중이야

현재 지속되는 일이나 가깝게 예정된 나의 일을 말하는 경우로 이때는 I'm thinking of [about]+명사[~ing]을 활용하면 된다. 우리말을 할 때도 「~을 계획한다」라는 현재시제보다는 「~을 계획하고 있어」, 「~을 계획중이야」라고 현재진행형을 많이 쓰듯 영어의 경우도 현재보다는 현재진행을 쓰는 경우가 더 많다. I'm thinking of[about]~도 그 중 하나. I'm planning to+동사도 같은 의미로 「…할까 한다」라는 의미.

공식 01 **I am thinking of[about] ~ing** …를 생각하고 있어

I am thinking of { **going on a vacation.** 휴가갈 생각하고 있어.
quitting soon. 곧 그만둘까 생각중야.

공식 02 **I am thinking 주어 + 동사** …하는 걸 생각중이야

I am thinking { **we should spilt up.** 우리 헤어질 생각을 하고 있어.
I have to tell her. 걔한테 말해야 한다고 생각해.

공식 03 **I am planning to + 동사** …할 계획 중이야

I am planning to { **stay more.** 좀 더 머물 거야.
buy a new car. 새 차를 살 계획 중이야.

DIALOGUE

A: I hope to enroll in a course this summer.
올 여름에 한 과목 등록하고 싶어.
B: Any course in particular?
특별히 생각하고 있는 과목이라도 있니?
A: **I'm thinking of** taking a computer course.
컴퓨터 강좌를 들을 생각이야.
B: That sounds kind of boring.
약간 따분할 것 같은데.

I'm thinking about getting married 결혼할거야

about이나 of 다음에 하고자 하는 행동을 ~ing 형태로 써주면 된다.

I'm thinking of inviting Betty. 베티를 초대할까봐.
I'm thinking about asking her out tonight.
오늘밤 걔한테 데이트 신청할까 해.

A: What are you going to do with your bonus?
B: I'm thinking of going on vacation.
　　A: 당신 보너스로 뭘 할 거예요? B: 휴가를 떠날까 하는데요.

I'm thinking I'll buy her a gift 걔한테 선물 사줄 생각을 하고 있어

이번에는 I'm thinking~ 다음에 about[of] 대신 「절」이 오는 경우.

I'm thinking she told Tom.　걔가 톰한테 말했다고 생각하고 있어.
I'm thinking we can quit.　우리가 그만둘 수 있다고 생각하고 있어.

A: Fran and Barb are always fighting.
B: I'm thinking they should split up.
　　A: 프란과 바브는 항상 싸워. B: 걔들은 헤어져야한다고 생각하고 있어.

I'm planning to stay for three weeks 3주간 머물거예요

What are you going to do?(뭐할건데?) 등과 같이 앞으로의 계획에 대해 질문 받았을 때 쓸 수 있는 말.

I'm planning to move out.　이사갈 계획을 하고 있어.
I'm planning to stay for another week.　한 주 더 머물 거야.

A: I'm planning to buy a new car.
B: What kind of car?
　　A: 새 차를 사려고 해. B: 어떤 종류니?

STEP 2 — 33. 무섭거나 걱정스럽다고 말할 때
…가 두려워(무서워)

두려워하거나 살짝 무서울 때는 afraid를 쓰면 된다. I'm afraid of+명사, I'm afraid to+동사 형태로 「…를 무서워하다」는 의미. 하지만 일상회화에서는 I'm afraid (that) 주어+동사 형태가 압도적으로 많이 사용된다. 그 의미 또한 무서워한다는 것이 아니라 상대방과 반대되는 이야기를 하게 될 때 혹은 상대방에게 미안하거나 불행한 이야기를 할 때 「안됐지만 …이다(아니다)」라는 뉘앙스를 풍기는 표현이다. 회화빈출표현인 I'm afraid so(안됐지만 그런 것 같네), I'm afraid not(안됐지만 아닌 것 같네)도 함께 알아두자.

공식 01 **I am afraid of + 명사** 난 …가 두려워

I am afraid of
- **her.** 난 걔가 무서워.
- **the big dog.** 난 큰 개가 두려워.

공식 02 **I am afraid to + 동사** 난 …하는 게 무서워

I am afraid to
- **go into the house.** 난 그 집에 들어가는게 무서워.
- **be alone at night.** 난 밤에 혼자 있는 게 무서워.

공식 03 **I am afraid 주어 + 동사** 안됐지만 …야

I am afraid
- **she's right.** 미안하지만 걔 말이 맞는 것 같아.
- **I have bad news.** 안됐지만 나쁜 소식이 있어.

DIALOGUE

A: Could you please show me another jacket?
다른 재킷으로 보여주시겠어요?
B: **I'm afraid** it's the only one that we have.
죄송하지만 저희한텐 이게 전부인데요.
A: Are you expecting to get some more?
물건이 더 들어올 건가요?
B: Yes, they should be here by next week.
네, 다음 주까지는 틀림없이 물건이 더 들어올 겁니다.

I am afraid of death 난 죽음이 두려워

of 이하에 무서워하거나 걱정하는 사람이나 사물을 말하면 되는 간단한 표현.

That's what I'm afraid of. 그게 바로 내가 걱정하는 거야.
She's too afraid of hurting your feelings.
걔 네 감정을 상하게 할까봐 무척 걱정해.

A: Why does Fred look so stressed?
B: **He is afraid of** ghosts, and he thinks a ghost is here.
A: 프레드가 왜 그렇게 스트레스가 있어 보여? B: 걔 유령을 두려워하는데 유령이 여기 있다고 생각하고 있거든.

Don't be afraid to ask questions 질문하는 것을 두려워하지 마

afraid 다음에 of~ 대신에 to+동사가 와서 형태가 다를 뿐 의미는 동일하다.

She is afraid to look at snakes. 걔 뱀을 보는 것을 두려워해.
He is afraid to ask Gill on a date. 걔 질한테 데이트 신청하기를 두려워해.

A: Why don't you try mountain climbing?
B: **I would be afraid to** hurt myself.
A: 등반을 시도해보지 그래? B: 다칠 것 같아서 두려워.

I'm afraid I don't know what to say 뭐라 말해야 할지 모르겠네요

I'm afraid that 주어+동사 하면 무섭거나 걱정하는게 아니라 상대방에 안 좋은 소식을 전할 때 혹은 정중히 상대방 제안을 거절할 때 사용된다.

I'm afraid we can't do anything. 우리가 아무것도 할 수 없을 것 같아.
I'm afraid we already have plans. 우린 이미 계획이 있어요.

A: Could you please give me a ride to the Union Station?
B: **I'm afraid** I have class.
A: 유니온 역까지 태워주실 수 있나요? B: 죄송하지만 수업이 있으시요.

STEP 2
34 고민 끝에 뭔가 하기로 결정했을 때
…하기로 결정했어

나의 결심[결정]을 표현하는 방식. 심사숙고해서 「…하기로 마음을 먹었다」라는 의미로 I('ve) decided to+V 혹은 I('ve) decided that S+V 형태로 쓰면 된다. "우리가 함께 살기로 했어"는 We decided to live together, "시애틀로 이사가기로 했어"는 I've decided to move to Seattle, "술한잔 하기로 했어"는 We decided to have a drink라 한다. decide와 같은 의미로 회화에서는 make up one's mind도 많이 쓰인다.

공식 01 **I have decided to + 동사** …하기로 결정했어

I've decided to { **stay longer.** 더 머물기로 결정했어.
have a baby. 우린 애를 갖기로 했어.

공식 02 **I have decided 주어 + 동사** …하기로 결정했어

I've decided { **I need a change.** 변화가 필요하다는 결정을 내렸어.
I'm going to go with her. 걔랑 같이 가기로 결정했어.

공식 03 **I've made up my mind to + 동사** …하기로 마음먹었어

I've made up my mind to { **study hard.** 열심히 공부하기로 마음먹었어.
quit the job. 직장을 떠나기로 마음먹었어.

DIALOGUE

A: I didn't know you were going to the UK.
영국에 가는 줄은 몰랐네.
B: **I decided to** go on the spur of the moment.
얼떨결에 그렇게 됐어.
A: How long are you going for?
얼마나 가 있을 거야?
B: I'm going for ten days.
열흘 간.

I haven't decided yet 아뇨, 아직 못 정했는데요

decide란 과거부터 지금까지 생각해 결정하는 행위. 따라서 과거부터 고민을 하다 내리는 결정이라는 점에서 현재완료형(have deciced)을 쓰는 경우가 많다.

I've decided to break up with her. 걔랑 헤어지기로 결정했어.
I've decided to go to New York without you. 너없이 뉴욕가기로 했어.

A: My son decided to attend law school.
B: I guess he wants to be a lawyer.
   A: 아들이 법대에 가기로 했어. B: 변호사가 되려나 보구나.

I've decided I will make a good money 돈을 많이 벌기로 결정했어

결정한 내용을 길게 「주어+동사」의 절로 표현할 때

I decided I wanted to come to your party. 네 파티에 가기로 했어.
I've decided my best man is you. 들러리는 너로 결정했어.

A: What made you decide to change your career path?
B: I got bored with accounting, so I decided I needed a change.
   A: 뭣 때문에 직종을 바꾸기로 결정한 거야? B: 회계일이 지겨워서, 변화가 필요하다는 결정을 내렸지.

Hurry up and make up your mind 어서 마음을 결정해

decide와 동일한 의미의 유명숙어 make up one's mind를 사용하는 경우로 결정 내용은 to+동사로 이어 쓴다.

He's already made up his mind. 걘 이미 마음을 결정했어.
I haven't made up my mind yet. 아직 결정을 못했는데.

A: Are you going to join our team?
B: I haven't made up my mind yet.
   A: 우리 팀에 들어올 거야? B: 아직 결정은 못 했어.

STEP 2
35 한 일이나 해야할 일을 잊었을 때
…하는 걸 잊었어

뭔가 잊고 두고 오거나 생각이 안날 때는 무조건 forget을 떠올려야 한다. 앞으로 해야 할 것을 잊어버렸을 때는 I forgot to+동사라면 된다. 반대로 과거에 한 것을 잊었다고 할 때는 I forgot about that(내가 그걸 잊었어)처럼 forget (about)+명사[~ing]를 쓰면 된다. forget이 들어가는 회화표현으로는 I totally forgot(깜박 잊었어), I almost forgot(거의 잊을 뻔했어), Forget (about) it(됐어, 괜찮아), 그리고 How could I forget?(어떻게 잊겠어?) 등이 있다.

공식 01 **I forgot (about) + 명사[~ing]** …를 잊었어

I forgot
- **our date.** 데이트하는 걸 잊었어.
- **my cell phone charger.** 핸드폰 충전기를 잊고 두고 왔어.

공식 02 **I forgot to + 동사** …하는 걸 잊었어

I forgot to
- **call you.** 전화하는 걸 잊었어.
- **tell you.** 너한테 말하는 걸 잊었어.

공식 03 **I forgot 주어 + 동사** …라는 걸 잊었어

I forgot
- **you were here.** 네가 여기 있다는 걸 잊었어.
- **I told you this before.** 전에 너한테 이걸 말한 걸 잊었어.

DIALOGUE

A: Why don't you come just for one drink?
한잔 하러 가지 그래?
B: Come on, you know how much work I have.
좀 봐줘. 내가 할 일이 많은 거 알잖아.
A: Sorry, **I forgot how** busy you were.
미안해, 네가 얼마나 바쁜지 잊고 있었어.
B: I'll go with you next time.
다음에 같이 가자.

I think I forgot my receipt 영수증을 두고 온 것 같아

forget to와 함께 배웠던 forget ~ing는 실생활에서는 잘 쓰이지 않는다. 대신 forget (about)+ 명사 혹은 forget about ~ing 형태로 써야 한다는 점이 좀 놀랍다.

공식 01

I forget things more often. 좀 더 자주 건망증이 있어.
I think it's best that we just forget about it.
그냥 그거에 대해 신경 안 쓰는 게 최선인 것 같아.

A: Why didn't you answer your cellular phone?
B: **I forgot** it at home today.
A: 왜 네 핸드폰 안 받았어? B: 오늘 집에 두고 왔어.

Don't forget to call me back 나한테 다시 전화하는 것 잊지 마

forget to+동사는 교과서에서 배운 것처럼 앞으로 해야 할 일을 잊은 경우에 쓰면 된다.

공식 02

I forgot to tell you that the boss called.
사장이 전화했다고 말하는 걸 잊었어.
I forgot to mention that I am married man.
내가 유부남이라는 걸 깜박하고 말 못했네.

A: Why didn't you prepare a report?
B: It's my fault. **I forgot to** do it.
A: 왜 아무도 보고서를 안 만들었어? B: 내 잘못이야. 내가 잊었어.

I forgot you were here 네가 여기 있다는 걸 잊었어

잊어버린 내용을 길게 말할 때는 forget S+V 형태를 사용한다. 단 명령문 형태로 Forget (that) S+V면 상대방에게 that 이하를 신경 쓰지 말라는 뜻이 된다.

공식 03

I forgot she's thirteen. 걔가 13살이라는 걸 잊었어.
Forget that I said anything. 내가 했던 말 신경 쓰지 마.

A: **I forgot that** he smokes cigarettes.
B: I'll ask him to smoke outside.
A: 걔가 담배피운다는 걸 잊고 있었네. B: 나가서 피라고 내가 말할게.

STEP 2
36 힘들 때 도움을 주고자 할 때
…하는데 좀 도와줄게

일단 「도움」이야기가 나오면 help의 도움(?)을 받자. help는 help+사람 다음에 그냥 동사원형이 오기도 하고, 혹은 동사원형 앞에 to가 올 수도 있는 것으로 알려져 있지만, 미국영어에서는 거의 to를 사용하지 않은 경향이 있어 그냥 「help+사람+동사원형」이라고 외워두면 된다. 동사원형 대신 동사의 ~ing형이 올 수도 있고, 참고로 도와주는 내용을 동사가 아니라 명사로 하려면 help you with homework처럼 「with+명사」를 사용하면 된다. 한편 help+동사원형도 쓰이는데 이는 「…하는데 도움이 되다」라는 뜻이다.

공식 01 **I will help + 사람 + 동사[~ing]** …가 …하는 걸 도와줄 거야

I'll help { **you fix your computer.** 네 컴퓨터 고치는 거 도와줄게.
mow your lawn. 네 잔디 깎는 거 도와줄게.

공식 02 **Let me[I'll] help + 사람 + with + 명사** …가 …하는 걸 도와줄게

Let me help { **you with your report.** 보고서 쓰는데 도와줄게요.
your grocery bags. 식료품 가방 들어줄게요.

공식 03 **[It will] help + 동사** …하는데 도움이 되다

It'll help { **solve the problems.** 그건 문제해결에 도움이 될 거야.
regain your strength. 기력을 회복하는데 도움이 될 거야.

DIALOGUE

A: Look at all the stuff I bought!
내가 사온 물건들 좀 보세요!
B: **Let me help** you **with** your grocery bags.
식료품 가방 들어줄게요.
A: Thank you, that's very kind of you.
고마워요. 정말 친절하시군요.
B: My pleasure.
뭘요.

I'll help you finish washing the dishes 설거지하는 거 도와줄게

help sb 다음에 동사원형 혹은 동사의 ~ing 형을 써줘도 된다.

Will you help me write a report? 보고서 쓰는 거 좀 도와줄래?
She helped many people quit smoking. 걘 많은 사람들의 금연을 도와줬어.

A: Come on, **help me** move this.
B: I'm sorry! I must be off right now.
A: 이리와, 이거 옮기는 것 좀 도와줘. B: 미안해! 나 지금 바로 나가야돼.

Let me help you with that 그건 제가 도와드리죠

도와주는 내용을 명사로 간단히 말할 때는 help sb with+명사를 사용하면 된다.

I can help you with your homework. 숙제를 도와줄 수 있어.
The driver will help you with your luggage. 운전기사가 짐을 실어줄거예요.

A: **Can I help** you **with** anything?
B: No, thank you, I'm just looking around.
A: 도와드릴까요? B: 고맙지만 괜찮아요. 그냥 구경만 하는 거예요.

Can you help finish this work? 이 일을 끝내는데 도와줄 수 있니?

좀 특이하지만 help 다음에 바로 동사가 이어지면 「…하는데 도움이 되다」라는 뜻이 된다.

You should help move that desk. 넌 그 책상을 옮기는데 도와줘야해.
It should help reduce the pain. 고통을 줄여주는데 이게 도움될거야.

A: **I can help** find your cat.
B: Thanks. I don't know where she is.
A: 너 고양이 찾는데 도와줄 수 있어. B: 고마워. 고양이가 어디 갔는지 모르겠어.

STEP 2
37 어떤 일을 다 마쳤을 때
…를 끝냈어

어떤 일을 다 끝마쳤다고 할 때는 동사 finish를 활용하여 I('ve) finished+명사[~ing], 그리고 끝냈냐고 물어볼 때는 Have you finished+명사 [~ing]?라고 하면 된다. 특히 finish 다음에 동사가 올 때는 ~ing가 와야 한다는 점을 주의하며, 특이한 점은 finish sth [~ing]과 수동형인 be finished with sth 의 의미가 동일하다는 것이다.

공식 01 **I've finished + 명사[~ing]** …를 끝냈어

I have just finished
- **it.** 방금 그걸 끝냈어.
- **cleaning the room.** 방금 방청소 끝냈어.

공식 02 **I'm finished with + 명사** …를 끝냈어

- **I'm finished with the work.** 난 일을 끝냈어.
- **I'm not finished with the report.** 리포트를 끝내지 못했어.

공식 03 **Have you finished + 명사?** …를 끝냈니?

Have you finished
- **it?** 그거 끝냈니?
- **the report?** 보고서 끝냈어요?

DIALOGUE

A: Are you almost finished?
거의 다 끝냈니?
B: Just give me a second. It's almost fixed.
조금만 있어보세요. 거의 다 고쳤어요.
A: Good enough! Let's work on the rest tomorrow.
이만하면 됐네! 나머지는 내일 계속 하자.
B: Whatever you say, boss.
원하시는 대로 할께요, 보스.

I've just finished the book 난 방금 그 책을 끝냈어

finish 또한 과거부터 시작한 일을 끝낸다는 의미로 과거형뿐만 아니라 현재완료형으로도 많이 쓰인다.

공식 01

I finished the crossword all by myself! 나 혼자 크로스워드를 풀었어!
I just finished writing a draft. 난 방금 초안 작성을 끝냈어.

A: What time do you think you will show up?
B: I'll come after **I finish working**.
A: 몇 시에 올 수 있을 것 같아? B: 일을 마치고 갈게.

I'm not finished with you 아직 할 얘기가 남았어

be finished with 형태 또한 finish+명사[~ing]와 동일한 의미로 「…을 끝냈다」라는 뜻.

공식 02

I am finished with computer. 컴퓨터 다 썼어.
Let me know when you're finished with that.
네가 그거 끝내면 알려줘.

A: Bring back that paper when **you're finished with** it.
B: Don't worry, I will.
A: 신문 다 보고 좀 돌려줘. B: 걱정 마, 그렇게 할게.

Have you finished your drink? 다 마셨니?

상대방에게 뭔가 끝냈는지를 확인해볼 때 사용한다.

공식 03

Have you finished your dinner? 저녁 식사 끝냈니?
Did you finish checking in to your room? 투숙 절차는 다 끝났어?

A: **Did you finish** that report?
B: Yes, it's done.
A: 보고서 끝냈어요? B: 네, 다 끝냈습니다.

STEP 2 — 38

역시 하던 일을 다 끝냈다고 할 때

…를 마치다(끝내다)

「끝내다」, 「마치다」하면 앞서 배운 finish가 먼저 떠오르지만, be done with 또한 많이 사용된다. 특히 be done with~의 의미 역시 포괄적이어서 be done with 다음에 음식이 나오면 「다 먹었냐?」 그리고 사람이 나오면 「…와 헤어지다」라는 의미도 된다. 참고로 You done?하면 「끝냈어?」라는 말로 Have you finished?나 Are you through?와 같은 말이다.

공식 01 **I am done with + 명사[~ing]** 난 …를 마쳤어

I'm done with
- **her.** 난 걔와 끝난 것으로 생각해.
- **this marriage.** 난 결혼생활이 끝났다고 생각해.

공식 02 **I am not done with + 명사** 난 …를 못 끝냈어

I'm not done with
- **her.** 난 걔와 끝나지 않았어.
- **the work.** 일 못 끝냈어.

공식 03 **Are you done with + 명사?** 넌 …를 끝냈니?

Are you done with
- **the Internet?** 인터넷 다 썼니?
- **computer?** 컴퓨터 다 썼니?

DIALOGUE

A: **Are you done with** the computer?
너 컴퓨터 다 썼니?

B: No, **I'm not done with** my homework yet.
아니, 아직 숙제를 못 끝냈어.

A: I need to use it really soon.
내가 곧 써야 되는데.

B: OK, I'll be finished in a few minutes.
그래, 몇 분 안에 끝낼게.

I think I'm done now 이제 끝낸 것 같아

그냥 be done으로 끝났다고 하거나 뭘 끝냈는지 말하려면 be done with 다음에 명사를 넣는다.

I'm done with the test. 시험이 끝났어.
I'm not sure if he's done with it yet. 걔가 그걸 마쳤는지 모르겠어.

A: **I'll be done with** the computer in just a minute.
B: Take your time. I'm in no rush.
　A: 컴퓨터 쓰는거 거의 다 끝났어. B: 천천히 해. 난 급할 거 없으니까.

I am not done with my practice 연습이 다 끝나지 않았어

반대로 아직 끝내지 않았다고 말할 때는 be not done with라 하면 된다.

I am not done with the book. 그 책 아직 다 끝내지 못했어.
I am not done with my lecture. 강의가 끝나지 않았어.

A: Can I take away your plate?
B: No, **I'm not done with** my snacks.
　A: 그릇 가져갈까요? B: 아직 스낵을 다 먹지 않았어요.

Are you done with this? 이거 끝냈어?

상대방에게 뭔가 끝냈는지 물어볼 때는 Are you done with~? 다음에 끝냈는지 궁금한 명사를 말하면 된다.

Are you done with cook**ing** for tonight? 오늘밤 조리는 다 끝났니?
I'm almost through with the documents. 서류정리 거의 다 끝나가.

A: **Are you done with** the Internet?
B: Yeah, you can shut off the computer.
　A: 인터넷 다 썼니? B: 그래, 이제 컴퓨터 꺼도 돼.

STEP 2
39 상대방에게 뭔가 가져다준다고 할 때
…를 가져다 줄까?

상대방에게 뭔가를 가져다 준다고 할 때는 만능동사 get를 사용하면 된다. 먼저 get sb sth 혹은 get sth for sb를 기본형으로 해서 Can I get you~, I'll get you~, Let me get you~ 하게 되면 「너에게 뭔가를 가져다주다」, 반대로 Can you get me~, You got to get me~ 형태가 되면 「내게 뭔가를 가져다달라」는 의미의 표현이 된다.

공식 01 **Can I get you + 명사?** …를 갖다 줄까?

Can I get you { **a beer?** 맥주 갖다 줄까?
a muffin? 머핀 하나 갖다 줄까?

공식 02 **Can[Could] you get me + 명사?** …를 갖다 줄래?

Can you get me { **some water, please?** 물 좀 갖다 줄래요?
something to write? 쓸 것 좀 갖다 줄래?

공식 03 **get + 명사 + for sb** …에게 …를 갖다 주다

{ **I will get some coffee for you.** 커피 좀 갖다 줄게.
Could you get the book for me? 그 책 좀 갖다 줄 테야?

DIALOGUE

A: Please **get me** a glass of water.
물 한잔 주세요.
B: Here you go. Do you want me to **get you** something to eat?
여기 있어요. 먹을 것 좀 갖다 줄까요?
A: No, that's fine. I'm not really hungry.
아뇨, 괜찮아요. 그렇게 배고프진 않아요.
B: Suit yourself, but I'm going to eat something.
좋을 대로 하세요. 전 좀 먹어야겠어요.

Can I get you a drink? 마실 것 갖다 줄까?

Can I get you+명사?(…을 갖다 줄까?)는 I'll get you+명사 또는 Let me get you+명사와 같은 의미이다.

> **공식 01**
> **I'll get you a lawyer.** 변호사 구해줄게.
> **Just a moment and I'll get you the manager.**
> 잠깐만요, 매니저 불러 드리죠.
>
> A: How about we go get you a drink?
> B: Ok, that's so nice.
>   A: 술 한 잔 사줄까? B: 좋지, 고마워.

Could you get me some doughnut? 도넛 좀 갖다 줄 수 있나요?

Can [could] you get me+명사?(…을 갖다 줄래?)는 You got to get me+명사와 같은 의미.

> **공식 02**
> **You've got to get me some work.** 일 좀 줘야죠.
> **Will you get me to my house?** 집까지 태워다 줄래?
>
> A: Go to the store and get me something.
> B: Would you please be more specific?
>   A: 가게에 가서 뭐 좀 사다 줘. B: 좀 더 구체적으로 얘기해줄래?

I will get something for you 너한테 뭘 좀 갖다 줄게

get somebody something은 순서를 바꿔 get something for somebody라 쓸 수도 있다. 따라서 I'll get you something은 I'll get something for you라 할 수 있다.

> **공식 03**
> **I get another latte for you?** 라떼 한잔 더 줄까?
> **Get a chair for her to sit in.** 걔가 앉도록 의자를 갖다 줘.
>
> A: Can I get another latte for you?
> B: No, no, I'm still working on mine.
>   A: 라떼 한잔 더 줄까? B: 아니, 아직 마시고 있는걸.

STEP 2 40 상대방에게 궁금한 것을 말해달라고 할 때
…를 말해줄래(알려줄래)?

상대방에게 궁금한 점이나 정보를 물어볼 때 요긴하게 사용하는 표현으로 Can[Could] you tell[show] me+의문사 주어+동사? 혹은 간단히 의문사 to+동사 형태를 써서 Can [Could] you tell [show] me 의문사 to+동사?로 해도 된다. 그냥 간단히 Please tell me 주어+동사라 해도 된다. 한편 뒤에 명사가 와서 Can you tell me (about)+명사?로도 쓰이는데 이때는 「…(에 대해)를 말해 줄래?」라는 의미이다. 그냥 이유만 물어보려면 Can you tell me why?라고 해도 된다.

공식 01 **Can you tell me (about) + 명사?** …(에 대해) 말해줄래?

Can you tell me about
- **it?** 그것에 대해 말해줄 수 있니?
- **your plan?** 네 계획 좀 알려줄래?

공식 02 **Can you tell me 의문사 + 주어 + 동사?** …를 말해줄래?

Can you tell me
- **what's going on?** 무슨 일인지 말해줄래?
- **what that is?** 그게 뭔지 말해줄래?

공식 03 **Can you tell me + 의문사?** …를 말해줄래?

Can you tell me
- **why?** 이유를 말해줄래?
- **why not?** 왜 싫은지 말해줄래?

DIALOGUE

A: Excuse me, **can you tell me where** the bathroom is?
죄송하지만 화장실이 어디 있나요?
B: Sure. It's just down the hall to your left.
네, 복도를 내려가다 보면 왼편에 있어요.
A: Thanks, I'll be back soon.
고마워요. 곧 돌아올게요.
B: We'll wait for you to get back before we start.
당신이 돌아오는 거 기다렸다가 시작할게요.

Can you tell me about it over the phone? 그거 전화로 얘기해줘

tell me 다음에 궁금한 명사를 바로 써도 되고 혹은 tell me about+명사 형태로 써도 된다.

공식 01

Can you tell me **the real reason**? 진짜 이유를 말해줄래?
Can you tell me about **your situation**? 네 상황에 대해 말해줄래?

A: **Can you tell me about** the pyramids in Egypt?
B: Sure. I visited them a few years ago.
A: 이집트 피라미드에 대해 말해줄래? B: 그럼, 몇 년 전에 방문했었어.

Can you tell me what's going on in there? 거기에 무슨 일인지 말해줄래?

궁금한 내용이 많을 때는 tell me 다음에 의문사절을 붙여 말하면 된다.

Can you tell me **how** you feel? 네 감정을 말해 줄 테야?
Can you tell me **what** happened? 무슨 일인지 말해줄래?

A: **Can you tell me where** the toilet is?
B: Wait a minute, let me ask someone for you.
A: 화장실이 어딘지 알려줄래요? B: 잠시만, 다른 사람한테 물어보고요.

Can you tell me why? 이유를 말해줄 수 있니?

이번엔 간단히 tell me 다음에 의문사만 달랑 써서 상대방에게 정보를 물어보는 표현법.

공식 03

Can you tell me **how**? 방법을 알려줄 수 있니?
Can you tell me **when**? 언제인지 말해줄 수 있니?

A: I am sorry. I can't make it tomorrow.
B: **Can you tell me why?**
A: 미안해요. 내일 시간이 안 될 것 같아요. B: 이유를 말해줄 수 있니?

STEP 2 — 41

전혀 아는 바가 없다고 할 때

…할지 잘 모르겠어

「모른다」고 할 때 don't know만 쓰면 정말 영어를 모르는(?) 사람. idea하면 무조건 창의력이라고 생각하기 쉽지만 have no idea라는 숙어로 쓰이면 don't know라는 뜻이 된다. I have no idea what[who] S+V 혹은 간단히 I have no idea what[who] to do~ 하면 「무엇(누가)이 …인지 모른다」라는 표현이 된다. 단독으로 I have no idea하면 「몰라」라는 뜻으로 No의 대용어로 사용된다.

공식 01　**I have no idea 의문사 to+ 동사[의문사 주어+동사]** …할지 잘 모르겠어

I have no idea
- **what to say.** 무슨 말을 해야 할지 모르겠어.
- **how to help you.** 널 어떻게 도와야 할지 모르겠어.

공식 02　**Do you have any idea what 주어 + 동사?** …인지 알겠니?

Do you have any idea
- **what this means?** 이게 무슨 의미인지 알아?
- **what happened yesterday?** 어제 무슨 일 있는지 알아?

공식 03　**You have no idea 의문사 + 주어 + 동사** 넌 …를 몰라

You have no idea
- **what you're doing.** 넌 네가 무슨 짓 하고 있는지 몰라.
- **how much I miss her.** 걜 얼마나 그리워하는지 넌 몰라.

DIALOGUE

A: The whole idea of this competition is to be all you can be.
이 대회의 의의는 전적으로 젖 먹던 힘까지 다하라는 데에 있어.

B: I know. That's why everyone gets so excited about it.
알아. 그래서 모두 열을 올리고 있다고.

A: Who do you think is going to win?
누가 이길 것 같아?

B: **I have no idea.**
모르겠어.

I have no idea what you are talking about 네가 무슨 말을 하는지 모르겠어

have no idea 다음에 모르는 내용을 that 주어+동사, 혹은 의문사 주어+동사 형태로 써주면 된다.

I have no idea how this works. 이게 어떻게 작동하는지 모르겠어.
I had no idea you were from New York. 네가 뉴욕 출신이라는 걸 몰랐어.

A: **I had no idea that** traffic was this bad in Seoul.
B: It's even worse during rush hour.
A: 서울의 교통상황이 이렇게 나쁜 줄 미처 몰랐어요. B: 러시아워 때는 더 해요.

Do you have any idea how much that hurts? 그게 얼마나 아픈지 알기나 해?

상대방이 뭔가 알고 있는지 모르는지 궁금해서 물어보거나 혹은 「알기나하냐」, 「넌 몰라」라는 뉘앙스를 풍기면서 던질 수 있는 표현.

Do you have any idea how much it would cost?
그게 얼마인지 알기나 해?
Do you have any idea how dangerous those are?
저것들이 얼마나 위험한 줄 알기나 해?

A: **Do you have any idea what** our class schedule will be?
B: I think we'll have math class this morning.
A: 우리 수업 일정이 어떻게 되는지 알아? B: 오늘 아침에 수학수업이 있어.

You have no idea how hard it is 넌 이게 얼마나 힘든지 모를 거야

상대방에 감사하거나 비난성 발언을 할 때 사용하면 좋은 강조 표현.

You have no idea what she's been through. 걔가 무슨 일을 겪었는지 몰라.
You have no idea how that happened? 그게 어떻게 그렇게 됐는지 모를거야.

A: Here's a necklace for you.
B: Thank you! **You have no idea what** this means to me.
A: 여기 목걸이 당신거야. B: 고마워! 이게 나한테 얼마나 중요한 것인지 모를 거야.

STEP 2
42 상대방에게 편한 대로 하라고 권유할 때
맘 편히 …해

상대방에게 어려워말고, 부담없이 「맘대로…하라」고 친절하게 말할 때 사용하는 표현. 「주저하지 말고 …해라」는 의미의 Don't hesitate to+동사도 함께 학습해본다. Feel free to~가 꼭 명령문 형태로 쓰이는 것은 아니라 I want you to feel free to+동사~ (네가 맘 편히 …하도록 해)나 You can feel free to+동사~(맘놓고…해)의 형태로도 쓰일 수 있다는 것을 알아둔다.

공식 01   **Feel free to + 동사**   …마음 편히 …해

Feel free to { **have fun.** 마음 편하게 재미있게 보내.
                drop by anytime. 언제든 편하게 들러.

공식 02   **You can feel free to + 동사**   맘대로 …해

You can feel free to { **pick up whatever you need.** 필요한거 마음 놓고 골라.
                      stay here as long as you like. 원할 때까지 맘놓고 있어.

공식 03   **Don't hesitate to + 동사**   주저 말고 …해

Don't hesitate to { **ask me.** 필요한 거 있으면 바로 말해.
                  call me. 주저 말고 전화해.

DIALOGUE

A: **Feel free to** give me a call if you have any questions.
궁금한 점이 있으면 조금도 주저하지 마시고 전화주세요.
B: Thanks, I probably will. This software manual is very confusing.
고마워요, 그렇게 할게요. 이 프로그램 설명서는 정말 이해하기 힘든데요.
A: My advice is to take it slowly.
제가 조언을 드릴 수 있는 건 천천히 해보라는 거예요.
B: I will do my best to figure it out.
최선을 다해 알아보도록 할게.

Feel free to have a look around 부담 없이 돌아봐

상대방에게 편히 to~ 이하를 하라고 권할 때.

공식 01

Feel free to join us. 부담 갖지 말고 와.
Feel free to ask any questions. 어려워하지 말고 어떤 질문이라도 해.

A: **Feel free to** stay here as long as you like.
B: It's very kind of you to say so.
   A: 계시고 싶을 때까지 마음 놓고 머무르세요. B: 그렇게 말씀해주셔서 고맙습니다.

You can feel free to contact us 부담 없이 우리한테 연락해

feel free to는 꼭 명령문 형태로만 쓰이지 않는다는 사실을 알아두자.

You can feel free to come late. 맘 편히 늦게 와도 돼.
I want you to feel free to come and go. 편한대로 왔다갔다 해도 돼.

A: I am sorry I have to leave work early.
B: Don't worry. **You can feel free.**
   A: 오늘 조퇴해야할 것 같아 미안해요. B: 걱정하지 마. 부담 갖지 말고.

If you need anything, don't hesitate to ask 필요한 거 있으면 바로 말해

hesitate는 「주저하다」라는 말로 don't hesitate to하면 주저하지 말고 to~ 이하를 하라는 권유형 문장.

공식 03

Don't hesitate to speak out your opinion. 주저말고 의견을 솔직히 말해.
Don't hesitate to eat as much as you want. 원하는 대로 주저 말고 들어.

A: Thank you for your help with this homework.
B: If there's anything else you need, **don't hesitate to** ask.
   A: 내 숙제 도와줘서 고마워. B: 필요한 거 있으면 바로 말해.

STEP 2
43 무슨 일을 하는 데 시간이 얼마나 걸린다고 말할 때
…하는데 시간이 걸려

시간관련 표현으로 「…하는데 시간이 얼마나 걸리는」지를 말할 때 사용하는 법. It takes+시간+to+동사~ 형태로 쓰며 시간이 정확하지 않을 때는 시간 앞에 about[around]를 붙여, 「about+시간」으로 쓰면 된다. 물론 take 다음에는 시간명사 뿐만 아니라 일반명사도 와, 「…하는데 …가 필요하다」라는 뜻으로 쓰이기도 한다. 과거로 말할 때는 It took~ 이라고 하면 된다. 이런 대답을 하게 하는 질문은 How long does it take to+동사~?(…하는데 시간이 얼마나 걸려?)라 하면 된다.

공식 01 **It takes 시간 to + 동사** …하는데 시간이 걸려

It takes
- **ten minutes to go there.** 거기 가는데 10분이 걸려.
- **an hour to get there from here.** 거기 가는데 한 시간 걸려.

공식 02 **It takes 시간 for + 사람 to + 동사** …가 …하는데 시간이 걸려

It takes time
- **for me to cook a meal.** 요리하는데 시간이 걸려.
- **for him to drive here.** 걔가 여기에 운전해오는데 시간걸려.

공식 03 **How long does it take to + 동사?** …하는데 얼마가 걸려?

How long does it take to
- **finish it?** 그거를 마치는데 얼마나 걸려?
- **get dressed?** 옷을 입는데 얼마나 걸려?

DIALOGUE

A: How long does it take to cook a turkey?
칠면조 요리하는데 시간이 얼마나 걸려?

B: That depends on how heavy the bird is.
칠면조 크기에 따라 다르지.

A: It's 15 pounds.
15 파운드야.

B: Then it will take about three and a half to cook it.
그러면 약 3시간 반정도 걸릴 걸.

It takes time to learn English 영어를 공부하는데 시간이 걸려

기본적으로 takes time to~ 혹은 time 대신 an hour, 30 minutes처럼 구체적인 시간 명사를 쓸 수도 있고 또한 to~ 이하를 하는데 필요한 것이 '용기'라면 courage 같이 비시간명사를 써도 된다.

공식 01

It takes courage to do so. 그렇게 하는데 용기가 필요해.
It took 30 minutes to get home. 집에 가는데 30분 걸렸어.

A: What a nice ring! That's so sweet.
B: Glad you like it. **It took a long time to** find it.
A: 와 반지 멋지다! 정말 고마워. B: 맘에 들어 하니 기뻐. 찾는데 시간 많이 걸렸어.

It takes time for me to figure it out 그걸 파악하는데 시간이 걸려

누가 그렇게 시간이 걸렸냐고 말할 때는 take sb to~ 혹은 take time for sb to~ 라고 한다.

공식 02

It took time for me to finish the book. 난 그 책 끝내는데 시간이 걸렸어.
It took me a long time to plan it out. 그거 짜는데 시간 많이 걸렸어.

A: **It takes about one hour for me to** get home. I should get going.
B: Stay a little longer and hang out with me.
A: 집에 가는데 한 시간 걸려. 가야 돼. B: 더 남아서 나랑 놀자.

How long does it take to go home from here? 여기서 집가는데 얼마 걸려?

to~ 이하를 하는데 시간이 얼마나 걸릴지 몰라 상대방에게 물어볼 때 쓰는 아주 긴요한 표현.

공식 03

How long does it take to get there? 거기 가는데 시간이 얼마나 걸려?
How long does it take for you to get to work?
출근하는데 얼마나 걸려?

A: **How long does it take to** finish this race?
B: You will have to run for 30 minutes.
A: 이 경주를 마치는데 얼마나 걸려? B: 30분 간 뛸러야 될 기야.

STEP 2
44 어떤 장소로 이동중이라고 말할 때
…가는 길이야(…하러 가는 길이야)

현재 「길 위에 있는」이란 의미로 뭐가 한 곳에서 다른 지점으로 이동 중이라고 말할 때는 기본적으로 on the way를 사용하면 된다. on the way (over) here하면 「이쪽으로 오는 도중에」, on the way back하면 「돌아오는 도중에」라는 뜻이 된다. 또한 소유격으로 바꾼 on my way로도 쓰는데 on my way home은 「내가 집에 오는 도중에」, on my way to work는 「내가 출근하는 길에」 등을 의미한다.

공식 01　**be on one's way to + 장소**　…로 가는 길이야

I am on my way to ｛ **the gym.** 체육관에 가는 길이야.
　　　　　　　　　　 the library. 도서관에 가는 길이야.

공식 02　**be on one's way home**　…집으로(돌아) 가는 길이야

I was on my way home ｛ **from work.** 퇴근해서 집가는 길이었어.
　　　　　　　　　　　　 after school. 방과 후 집가는 길이었어.

공식 03　**be just on one's way out to + 명사/동사**　…하러 가는 길이야

I am just on my way out to ｛ **lunch.** 막 점심 먹으러 가는 길이야.
　　　　　　　　　　　　　　 go to class. 막 수업에 들어가는 참이야.

DIALOGUE

A: Mr. Jones, is this a convenient time to talk right now?
존스씨, 지금 얘기 나눌 시간 좀 있으세요?
B: Not really, **I'm just on my way out to** meet a client.
좀 그런데요. 고객과 만나러 막 나가려는 참이거든요.
A: I'll get back to you when you're not so busy.
바쁘시지 않을 때 다시 전화 드리겠습니다.
B: If you catch me at the end of the day, I'll have more time to talk.
퇴근할 무렵에 전화하시면 더 얘기할 수 있을 거예요.

I am on my way to the airport 공항으로 가는 길이야

on the way to~, on my way to~, 혹은 on your way to~ 등 다양하게 활용해볼 수 있다.

공식 01
I am on my way to supermarket. 슈퍼로 가는 길이야.
I was on my way to Chicago shortly. 곧 시카고로 가는 길이었어.

A: When are you leaving?
B: I'm on my way now.
A: 언제 출발할 거니? B: 지금 가고 있는 중이야.

I'm on my way home 나 집에 가는 길이야

to+목적지 대신 부사 home이 오는 경우로 「집에 가는 길에」라는 뜻이다.

공식 02
I'll pick you up on my way home. 집에 가는 길에 픽업할게.
I was on my way home from work. 퇴근해서 집에 오는 길이었어.

A: When can you pick me up?
B: I'll pick you up on my way home.
A: 언제 날 픽업해줄 수 있니? B: 집에 가는 길에 해줄게.

I was just on my way out to pay you back 막 갚으려던 참이었어

way 다음에 out이 붙어서 「…하러 나가는 길」 또는 「…를 하려는 참」이라고 뉘앙스를 갖는다.

공식 03
I am just on my way out. 막 나가려던 참이야.
I am just on my way out to take a walk. 막 산책하러 나가려던 참이야.

A: When are you going to pay me back?
B: I am just on my way out to the bank.
A: 너 언제 나한테 갚을 거니? B: 막 은행을 가려던 참이야.

STEP 2 — 45

상대방에게 …하자고 제안할 때
…하는게 어떨까

상대방에게 뭔가 제안을 하는 여러 문장 중 하나로 여기서는 Why don't you+동사?를 연습해본다. 무늬만 의문문일뿐 실제로는 제안하는 문장으로 변형된 Why don't I+동사~?는 「…할게요」(Let me+동사~), Why don't we+동사~?는 「…하자」(Let's+동사~)라는 의미. Why not?은 제안에 대한 대답으로 「좋아」, 「안될 이유가 뭐 있겠어?」, 「왜 안되는거야?」, 혹은 「그러지 뭐」라는 뜻. How about~ 또한 상대방 의향을 물어보거나 뭔가 새로운 제안을 할 때 특히 약속시간, 장소를 정할 때 아주 유용한 표현으로 How about~? 다음에 명사[~ing] 혹은 절을 쓰면 된다.

공식 01 Why don't you + 동사? …하는 게 어떨까?

Why don't you
- take a break? 쉬지 그래.
- give me a hand? 나 좀 도와줘.

공식 02 Why don't we + 동사? …하자

Why don't we
- go for dinner? 저녁 먹으러 가자.
- get together on Saturday? 토욜에 좀 만나죠.

공식 03 How about + 명사[~ing/주어+동사]? …하면 어때?

How about
- going out for lunch? 점심 먹으러 가면 어때?
- a drink tonight? 오늘 저녁 한 잔하면 어때?

DIALOGUE

A: I really want to get a set of new golf clubs.
새 골프세트를 꼭 하나 구입하고 싶은데요.
B: How much can you afford?
예산은 얼마쯤 잡고 계시는데요?
A: I was thinking about something just under a thousand dollars.
1,000 달러 내로 생각하고 있어요.
B: **Why don't we** start at this end?
이 끝에 있는 것부터 보시겠어요?

Why don't you come over here? 여기 좀 오지 그래?

why로 시작하지만 상대방에게 물어보는 것이 아니라 권유하는 문장.

공식 01

Why don't you stay over? 하루 묵고 가지 그래.
Why don't you try to relax, okay? 좀 긴장을 풀어봐, 응?

A: **Why don't you** ask her to join us?
B: I think I will.
> A: 재도 함께 하자고 물어봐? B: 그러려고.

Why don't we call it a day? 오늘은 그만 일하는 게 어때?

우리가 함께 뭔가 하자는 권유 문으로 Let's~ 와 같은 의미의 표현이다.

공식 02

Why don't we just vote? 그냥 투표로 하는 게 어때?
Why don't we catch a late show? 늦게 하는 쇼를 보러 가자.

A: **Why don't we** get together on Saturday?
B: Sure. Call me in the morning.
> A: 토요일에 좀 만나죠. B: 그래요. 아침에 전화해요.

How about another cup of coffee? 커피 한 잔 더 할래?

역시 상대방에게 제안하는 권유문으로 about 다음에 명사, ~ing 그리고 문장이 올 수 있다.

공식 03

How about some dessert? 디저트 좀 들래요?
How about tomorrow evening? 내일 저녁은 어때?

A: **How about** go**ing** out for a drink tonight?
B: Yes, let's do that.
> A: 오늘 밤 한잔하러 나가자? B: 좋아, 그렇게 하자.

STEP 2 46 상대방에게 이유를 물어볼 때
어째서 …하는거야(왜 그러는거야)?

이해 안되는 상대방의 행동에 그 이유를 물어볼 때는 기본적으로 Why를 쓰지만 이때는 주어와 동사를 도치시켜야 된다. 여기서는 이보다 좀 더 편한 표현인 How come~?이란 표현을 연습해 본다. 한마디로 Why에 해당되는 단어지만 Why와 달리 How come~?의 경우는 시제가 현재이건 과거이건 뒤에 바로 주어+동사를 도치 없이 그대로 갖다 붙이기만 하면 완벽한 영어문장이 되기 땜에 외국어로 영어를 배우는 우리에겐 상당히 user-friendly 구문이다. 단독으로 How come?하면 「왜?」, 「어째서?」라는 뜻으로 Why?, Why is that?과 같은 의미.

공식 01 **How come 주어 + 동사?** 어째서 …하는 거야?

How come { **you are so weird?** 어째서 넌 그렇게 이상하냐?
you didn't tell me? 어째서 내게 말하지 않았어?

공식 02 **Why do you 주어 + 동사?** 왜 그러는 거야?

Why did you { **hate me?** 왜 나를 싫어했어?
think so? 왜 그렇게 생각해?

공식 03 **Why didn't you + 동사?** 왜 …하지 않았어?

Why didn't you { **tell me?** 왜 내게 말하지 않았어?
take the job? 왜 그 일을 맡지 않았어?

DIALOGUE

A: How come you didn't call me last night?
어젯밤엔 왜 전화를 안 한 거니?
B: I didn't know that you called.
네가 전화했는지 몰랐어.
A: Hello! You told me you would call.
야! 전화하겠다고 한 건 너였잖아.
B: I'm sorry, but I've just been so busy!
미안해. 너무 바빠서 말이야.

How come you never said anything to me? 왜 내게 한마디도 안 했던 거야?

이유를 물어볼 때 권장하는 표현으로 How come~? 다음에 궁금한 내용을 주어+동사로 쓰면 된다.

How come you never told me that? 어떻게 내게 그 얘기를 안 한 거야?
How come you don't live with your mom? 어째서 넌 엄마랑 살지 않아?

A: **How come** he didn't show up last night?
B: I'm not sure. Maybe he was ill.
  A: 걔는 왜 어젯밤 안 왔대? B: 몰라, 아팠겠지.

Why did you do that? 왜 그랬어?

How come~?보다는 불편하지만 이유를 뜻하는 why를 사용해서 물어보는 전통적인 문장.

Why did you say that? 왜 그런 말을 했어?
Why do you worry so much? 왜 그렇게 걱정을 하니?

A: **Why did** you break up with Anna?
B: She wants to start a family. I'm not ready.
  A: 왜 애너와 헤어진 거야? B: 걘 가정을 꾸미려고 하는데 난 준비가 안돼서.

Why didn't you say anything? 왜 아무 말도 하지 않았어?

Why didn't I~?하면 자책하는, 그리고 Why didn't you~?하면 상대방을 질책하는 문장이 된다.

Why didn't I think of that? 내가 왜 그걸 생각 못했을까?
Why didn't you call me last night? 어젯밤에 왜 전화 안 했어?

A: Oh my God! **Why didn't** you tell me?!!
B: We thought you knew!
  A: 맙소사! 왜 내게 말하지 않았어? B: 우린 네가 아는 줄 알았어!

STEP 2 예정되어 있거나 해야 할 일을 말할 때
47 …하기로 되어 있어

「…해야 한다고 하면 should, must, have to 등의 동사(구)부터 떠오르지만, 그것이 의무나 필요에 의해서라기보다는 그렇게 지시를 받았거나 사전에 그렇게 하기로 룰이 정해져 있기 때문인 경우에는 be supposed to+동사를 쓰게 된다. 특히 "He was supposed to go back to Seoul, but the accident prevented him"과 같이 과거형을 써서, 예정대로 되지 않은 일을 나타낼 때도 널리 사용된다.

공식 01 I'm[You're] supposed to + 동사 난[년] …하기로 되어 있어

I'm supposed to { **pick him up.** 난 걜 픽업하기로 되어 있어.
meet her today. 난 오늘 걜 만나기로 되어 있어.

공식 02 I'm[You're] not supposed to + 동사 난[년] …하면 안 돼

I'm not supposed to { **be here.** 난 여기에 있으면 안 돼.
do that job. 내가 그 일을 하는 거 아냐.

공식 03 He was supposed to + 동사 걔가 …했어야 하는데

She was supposed to { **be here by now.** 걘 지금쯤 여기 와 있어야 하는데.
attend the meeting. 걘 회의에 참석했어야 했는데.

DIALOGUE

A: President is about to make his speech. Do you have the camera?
대통령이 연설을 하려나 봐. 사진기 있니?

B: No, **you were supposed to** bring it.
아니, 네가 가져오기로 했잖아.

A: God damn it! I told you to bring it.
젠장! 너보고 가져오라고 했잖아.

B: You didn't. I remember you saying you'd take care of it.
아냐. 네가 사진기를 챙기겠다고 말한 걸 기억한다고.

I am supposed to clean up the room 내가 방을 치우기로 되어 있어

「내가 …을 하기로 되어 있는」 경우로 결국 일종의 한시적인 의무나 예정의 표현이 된다. 또한 Am I supposed to~?라고 하면 「내가 …하기로 되어 있니?」라고 물어보는 문장.

공식 01

I am supposed to stay longer. 난 좀 더 머물기로 되어 있어.
I am supposed to start the meeting. 내가 회의를 시작하게 되어 있어.

A: **I am supposed to** pick up Sally.
B: Well, you'd better leave now.
 A: 난 샐리를 픽업하기로 되어 있어. B: 그래, 지금 떠나는 게 좋겠군.

You're not supposed to do it again 네가 또 그러면 안 돼

부정형이 되면 자연스럽게 금지의 표현이 된다.

공식 02

You're not supposed to be here. 넌 여기 있으면 안 돼.
I am not supposed to drink coffee. 난 커피를 마시면 안 돼.

A: **I am not supposed to** have salt and sugar.
B: Why? Do you have diabetics?
 A: 난 소금과 설탕을 먹으면 안 돼. B: 왜? 당뇨병에 걸렸니?

She was supposed to be home already 걔가 벌써 집에 들어왔어야 하는데

be supposed to에는 또한 뭔가 일어나리라 예상했지만 일어나지 않은 일을 말할 때도 사용된다.

공식 03

He was supposed to leave home now. 걔 지금쯤 집을 떠났을 텐데.
They were supposed to start the meeting.
걔들이 회의를 이미 시작했을 텐데.

A: I saw Jim working in the office today.
B: That's weird, **he is supposed to** be on vacation.
 A: 오늘 짐이 사무실에서 일하고 있더라. B: 이상하네. 걔 휴기 중일 텐데.

STEP 2
48 뭔가 해야 될 시간이 되었다고 말할 때
이제 …할 때야

시간의 순서상 「…할 차례가 되었다」는 것이 아니라 의당 벌써 했어야 하는 일인데 좀 늦은 감이 있다라는 뉘앙스를 풍기는 표현으로 이때는 It's time (for+사람) to do[(that) 주어+동사]~의 표현을 쓰면 된다. 「…할 시간이 되었다」라는 의미. 하지만 늦은감을 더 강조하려면 time 앞에 high를 붙여 It is high time~이라고 하면 된다. 일종의 현재 사실과 반대가 되는 것을 말하는 것으로 뒤에 절이 올 때는 It's high time you got a job(네가 직장을 가져야 할 때다)처럼 과거형을 쓰게 된다.

공식 01 **It's time to + 동사** 이제 …할 때야

It's time to
- **go.** 이제 갈 시간이야.
- **go to bed.** 잘 시간이야.

공식 02 **It's time for 사람 to + 동사** …가 …할 때야

It's time for
- **me to go home.** 나 집에 갈 시간이야.
- **you to make a choice.** 네가 결정할 시간이야.

공식 03 **It's high time to + 동사[주어+동사]** …하기에 적당할 때야

It's high time
- **to make a toast.** 건배를 할 시간이야.
- **we took a vacation.** 휴가를 가기에 적기야.

DIALOGUE

A: What do you think of this new cellular phone?
새 휴대폰 어떻게 생각하니?
B: It's certainly superior to the one I have.
내가 가지고 있는 것보다 확실히 좋은데.
A: I got a great deal on it and monthly fee is pretty reasonable.
아주 싸다고 샀는데 월 사용료도 아주 저렴해.
B: Maybe **it's time** I got one.
나도 하나 사야 할 때인 것 같은데.

It's time to say good-bye 이제 헤어질 시간이야

지금 하던 일을 마치고 다른 일을 해야 되겠다고 할 때 It's time to~ 다음에 동사를 쓰면 된다.

공식 01

It's time to make a decision. 이제 결정을 할 때야.
I think it's time for a change. 변화할 때인 것 같아.

A: **It's time to** leave for the party.
B: I'll meet you down in the lobby.
  A: 파티에 가야 할 시간이야. B: 아래 로비에서 보자.

It's time for you to get married 네가 결혼할 때야

누가 …할 때인지를 밝히려면 It's time~ 다음에 for sb 를 삽입하면 된다.

It's time for me to decide. 이제 내가 결정할 때야.
It's time for the party to end. 파티가 끝나야 할 때야.

A: **It's time for** the kids **to** go to bed.
B: Is it really getting so late?
  A: 애들이 잘 시간이야. B: 정말로 그렇게 늦었어?

It's high time you used your head 네가 머리를 쓸 좋은 시기야

time 앞에 high 를 써서 시기가 「늦었음」을 그래서 더 빨리 해야 함을 강조하는 표현.

공식 03

It's high time for us to go. 우리가 가야할 때야.
It's high time you retired from your work. 네가 은퇴할 좋은 시기야.

A: I am going to quit. **It's high time** I took my life back!
B: Good for you, Charles!
  A: 나 때려 칠 거야. 내 인생을 되찾아야 할 때야. B: 잘됐다, 찰스.

STEP 2
49 ···할 것이 있어

 확실하지는 않지만 뭔가 있다고 말하고 싶을 때

이 때는 앞서 배운 There is [Is there]~ 다음에 something[anything]을 붙이고 그리고 뒤에 형용사나 관계대명사절을 연결하는 경우. 짧은 대화가 마구 오고 가는 구어체 회화에서 자연 사용빈도수는 상대적으로 떨어지지만 그래도 회화에서 쓰이는 몇 가지 유형들은 알아두어야 한다. There's something 다음에 something에 대한 추가적인 정보를 주기 위해 관계대명사 that(생략가능)을 쓰거나, 혹은 There is~의 의문형으로 Is there 다음에 anything[anyone] 및 something 이 나오는 형태가 많이 쓰인다.

공식 01 **There is something 형용사/주어 + 동사** ···할 것이 있어

There is something { **strange.** 뭔가 이상한 게 있어.
I forgot to do. 내가 잊어버린 일이 좀 있어.

공식 02 **Is there something + 형용사?** ···한 것이 있니?

Is there something { **wrong (with that)?** (그거)뭐 잘못된거 있어?
new in the paper? 신문에 새로운게 있니?

공식 03 **Is there anything 주어 + 동사?** ···할 것이 있니?

Is there anything { **you need?** 너 필요한 것이 있니?
I should know? 내가 알아야 할 게 있니?

DIALOGUE

A: What's up, Doc?
의사 선생님, 뭔 일 있어요?
B: Not too much.
별 일 아냐.
A: Surely **there's something** new in your life.
뭔가 새로운 일이 생긴 게 분명한데 뭘 그래요.
B: Actually, there is an attractive lady I'm thinking of asking out.
실은 매력적인 여자가 있는데, 데이트 신청을 해볼까 생각중이야.

There's something special about you   너한테 뭔가 특별한 게 있어

something 뒤에 형용사나 절을 붙여 something의 정체를 부연 설명해주면 된다.

공식 01
There's something new in my life.   내 인생에 뭔가 새로운 게 있어.
There's something she must tell us.   걔가 우리한테 말해야 하는게 있어.

A: I think **there's something** wrong on the account.
B: Let me double check.
A: 뭔가 계산이 잘못된 것 같은데요. B: 다시 한 번 계산해 보죠.

Is there something interesting in the paper?   신문에 뭐 재미난 게 있어?

There is~의 의문형으로 something 다음에는 형용사가 오기도 하며 혹은 앞서 배운 관계대명사가 붙어 뒤에 주어+동사 형태가 오기도 한다.

공식 02
Is there something wrong with that?   그거 뭐 잘못된 거 있어?
Is there something strange happening here?
여기 좀 이상한 일이 생긴거야?

A: **Is there someone who** can speak Korean?
B: Wait a minute and I'll get Miss Choi.
A: 한국어 하는 사람 있어요? B: 잠시 만요, 미스 최를 바꿔줄게요.

Is there anything I can do for you?   내가 뭐 해줄 일이 있어?

There is~의 의문형으로 anything 다음에는 형용사가 오기도 하며 주어+동사 형태가 오기도 한다. anything은 something보다 어떤 것이라도 라는 의미가 강조된 형태.

공식 03
Is there anything else?   더 필요한 게 있으십니까?
Is there anything I can help you with?   내가 뭐 도와줄 게 있니?

A: **Is there anything** I can do? Anything?
B: Yeah, just leave me alone for a while.
A: 내가 뭐 도와줄 것 있어? 뭐라도? B: 어, 잠시 동안 날 좀 내버려 둬.

STEP 2 - 50 가능성이 있다고 말할 때
…할 가능성이 커

「…할 가능성이나 기회가 있다」고 말하는 방법으로 There's chance[possibility] 주어+동사의 구문을 애용한다. 「…할 가능성이 크다」라고 할 때는 There's good chance 주어+동사라고 하면 된다. 그냥 간단히 There's a chance(가능성이 있어), It's a possibility(그럴 수도 있지)라고도 많이 쓰인다.

공식 01 There's a good chance 주어+동사 …할 가능성이 커

There's a good chance
- **he can fail.** 걔가 실패할 가능성이 커.
- **he can be better.** 걔가 나아질 가능성이 커.

공식 02 There's a great possibility 주어+동사 …한 가능성이 커

There's a great possibility
- **he will come.** 걔가 올 가능성이 커.
- **you'll be on TV.** 네가 TV에 나올 가능성이 있어.

공식 03 Is there any chance 주어+동사? …할 가능성이 있니?

Is there any chance
- **she will come?** 걔가 올 가능성이 있니?
- **we'll get a pay raise?** 우리 급여인상 가능성 있니?

DIALOGUE

A: **There's a good chance that** he will quit.
걔가 그만둘 가능성이 많아.
B: Who told you that?
누가 그래?
A: The head office called me yesterday.
어제 본사에서 전화 왔어.
B: I feel sorry for him.
걔 참 안됐네.

There's a good chance it will rain today 오늘 비가 올 가능성이 높아

가능성이 많다고 할 때는 There's a good chance~, 그냥 가능성이 있다고 할 때는 good을 빼고 쓰면 된다.

공식 01

There's a chance you will get hurt! 네가 다칠 수도 있어!
There's a chance he might love you too. 걔도 널 사랑할 가능성이 있어.

A: Why do you like to gamble?
B: **There's a chance** I will win a lot of money.
A: 왜 도박을 좋아해? B: 내가 많은 돈을 딸 가능성이 있으니까.

There's a possibility I will be promoted 내가 승진할 가능성이 있어

chance 대신 같은 맥락의 단어인 possibility를 쓴 경우로 의미는 비슷하다.

공식 02

There's a possibility he is wrong. 걔가 틀렸을 가능성이 있어.
There's a possibility he will get fired. 걔가 잘릴 가능성이 있어.

A: **There's a possibility** you'll be on TV.
B: Wow! I don't know how to thank you.
A: 네가 TV에 나올 가능성이 있어. B: 야! 뭐라 감사해야 할지 모르겠어.

Is there any chance you will win the lottery? 너 복권에 당첨될 가능성이 있니?

Is there any chance 주어+동사?에서 chance 대신에 possibility를 써도 된다.

공식 03

Is there any chance we can go out? 우리가 외출할 가능성이 있니?
Is there any chance we can get a room? 묵을 방을 구할 수 있을까?

A: **Is there any chance** we can get a room for the night?
B: I think we might have one with two double beds.
A: 하룻밤 묵을 방을 구할 수 있을까? B: 더블 침대 2개가 있는 방을 구할 수 있을 것 같아.

STEP 2 51 상대적으로 더 좋다고 말할 때
…보다 더 나은

「…보다 더 낫다」라는 의미의 문장은 형용사er+than~ 혹은 more+형용사+than~의 형태로 써주면 된다. 물론 비교 대상은 than 다음에 써주면 되는데 역시 명사, 대명사 및 절이 올 수도 있다. 특히 회화에서는 (be) better than~이 많이 쓰이는데 예를 들어 She is better than me(그녀는 나보다 낫다)나 She's doing it better than me(그녀는 나보다 그걸 더 잘해)로도 쓰인다는 것이다. 비교급 관용표현으로는 know better than to+동사(…할 정도로 어리석지 않다), ~than I expected (내 예상보다 더…) 등을 암기해둔다.

공식 01 비교급 + than …보다 더 나은

- **She is much taller than me.** 걔가 나보다 훨씬 더 커.
- **It's much easier than you think.** 네가 생각하는 거보다 훨씬 쉬워.

공식 02 be better than …보다 더 잘…

- **He's better than you think.** 걔는 네가 생각하는 거 이상이야.
- **I don't think I'm better than you.** 내가 너보다 낫지 않아.

공식 03 the more + the more …하면 할수록 …하다

- **The more, the better.** 다다익선.
- **The more money, the better.** 돈이 많을수록 더 좋아.

DIALOGUE

A: You should **know better than to** let him know.
너 그 사람한테 그런 말 하면 안 되는 줄 알았을 것 아냐.
B: I thought that I could trust him.
믿을 수 있는 사람인 줄 알았는데.
A: You can't, he's only looking out for himself.
그러면 안 돼, 그 사람은 자기만 챙기는 사람이라고.
B: I'll make sure I don't tell him anything next time.
다음번엔 아무 것도 말 안할게.

Radioactivity is more dangerous than the earthquake 방사능이 지진보다 더 위험해

비교급은 more+형용사[부사] 혹은 형용사[부사]+er의 형태로 만들면 된다.

공식 01

You're ten times prettier than she is. 네가 쟤보다 10배나 예뻐.
An airplane is faster than taking the train.
비행기를 타는 게 기차를 타는 것보다 빨라.

A: Your lifestyle seems to **be healthier than** mine.
B: What makes you think that?
A: 나보다 생활방식이 더 건전한 것 같아. B: 뭣 때문에 그렇게 생각하는데?

She is much better than I expected 걘 내가 예상한 것보다 더 아름다워

be better than~은 거의 굳어진 표현으로 그냥 외워두고, 한편 know better than은 「…할 정도로 어리석지 않다」는 특수한 표현.

공식 02

Better late than never. 아예 안 오는 것보다야 낫지.
It's better than your first plan. 네 처음 계획보다 더 나아.

A: What do you think of him?
B: He **is much better than** I expected.
A: 걔를 어떻게 평가해? B: 내가 예상한 것보다 훨씬 나아.

The sooner, the better 빠를수록 좋아

기본표현이면서 막상 잘 사용하지 않는 표현중 하나. "Just do it"의 정신으로 하나하나 영어로 말해 보도록 한다.

공식 03

The more snow, the better. 눈이 많이 오면 올수록 더 좋아.
The more people, the better. 사람이 많을수록 더 좋아.

A: When should I be there tomorrow?
B: **The earlier, the better.**
A: 내일 언제 거기에 가야하니? B: 일찍 올수록 더 좋아.

STEP 2 52 가장 최고라고 말할 때
가장 …한

비교도 강조의 한 방법이지만 뭐니 뭐니 해도 강조의 지존(?)은 최상급. 그리고 최상급에서 가장 많이 쓰이는 건 아마 most이다. 스스로 many, much 등의 최상급이자 2음절 이상인 형용사와 부사의 최상급에도 활용되기 때문이다. 「the most+형용사+명사」처럼 말이다. 그리고 최상급 문장에서는 in the world, of the year처럼 제한된 시간, 장소어구가 나오거나 I've ever seen[met] 등과 같은 현재완료어구가 나와 최고의 뜻을 받쳐주게 된다. 한편 최상급은 「부정+비교급」으로도 만들 수 있는데 Couldn't be better!(아주 좋아!), Couldn't care less!(알게 뭐람!) 등이 그 예이다.

공식 01 **~est+명사+부사구** …중에서 가장 …한

> I am the rich**est** guy **in** America. 미국에서 내가 가장 부자야.
> We're the luck**iest** people **in** the world. 세계에서 가장 운좋은 국민야.

공식 02 **the most+형용사+명사** 가장 …한

> That's **the most** important thing. 그게 가장 중요한 거야.
> You are **the most** beautiful girl. 네가 가장 아름다운 여자애야.

공식 03 **the most+형용사+명사+I've ever met** 내가 만나본 중에서 가장 …한

> You're **the hottest** girl **I've ever met**. 만나본 중 네가 가장 매력적야.
> This is **the biggest** shop that **I've ever seen**. 내가 본 가장 큰 가게야.

DIALOGUE

A: What a lovely dress!
옷 한번 예쁘다!
B: How beautiful do you think it is?
얼마나 예쁜데?
A: **It's the most** beautiful dress **I've ever seen**.
내가 여태껏 본 중에 제일 예뻐.
B: Thank you for the compliments.
칭찬해줘서 고마워.

We continue to wait for the latest information 최신 정보를 계속 기다리고 있어

비교급 못지않게 최상급 또한 회화에서 많이 쓰인다. 먼저 형용사[부사]+est형의 최상급을 살펴본다.

공식 01

Let's introduce our newest member. 가장 새로 온 회원을 소개합시다.
Where is the nearest subway station? 가장 가까운 지하철역이 어디니?

A: I'm **the richest** man **in** America.
B: Don't make me laugh!
  A: 미국에서 내가 가장 부자야. B: 웃기지 좀 마!

This is the most special day of our lives 우리 인생에서 가장 의미 있는 날이야

최상급을 만드는 또 한 가지 방법은 the most+형용사[부사]이다.

공식 02

The most unbelievable thing has happened.
믿기지 않는 일이 벌어졌어.
This was the most expensive suit in the store.
이 가게에서 제일 비싼 옷이었어.

A: I have a feeling that we will be back here soon.
B: I hope so, **this is the most** beautiful place **in** the country.
  A: 왠지 곧 여기 다시 오게 될 것 같은 예감이 들어. B: 나도 그러길 바래, 이 나라에서 제일 아름다운 곳이잖아.

This is the worst cold wave that I've ever felt 그 어느 때보다도 심한 혹한이야

최상급 강조용법으로 최상급 수식 명사 다음에 that I've ever seen[heard/felt~]을 추가하여 안 그래도 최상급문장을 더욱 모질게 강조하는 표현법.

He is the worst criminal we have ever known.
걔가 최악의 범죄자야.
His speech was the most powerful I have ever heard.
걔의 연설은 내가 들은 것 중에 가장 힘이 있었어.

A: **You're the dumbest** woman **I have ever met.**
B: You can't talk to me like that!
  A: 너같이 멍청한 여자는 처음이야. B: 내게 그런 식으로 말하지 마!

STEP 2 53 굳어진 비교급 관용어구 사용하기
가능한 빨리 …해

비교급 관용어구를 알아보는 시간. as good as, as many as, as much as 등의 관용 표현과 또한 일상 구어체에서 무지무지 많이 쓰이는 as soon as possible(ASAP)로 대표되는 as+형[부]+as possible, as+형[부]+as one can 등의 표현도 함께 알아두기로 한다.

공식 01 **as good as** …만큼 …한

> This doesn't taste **as good as** it looks. 보기처럼 맛있지 않아.
> This TV is **as good as** new. 이 TV는 새 것과 같아.

공식 02 **as many[much] as** …만큼 많은

> You can have **as many as** you want. 네가 원하는 만큼 먹어.
> I hate this **as much as** you. 너만큼이나 나도 이거 싫어해.

공식 03 **as soon as possible[one can]** 가능한 빨리

> I'm coming **as soon as possible**. 가능한 빨리 갈게.
> Please come back **as soon as you can**. 가능한 빨리 돌아와줘.

DIALOGUE

A: What did he tell you when you saw him?
그 친구 만나니까 뭐래?
B: He told me about his new job.
새 일자리에 대해서 얘기하더군.
A: Is it a good one?
직장이 괜찮데?
B: It pays twice **as much as** here.
여기보다 월급을 두 배나 더 준데.

Isn't it as good as you expected? 생각했던 것만큼 좋지가 않니?

as good as의 경우는 almost로, 또 as well as 경우도 「…와 마찬가지로」라는 기본의미 외에도 in addition to라는 뜻으로도 쓰인다.

공식 01
He is as good as dead. 걘 거의 죽은 셈이야.
The issue is as good as settled. 그 문제는 거의 해결된 것과 같아.

A: Do you like to buy LG products?
B: Sure, they **are as good as** any other products.
A: LG 상품을 사고 싶니? B: 그럼. 여느 다른 제품만큼 좋아.

He weighs as much as his father 걘 아버지만큼이나 몸무게가 나가

as good as는 정도를 비교하는 as~as 비교구문이지만 as many [much]는 수나 양을 비교하는 점이 다르다.

공식 02
That jewelry costs as much as a house.
저 보석류는 집만큼이나 가격이 나가.
He has been in as many as thirty movies.
걘 거의 30편 영화에 출연했어.

A: I'm willing to pay **as much as** two thousand dollars for it.
B: I'm not sure if he'd sell it for that.
A: 거기에 2천 달러 정도 낼 의향이 있어요. B: 그가 그 가격에 팔지는 모르겠네요.

We are going to help you as soon as possible 가능한 빨리 널 도와줄게

as soon as possible은 약어로 ASAP라 하기도 하는데 발음은 [에이섑] 혹은 [에이에스에이피] 라고 해도 된다.

공식 03
I'll try and get there as soon as possible.
가능한 한 빨리 도착하도록 할게.
I'd like to get back to work as soon as I can.
가능한 한 빨리 다시 일하고 싶어.

A: Come on, or we're going to be late.
B: I'm coming **as quickly as I can**.
A: 서둘러, 안 그러면 우린 늦어. B: 최대한 빨리 나갈게.

STEP 2 54 놀라며 감탄할 때
정말 …하네

감탄문을 만들어내는 건 What 과 How가 있지만 실제 구어체에서는 전자인 What a ~? 를 많이 애용한다. 간단히 What a+(형용사)+명사! 형태를 쓰거나 혹은 좀 길게 말하려면 뒤에 주어+동사를 붙이면 된다. How 역시 How nice! 처럼 How+형용사! 형태로 쓰이며 What a~의 경우와 마찬가지로 뒤에 역시 「주어+동사」를 붙일 수도 있다.

공식 01 What + 명사! 정말 …하네

What { **a surprise!** 정말 놀랍군!
       a shame[pity]! 안됐구나!

공식 02 What + 형용사 + 명사! 정말 …한 '명사'네

What { **a great idea!** 야 참 좋은 생각이야!
       a huge relief! 참 다행이야!

공식 03 How + 형용사! 정말 …해

How { **beautiful!** 정말 아름다워!
      interesting! 정말 재미있어!

DIALOGUE

A: You'll never guess who I met at the airport.
　　 내가 공항에서 누굴 만났는지 생각도 못할 걸.
B: Tell me, who was it?
　　 말해봐 누구야?
A: It was Ben from university.
　　 대학동기 벤이라고.
B: **What a** small world!
　　 세상 참 좁구나!

What a day! I'm really tired 정말 짜증나는 날이네! 정말 피곤해

What a+명사!의 가장 간단한 감탄문.

What a loser! 이런 바보 같으니!
What a coincidence! 이런 우연이 있나!

A: Heather crashed her car and is in the hospital.
B: **What a** shame!
  A: 헤더가 차 사고로 입원했어. B: 안됐네!

What a small world! 세상 참 좁네!

이번에는 명사 앞에 형용사를 넣어서 좀 더 구체적으로 감탄하는 경우. 뒤에 주어+동사를 붙여줄 수도 있다.

What a lazy girl! 정말 게으른 여자애야!
What a lovely house you have! 너 집 정말 멋지구나!

A: We can visit Hawaii on our way back to Korea.
B: What a great idea!
  A: 한국으로 돌아가는 길에 하와이를 들릴 수 있어. B: 참 좋은 생각이야!

How smart you were today! 너 오늘 정말 스마트 했어!

How로 감탄할 때는 관사 없이 바로 How+형용사~ 로 시작한다는 점을 구분해야 한다.

How good that bread smells! 빵 냄새 정말 근사하네!
How terrible I forgot your birthday! 네 생일을 잊다니 끔찍해!

A: **How** interesting you met your girlfriend online!
B: Yeah, I feel lucky about that.
  A: 여친을 온라인으로 만나다니 재밌네! B: 응, 나도 운이 좋다고 생각해.

STEP 2 · 55 어떤 일의 원인과 결과를 말할 때
그래서 …한 거지

모든 행동에는 원인과 결과가 있게 마련이다. 이때 결과를 말할 때는 That's why~를 이용하면 되고 반대로 원인을 말하려면 That's because~를 이용하면 된다. 예를 들어 "음주운전을 해서[원인] 면허증을 빼앗겼다[결과]"의 경우에서 That's why~ 다음에 결과인 면허증 빼앗긴 사실을 써서 That's why he's lost his driver's license라고 하면 되고 반대로 That's because~ 다음에는 원인인 "음주운전을 했다"는 사실을 써서 That's because he drove drunk라고 하면 된다.

공식 01　**That's why 주어+동사**　바로 그래서 …한 거야

That's why
- **I decided to quit.** 그래서 내가 그만 두려고 하는 거야.
- **I wanted to talk to you.** 바로 그래서 너와 얘기하고 싶었어.

공식 02　**That's because 주어+동사**　그건 …때문이야

That's because
- **there is no answer.** 답이 없기 때문이야.
- **all people are selfish.** 모든 사람은 다 이기적이어서 그래.

공식 03　**It's because 주어+동사**　이건 …때문이지

It's because
- **I trust you.** 이건 내가 널 믿어 서지.
- **we are friends.** 이건 우리가 친구라서 그렇지.

DIALOGUE

A: How much did you pay for the laptop?
노트북 컴퓨터 얼마주고 샀어?

B: I only paid two hundred dollars.
2백 달러 밖에 안 줬어.

A: That's a steal!
거저나 마찬가지네.

B: I know. **That's why** I bought it.
맞아. 그러니까 샀지.

That's why you don't have to worry 바로 그래서 넌 걱정할 필요가 없어

원인의 결과로 어떤 특정 행동을 했는지 말할 때 사용하는 구어체 표현.

공식 01

That's why I don't want to go tonight. 바로 그래서 오늘밤 가기 싫어.
I hate you and **that's why** I'm leaving. 널 싫어해서 내가 떠나는거야.

A: That business is really cut-throat.
B: **That's why** I decided to quit.
  A: 그 사업은 정말 치열해. B: 그래서 내가 그만 두려고 하는 거야.

That's because you don't understand it 네가 그걸 이해 못하기 때문이야

어떤 결과를 가져온 원인 및 이유를 설명할 때 문장 처음에 사용하는 구어체 표현.

공식 02

That's because he is just a beginner. 걔가 단지 초보자라서 그런 거야.
That's because they don't know the truth.
걔들이 진실을 몰라서 그러는 거야.

A: They certainly speak well of him there.
B: **That's because** he did a great job for them.
  A: 거기선 걔에 대해 좋게 이야기하는 게 분명해. B: 걔가 거기에서 일을 아주 잘 해줬거든.

It's because he knows her background 이건 걔가 그 여자의 배경을 알아서 그런 거야

That's because~에서 that을 it으로 바꾼 경우.

공식 03

It's because he is too young. 이건 걔가 너무 젊어서야.
It's because there is heavy traffic. 교통이 막혀서 그런 거지.

A: Have you ever seen him act that way before?
B: Only once and it was because he was drunk.
  A: 너 전에 저 친구가 저런 짓 하는 거 본 적 있어? B: 딱 한 번. 그런데 그땐 술 취해서 그런 거였어.

STEP 2
56 뭔가 강조해서 말할 때
이게 바로 …한거야

뭔가 강조할 때 쓰는 구문으로 That's what~은 「바로 그게 내가 …하는거야」라는 의미. 더 강조하려면 That's exactly what~하면 되고 부정으로 하려면 That's not 주어+동사라 하면 된다. 위 예문과 반대로 "그게 바로 내가 원하는거야"라고 하려면 That's exactly what I want, 그리고 "그게 바로 내가 하는 말이야"는 That's what I said, 반대로 "내 말은 그런게 아냐"는 That's not what I said라고 하면 된다. 의문문 형태의 Is that what you want?(그게 네가 바라는거냐?), Is that what you're thinking?(그게 네가 생각하는거야?) 등도 자주 쓰인다.

공식 01 **That is what 주어+동사** 그게 바로 …야

That's what
- **I mean.** 그게 내 뜻이야.
- **I'm saying.** 내 말이 그 말이야

공식 02 **Is that what 주어+동사?** 그게 바로 …니?

Is that what
- **you want?** 그게 네가 바라는 거냐?
- **she said?** 그게 바로 걔가 말한 거야?

공식 03 **This is just what 주어+동사** 이게 바로 …하는 거야

This is just what
- **I want to do.** 이게 바로 내가 하고 싶은 거야.
- **you have to do.** 이게 바로 네가 해야 하는 거야.

DIALOGUE

A: I'm so upset that you forgot our anniversary.
당신이 결혼기념일을 잊어버려서 너무 속상해.
B: I'm sorry. I won't let it happen again.
미안해, 다신 그런 일 없을 거야.
A: **That's what** you said last year, too.
작년에도 바로 그렇게 말했잖아.
B: I might have a short memory.
내가 기억력이 부족한가봐.

That's what I was going to say 바로 그게 내가 말하려고 했던 거야

자기 생각을 강조하는 표현으로 더욱 강조하려면 That's exactly what~이라 하면 된다.

공식 01

That's what I thought!   누가 아니래!
That's what I expected!   내가 예상했던 거야!

A: We have to change our bed first.
B: **That what** I'm saying.
   A: 먼저 우리 침대를 바꾸어야 해. B: 내 말이 그 말이야.

Is that what you want to hear? 그게 바로 네가 듣고 싶어 하는 거야?

상대방의 생각이나 사실을 확인할 때 물어보는 표현.

공식 02

Is that what you're thinking?   그게 네가 생각하는 거야?
Is that what the doctor said to you?   그게 의사가 너한테 한 말이니?

A: I heard your wife say you cheated.
B: **Is that what** she said?
   A: 네가 외도했다고 네 부인이 말하는 걸 들었어. B: 내 와이프가 그렇게 말했어?

This is just what I wanted 내가 원했던 게 바로 이거야

that이 this로 바뀐 것만 빼고는 같은 유형이다. 「이게 바로 내가 …하는거야」라는 의미. 많이 쓰이는 구문이기에 따로 연습해본다. 부정은 This is not what~ 으로 하면 된다.

This is what I'm talking about.   이게 바로 내가 말하는 거야.
This is what you're looking for.   이게 바로 네가 찾던 거야.

A: I really like attending concerts.
B: **This is what** we should do next Saturday.
   A: 정말 콘서트에 가는 걸 좋아해. B: 이게 바로 우리가 다음 토요일에 할 거야.

STEP 2
57 장소나 시간 등을 강조해서 말할 때
바로 …한 곳이 여기야

앞서 That's what~ 과 This is what~ 을 배웠지만 This [That] is~ 다음에 what만 오는 것은 아니다. 장소를 언급하거나 시간, 방법 등을 언급할 때는 This[That] is where [when/how] 주어+동사처럼 의문사를 바꾸어가면서 다양하게 말해볼 수 있다. "저렇게 하는거야"는 That is how it's done, "그렇게해서 그게 일어난게 아냐"는 That's not how it happened라하면 된다. 의문사 who가 빠지면 섭섭. 자주 쓰이지는 않지만 That's[This is] who 주어+동사하면 "저게[저 사람이] 바로 …야," "이게[이 사람이] 바로 …야"라는 뜻의 문형이 된다.

공식 01 **This is where 주어+동사** 이곳이 바로 …한 곳이야

This is where { **you put it?** 여기에 네가 그것을 놓은 거야?
we met first. 여기가 우리가 처음 만난 곳이야.

공식 02 **This is when 주어+동사** 이제 …하는 때야

This is when { **we must leave.** 이제 우리가 떠날 때야.
dessert is served. 이제 후식이 나올 때야.

공식 03 **That is how 주어+동사** 이렇게 …가 된 거야

{ **That is not how** it works. 그렇게 되는 것은 아냐.
That is how she hurt her leg. 이렇게 걔가 다리를 다쳤어.

DIALOGUE

A: **This is where** I met my boyfriend.
여기가 바로 내가 남친을 만난 곳이야.
B: Wow, there are a lot of guys here.
와, 여긴 남자들이 많네.
A: This is why I brought you.
그래서 널 데려왔지.
B: Are you going to introduce me to someone?
나를 누군가에게 소개시켜 줄거니?

This is where you work? 여기가 네가 일하는 곳이니?

This is what~에서 의문사만 where로 교체한 것으로 어떤 행위가 일어나거나 일어난 곳을 강조해서 말할 때 사용한다.

This is where you should get off.   여기서 내려야하는 곳이야.
This is where George met Lucy.   여기가 조지가 루시를 만난 곳이야.

A: **This is where** I eat lunch every day.
B: You must like the food here.
  A: 여기가 내가 매일 점심을 먹는 곳이야. B: 여기 음식을 좋아하나 보구나.

That's when we got broke 우리가 빈털터리가 되었을 때야

이번에는 when으로 어떤 일이 일어난 시간을 강조해서 말할 때.

That's when we felt hungry.   우리가 배고픔을 느꼈을 때야.
That's when I broke my leg.   그때 내 다리가 부러졌을 때야.

A: Dad, when does car accidents happen?
B: **That is when** someone drives badly.
  A: 아빠, 차 사고가 언제 나는 거야? B: 누군가 운전을 험하게 했을 때지.

That's not how we do things here 여기서는 그렇게 하는 게 아니야

how를 쓰게 되면 어떤 일이 행해지는 방법이나 방식을 언급하게 된다.

That's not how things work out.   일이 그렇게 돌아가는 게 아냐.
That is not how we travel here.   여기선 그렇게 여행하지 않아.

A: I just ran a virus scan on your computer.
B: **That is how** it's done. I was wondering about that.
  A: 방금 네 컴퓨터 바이러스 스캔 돌렸어. B: 그렇게 하는 거구나. 궁금했었어.

memo

STEP 3
하고 싶은 말 영어로 원없이 말하기

영어회화 기본동사 500+

STEP 3 01 믿기지 않은 이야기를 들었을 때
…가 믿기지가 않아

말 그대로 못 믿는다는 「불신」의 뜻보다는 상대방으로부터 들은 이야기가 믿을 수 없을 정도로 놀라울 때는 I can't[don't] believe (that) 주어+동사를 쓴다. 일상회화에서는 I don't believe~ 보다는 I can't believe~ 를 더 많이 쓰는데 can't를 쓰면 말하는 사람의 놀람과 충격이 훨씬 잘 전달되기 때문이다. 회화에서 자주 쓰이는 I can't believe this!(말도 안 돼!, 정말야!), I don't believe this!(이건 말도 안 돼), 그리고 I don't believe you! (믿을 수가 없어!)는 암기해둔다.

공식 01 **I can't believe 주어+동사** …라는 게 믿기지가 않아

I can't believe { **it is real.** 이게 사실이라는 게 믿기지 않아.
you did that. 네가 그랬다니 말도 안돼.

공식 02 **I can't believe 의문사+주어+동사** …라는 걸 믿을 수가 없어

I can't believe { **how far it is.** 정말로 멀구나.
how hot it is today. 오늘 정말 무지 덥구나.

공식 03 **Can you believe 주어+동사?** …라는 게 믿겨져?

Can you believe { **I finally did it?** 내가 마침내 그걸 했다는 게 믿겨져?
she is not married yet? 걔가 아직 미혼인 게 믿겨져?

DIALOGUE

A: You have all my sympathy.
진심으로 유감의 말씀을 드려야겠군요.
B: **I can't believe** they fired me for something I didn't do.
제가 하지도 않은 일로 회사가 저를 해고하다니 믿을 수 없어요.
A: I'm sure once they find out the truth, they'll call you back.
회사에서 진실을 알아내기만 한다면 당신을 다시 부를 거라고 확신합니다.
B: I certainly hope so.
정말 그랬으면 좋겠네요.

I just can't believe this is happening again 이런 일이 또 생기다니 믿을 수가 없어!

believe 이하에 믿기지 않을 정도로 놀란 사실을 주어+동사 형태로 말한다.

I can't believe she fired me! 걔가 날 해고하다니!
I can't believe you never called me. 어떻게 내게 전화 한 번 안할 수 있어.

A: **I can't believe** it's finally Friday!
B: I know what you mean. It's been a long week.
   A: 기다리고 기다리던 금요일이 왔구나! B: 왜 그러는지 알겠어. 기나긴 한 주였지.

I can't believe what I just read 내가 방금 읽은 것을 믿을 수가 없어!

believe 이하에 의문사 주어+동사의 절로 놀란 사실을 이야기 하지만, how로 시작하는 경우에는 how+형용사 [부사]+주어+동사 형태로 쓴다는 점에 주의한다.

I can't believe what you said. 네가 말한 것을 믿을 수가 없어.
I can't believe how expensive it is. 그게 얼마나 비싼지 믿을 수 없어.

A: Have you heard the news of the big earthquake in Japan?
B: **I can't believe what** I have read in the paper.
   A: 일본 대지진 소식 들었니? B: 신문에서 읽은 것이 믿겨지지 않아.

Can you believe this? 이게 믿겨져?

놀라운 사실이나 말도 안 되는 것을 알았을 때 그 놀라움을 표현하는 방법. Can you believe 주어+동사?의 형태로 「…라는 게 믿겨지니?」라고 물어도 된다.

Can you believe she didn't know it? 걔가 그걸 모르고 있었다는게 믿겨져?
Can you believe they're still not here? 걔들이 아직 여기 오지 않은게 믿겨져?

A: **Can you believe** she got pregnant?
B: You can't be serious. She's not married yet.
   A: 걔가 임신했다는 게 믿겨져? B: 말도 안 돼. 걔 아직 미혼이잖아.

STEP 3
02 …에 상관이 없어
어떻게 하든 난 상관없다고 말할 때

상대방이 나의 의견이나 의향을 물을 때 나는 상관없음을 혹은 결정권을 상대방에게 일임할 때 쓰는 표현. to me를 생략하거나 혹은 주어 It를 빼고 Doesn't matter라고 쓰기도 한다. I don't care~ 역시 무관심을 나타내는 표현으로 I don't care about+명사 하면 「…가 알게 뭐야」, 「관심없어」라는 뜻으로 쓰인다. 두 표현 모두 뒤에 「의문사+절」 형태가 올 수 있다.

공식 01 **I don't care about + 명사** 난 …에 상관없어

I don't care about
- **the result.** 난 결과에 상관없어.
- **your feelings.** 네 감정 알 바 아냐.

공식 02 **I don't care what[who] 주어+동사** 난 …가 상관없어

I don't care
- **what you think.** 네 생각에 관심 없어.
- **who he is.** 걔가 누군지 관심 없어.

공식 03 **It doesn't matter to + 사람[의문사절]** …에게 상관없어

It doesn't matter
- **to me.** 난 별로 상관없어.
- **what you say.** 네가 뭐라고 하든 상관없어.

DIALOGUE

A: When do you want to get together to discuss the exam?
언제 만나서 그 시험에 대해 토의할까?
B: **It doesn't matter to** me.
나는 별로 상관없어.
A: How about Friday night?
금요일 밤이 어때?
B: Sounds good. Friday night it is.
그거 괜찮겠다. 그럼 금요일 밤이다.

I don't care about that! 난 그것에 대해 상관 안 해

뭔가 개의치 않는다고 말할 때는 그냥 단독으로 I don't care! 혹은 about 다음에 신경 안 쓰는 일을 넣으면 된다.

공식 01
I don't care a bit. 난 조금도 신경 안 써.
I don't care! I am not quitting! 알게 뭐람! 난 안 그만둔다고!

A: Can I use your computer when you're gone?
B: **I don't care.**
A: 너 퇴근한 후 네 컴퓨터 좀 써도 될까? B: 그래, 상관없어.

I don't care what other people think of me 딴 사람들이 날 어떻게 생각해도 상관없어

I don't care 의문사 주어+동사의 형태로 「…해도 난 상관없어」, 「개의치 않아」라는 뜻이다.

공식 02
I don't care if she's fat or thin. 난 걔가 뚱뚱하든 날씬하든 상관 안 해.
I don't care who he sleeps with. 걔가 누구랑 자는지 관심 없어.

A: I don't like the way you designed this.
B: Bite me. I don't care what you think.
A: 너 디자인한 게 맘에 안 들어. B: 배 째. 네 생각은 알바 아냐.

It doesn't matter to me what happens 무슨 일이 생겨도 난 괜찮아

It doesn't matter 의문사 주어+동사라 해도 유사한 구문으로 I don't care와 같은 의미.

공식 03
It doesn't matter anyway. 어쨌든 난 상관없어.
It doesn't matter to me what you do. 네가 뭘 하든 상관없어.

A: When do you want to get together to talk about it?
B: **It doesn't matter to** me.
A: 언제 만나 그 얘기 할까? B: 나는 상관없어.

STEP 3 — 03 …를 하고 싶어

뭔가 하고 싶은 마음이 땡길 때

뭔가 먹고 싶거나 뭔가 하고 싶다고 말하는 것으로 feel like 다음에 동사의 ~ing를 취하면 된다. 반대로 「…을 하고 싶지 않다」라고 말하려면 부정형 I don't feel like ~ing를 쓴다. 앞서 살펴본 바와 같이 「…한 것 같아」라는 의미의 feel like 다음에는 명사나 절이 오는 구문과는 다른 의미이다. 간단히 "그러고 싶다"고 할 때는 I feel like it, 반대로 "그러고 싶지 않아"는 I don't feel like it라고 하면 된다.

공식 01 | I feel like ~ing …하고 싶어

I feel like
- **having a cup of coffee.** 커피 한잔 생각나는데.
- **going for a beer.** 맥주 한잔 하러 가고 싶은데.

공식 02 | I don't feel like ~ing …를 하고 싶지 않아

I don't feel like
- **dancing.** 춤추고 싶지 않아.
- **doing anything.** 아무 것도 하기 싫어.

공식 03 | Do you feel like ~ing? …를 하고 싶니?

Do you feel like
- **going shopping?** 쇼핑하고 싶어?
- **getting a drink?** 한 잔 할래?

DIALOGUE

A: Do you feel like going to the park?
공원에 가고 싶어?

B: I don't feel like walking around.
걸어 다니고 싶지 않아.

A: So what shall we do?
그럼 뭐 할까?

B: Let's go and watch a movie.
가서 영화 보자.

I feel like taking a shower 샤워 하고 싶어

~ing 이하가 「당긴다」라는 말로 주로 심각한 것보다는 가벼운 내용들, 즉 음식, 낮잠, 여행 등에 쓰인다.

공식 01

I feel like going for a walk. 산책하고 싶어.
I feel like travelling alone. 혼자 여행하고 싶어.

A: I feel like having a nice cold beer right now.
B: I have a couple in my fridge.
A: 지금 시원한 맥주가 당기는데. B: 냉장고에 두어 병 있어.

I don't feel like going out today 오늘 외출하기 싫어

반대로 「당기지 않는다」라고 할 때는 I don't feel like 다음에 ~ing를 이어 말하면 된다.

공식 02

I don't feel like talking to you. 너와 얘기하고 싶지 않아.
I don't feel like going to work. 출근하기 싫은데.

A: We want to talk to you.
B: I don't feel like talking today.
A: 너랑 얘기 좀 하자. B: 오늘은 말하기 싫은데.

Do you feel like meeting some new people? 새론 사람 좀 만나보고 싶니?

상대방에게 지금 뭘 하고 싶은지 물어볼 때 사용한다.

공식 03

Do you feel like having a dessert? 후식을 먹고 싶니?
Do you feel like going to the theater? 극장에 가고 싶니?

A: Do you feel like shopping with me?
B: Sure! I need to buy some new clothes.
A: 나랑 쇼핑하러 갈래? B: 그럼. 새 옷을 좀 사야 돼.

STEP 3 - 04 의사소통을 잘해 오해를 방지하려면
…그런 뜻은 아니었어

상대방이 오해할 수도 있는 부분을 구체적으로 말하면서 오해를 푸는 표현. I didn't mean to 다음에 오해할 수도 있는 부분을 말하거나 간단히 I didn't mean that이라고 한다. "널 기분 나쁘게[모욕, 화나게] 하려는게 아니었어"라고 하려면 I didn't mean to offend [insult, upset] you라고 하면 된다. 현재형으로 I don't mean to+동사로 쓰면(사과하면서) 「…할 생각은 없어」라는 뜻으로 I don't mean to make things worse하면 "사태를 더 나쁘게 만들려는 것은 아냐"라는 의미.

공식 01 **I didn't mean to + 동사** …할 뜻은 아니었어

I didn't mean to
- **say that.** 그렇게 말하려는 게 아니었어.
- **hurt you.** 너에게 상처 줄 의도가 아니었어.

공식 02 **I don't mean 명사[to+동사]** …할 뜻은 없어

I don't mean
- **it.** 그럴 생각은 아냐(반대 I mean it. 진심이야)
- **to offend you.** 널 기분 나쁘게 할 생각은 없어.

공식 03 **Do you mean to + 동사[주어+동사]?** …라는 의미니?

Do you mean
- **to say I am wrong?** 내가 틀렸다고 말하려는 거니?
- **I am lying?** 내가 거짓말하고 있다는 뜻이니?

DIALOGUE

A: I don't mean to interrupt, but you have an important phone call.
방해할 뜻은 없지만, 중요한 전화가 와서요.
B: That's okay, what line is it on?
괜찮아요. 몇 번 라인이죠?
A: It's on line three.
3번 라인이요.
B: I got it. Thanks.
알았어요. 고마워.

I didn't mean to bother you 폐를 끼치려는 게 아니었어

이미 상대방의 기분을 상하게 하는 등 피해를 끼치고 나서 의도적이지 않았음을 어필할 때.

공식 01
I didn't mean to **lie to you.** 너에게 거짓말하려고 했던게 아니었어.
I didn't mean to **interrupt you.** 널 방해하려고 한 게 아닌데.

A: How could you do this to me?
B: **I really didn't mean to** make you miserable.
   A: 어떻게 내게 그럴 수 있어? B: 널 비참하게 하려고 한 건 아냐.

I don't mean to cut you off 말을 끊으려고 하는 것은 아냐

I don't mean to do~는 사전 양해나 사과를 하면서「…할 생각은 없다」고 말하는 표현.

공식 02
I don't mean to **be rude.** 무례할 생각은 없어.
I don't mean to **complain anything.** 불평할 생각은 없어.

A: Here is something for you to eat.
B: Thanks. **I don't mean to** cause extra work.
   A: 여기 먹을 것이 좀 있어. B: 고마워. 번거롭게 하고 싶지는 않아.

Do you mean to tell me I wasn't invited? 내가 초대받지 못했단 말이야?

상대방 말에 놀라거나 혹은 재확인할 때 사용하는 표현으로 do를 빼고 You mean to~ ?라고 해도 된다.

공식 03
Do you mean to say good-bye to me? 나한테 고별인사를 하는 거야?
Do you mean we should break up? 우리가 헤어져야 한다는 말야?

A: **Do you mean** you will get divorced?
B: Unfortunately, yes.
   A: 너 이혼할 거라는 말이니? B: 불행하게도 그래.

STEP 3 05 ···에서 읽었어(봤어)

자기가 말하는 소식을 어디서 봤는지 말할 때

신문[뉴스]나 인터넷 등 정보매체에서 접한 정보를 전달할 때 사용하는 구문들. 「신문에서 …을 봤다」고 할 때는 I read in the newspaper that 주어+동사, 「TV뉴스에서 봤다」고 할 때는 I saw in the news that 주어+동사 그리고 「인터넷에서 접한 소식」은 I found something on the Internet이라고 하면 된다.

공식 01 **I read in the paper 주어+동사** 신문에서 …를 읽었어

I read in the paper
- prices will go up. 물가가 오를 거라는 기사를 읽었어.
- Jill got married. 질이 결혼했다는 기사를 읽었어.

공식 02 **I saw on the news 주어+동사** 뉴스에서 …를 봤어

I saw on the news
- election is coming. 선거가 다가온다는 뉴스를 봤어.
- earthquake hit Japan. 지진이 일본을 덮쳤다는 뉴스봤어.

공식 03 **I found something on the Internet** …을 인터넷에서 봤어

I found
- the cheap item on the Internet. 인터넷에서 값싼 걸 찾았어.
- Mentors website on the Internet. 멘토스사이트를 인터넷에서 찾았어.

DIALOGUE

A: These cell phones are very expensive.
이 휴대폰은 아주 비싸.
B: I read in the paper that prices will go higher.
가격이 더 오를 거라고 신문에서 읽었어.
A: I need to find a cheaper phone than this.
난 이것보다 좀 더 싼 전화가 필요해.
B: I found some cheap ones **on the Internet**.
좀 싼 것들을 인터넷에서 찾았어.

I read in the paper the economy's getting worse 경기가 나빠지고 있단 기사를 읽었어

주로 신문의 기사를 통해 읽었다고 하면서 이야기를 시작할 때.

공식 01

I read in the paper Tiger Woods is divorced.
타이거 우즈가 이혼했다는 기사를 읽었어.

I read in the paper food prices will rise.
식료품가격이 인상될 거라는 기사를 읽었어.

A: **I read in the paper that** the police caught the serial killer.
B: Good. I feel safer hearing that.
  A: 경찰이 연쇄살인범을 잡았다는 기사를 읽었어. B: 그 소식을 들으니 다소 안심이 되네.

I saw on the news that yoga is becoming popular 요가가 유행이란 뉴스를 봤어

화젯거리를 얻은 소스가 텔레비전일 경우.

공식 02

I saw on the news the train derailed again.
또 기차가 탈선했다는 뉴스를 봤어.

I saw on the news schools will be closed.
학교들이 문을 닫을 거라는 뉴스를 봤어.

A: Why are you joining a gym?
B: **I saw on the news** exercise builds muscles.
  A: 왜 체육관에 가입하려고 해? B: 운동하면 근육이 생긴다는 뉴스를 봤어.

I found the information on the Internet 난 그 정보를 인터넷에서 찾았어

요즘 정보 출처의 대세인 인터넷에서 뭔가 찾았다고 할 때.

I find almost everything **on the Internet**.
난 인터넷으로 거의 모든 것을 찾아내.

I found my hotel homepage **on the Internet**.
내 호텔 홈페이지를 인터넷에서 찾았어.

A: **I found** something useful **on the Internet** for our report.
B: What information did you get?
  A: 우리 보고서에 도움이 되는 걸 인터넷에서 찾았어. B: 어떤 정보를 얻었는데?

STEP 3 06 특히 '머니'가 '마니' 없을 때
…할 여력이 없어

「…을 구입할 경제적 여력이 되고 안되고를 말할」때는 afford를 써서 I can [can't] afford+명사 혹은 I can [can't] afford to+동사라고 하면 된다. "그럴 형편이 안 돼"는 I can't afford it[that], "그걸 살 여력이 없어"라고 하려면 I can't afford to buy it이라고 하면 된다. 하지만 afford는 꼭 돈에 관련되어서 쓰이는 것은 아니다. 예로 "이 환자는 이 정도 혈액을 잃으면 안돼"라고 할 때도 afford 를 써서 She can't afford to lose this much blood라 할 수 있다.

공식 01 **I can't afford + 명사** …의 여력이 없어

I can't afford
- **a lawyer.** 변호사를 댈 여유가 없어.
- **a new car.** 새 차를 살 여력이 없어.

공식 02 **I can't afford to + 동사** …할 여력이 없어

I can't afford to
- **eat there.** 거기서 먹을 여력이 안 돼.
- **buy a new house.** 새 집을 살 여력이 없어.

공식 03 **Can you afford to + 동사?** …할 여유가 있니?

Can you afford to
- **go on a vacation?** 휴가를 갈 여유가 있니?
- **live in that apartment?** 저 아파트에 살 여유가 있니?

DIALOGUE

A: I really like this bike.
이 자전거 정말 맘에 드네요.
B: Then, what seems to be the problem?
그렇담 뭐가 문제시죠?
A: **I can't afford to** buy it.
이걸 살만한 여유가 없어요.
B: Why don't you apply for a store credit card?
저희 가게 신용카드를 신청해 보세요.

I can't afford a yacht 난 요트를 살 여유가 없어

I can't afford~까지 무조건 외우고 다음에 금전적이든 비금전적이든 가질 수 없는 명사를 넣으면 된다.

공식 01

I can't afford a golfing trip. 난 골프 여행을 할 여유가 없어.
I can't afford a trip to Europe. 난 유럽 여행을 갈 여유가 없어.

A: Can you pay for dinner?
B: No. **I can't afford** it.
   A: 저녁값 내줄래? B: 아니, 여유가 없어.

I can't afford to take a trip to New York 난 뉴욕 여행을 갈 여력이 없어

이번에는 I can't afford 다음에 to+동사를 붙이는 경우로 앞의 공식보다는 더욱 다양하게 "내가 할 수 없는 것"을 말할 수 있다.

공식 02

We can't afford to live here anymore. 우린 더 이상 여기서 살 여력이 없어.
I can't afford to hire more workers. 직원을 더 뽑을 여력이 없어.

A: **I can't afford to** buy a new coat.
B: I can give one of my coats.
   A: 난 새 코트를 살 여유가 없어. B: 내 코트 한 벌을 줄 수 있어.

How much can you afford to spend? 예산은 얼마쯤 잡고 계시는데요?

상대방에게 「…할 형편이 되니?」고 물어볼 때 사용하는 표현으로 afford 다음에는 역시 명사나 to+ 동사가 오며, 구체적으로 얼마나 여유가 있냐고 물어볼 때는 How much can you afford~ ? 형 태의 문장이 오게 된다.

공식 03

Can you afford to buy that ring? 저 반지를 살 여유가 있니?
Can you afford to get a new cellular phone?
새 휴대폰을 구입할 여유가 있니?

A: **Can you afford to** go on vacation?
B: No, I will have to stay home this year.
   A: 휴가 갈 여력이 있니? B: 아니, 금년에는 집에 있어야 할 거야.

STEP 3 07 뭔가 목빠지도록 학수고대할 때

…가 몹시 기다려져(기대돼)

아주 유명한 숙어 look forward to를 이용한 표현. I'm looking forward to~는 「…하기를 몹시 기대하다, 바라다」라는 뜻으로 다음에는 명사나 동사의 ~ing형이 와야 한다. 특히 I'm looking forward to hearing from you soon은 "곧 답장 바랍니다"라는 의미로 편지나 이메일의 결구로 많이 쓰인다.

공식 01 **I'm looking forward to + 명사** …하기를 정말 기대해

I'm looking forward to
- **the date.** 데이트가 무지 기다려져.
- **my vacation.** 방학이 무척 기다려져.

공식 02 **I'm looking forward to + ~ing** …하기를 고대하고 있어

I'm looking forward to
- **seeing you soon.** 곧 만나기를 고대하고 있어.
- **working with you.** 너랑 함께 무척 일하고 싶어.

공식 03 **I look forward to + 명사[~ing]** …하기를 정말 기대해

We look forward to
- **Christmas.** 우린 크리스마스를 정말 기대해.
- **travelling abroad.** 해외여행이 정말 기다려져.

DIALOGUE

A: I'm sorry I've taken so much of your time.
시간을 너무 많이 뺏어서 죄송해요.
B: That's all right, I'm glad we sorted out the problem.
괜찮습니다. 문제를 해결하게 돼 기쁜 걸요.
A: I look forward to doing business with you in the future.
언젠가 함께 일하게 되기를 바랍니다.
B: Great, it was nice doing business with you!
그거 좋죠. 함께 일해서 즐거웠어요!

I'm really looking forward to Saturday night 토요일 밤이 기다려져

휴가나 급여일을 학수고대할 때처럼 뭔가 무척 기다리고 있다고 할 때 쓰는 전형적인 표현으로 먼저 to 다음에 명사가 오는 경우를 보자.

공식 01
I'm looking forward to **it[this, that].** 그게 몹시 기다려져.
I'm looking forward to **English class.** 영어 수업이 무척 기다려져.

A: I'm looking forward to our vacation.
B: We should have a great time.
A: 방학이 무척 기다려져. B: 재미있을 거야.

I'm looking forward to hearing from you soon 곧 네 소식을 듣기를 기대해

to 다음에 간절히 바라는 내용을 ~ing 형태로 쓰는 경우로 위 표현은 편지나 이메일 결구로 쓰는 말로 「곧 답장 바랍니다」라는 의미.

공식 02
I was really looking forward to **meeting her.**
걔 만나길 정말 기다리고 있었어.
I'm really looking forward to **eating some dinner.**
저녁 좀 먹기를 정말 기다리고 있어.

A: I'm looking forward to gett**ing** to know you.
B: Take it easy. We have a lot of time.
A: 널 빨리 알게 되길 바래. B: 진정하라고. 우리 시간이 많잖아.

I look forward to meeting with you soon 너랑 곧 만나기를 고대하고 있어

I'm looking forward to~가 워낙 유명하다보니 좀 생소해보일 수 도 있으나 ~ing형이 아닌 look forward to~도 많이 쓰인다는 점을 알아둔다.

공식 03
I look forward to **your response.** 네 답변을 기다리고 있어.
We had something to **look forward to.** 우린 기대하는 뭔가가 있었어.

A: I promise to send you a postcard.
B: I look forward to receiv**ing** it.
A: 너에게 엽서도 꼭 보낼게. B: 엽서 받을 날만 기다릴게.

227

STEP 3 08 어쩔 수 없이 뭔가 해야되는 상황을 말할 때
…하지 않을 수 없어

나도 어쩔 수 없는 상황임을 말할 때 쓰는 표현으로 간단히 I can't help it이라고 할 수도 있고 어쩔 수 없이 하게 되는 일을 구체적으로 말하려면 I can't help but+V 혹은 I can't help~ ing 형태를 사용하면 된다. 또한 I have no choice but to+V를 써도 마찬가지 의미이다. I can't help~로 굳어진 표현으로는 I can't[couldn't] help myself(나도 어쩔 수가 없어 [없었어])와 You can't help yourself(너도 어쩔 수가 없잖아) 등이 있다.

공식 01   **I can't help ~ing** …하지 않을 수 없어

I can't help { **being cautious.** 조심할 수밖에 없어.
loving that girl. 저 여자애를 사랑하지 않을 수 없어.

공식 02   **I can't help but + 명사** …하지 않을 수 없어

I can't help but { **give up.** 포기하지 않을 수 없어.
think about Lisa. 리사를 생각하지 않을 수 없어.

공식 03   **I have no choice but to + 동사** …하지 않을 수 없어

I have no choice but to { **do that.** 그러지 않을 수 없어.
borrow money. 돈빌리지 않을 수 없어.

DIALOGUE

A: Dear, **I have no other choice but to** file for divorce!
여보, 난 이혼 소송을 낼 수밖에 없어!

B: What?! Don't you think that's kind of drastic?
뭐라고?! 너무 갑작스러운 거라고 생각되지 않아?

A: You leave me no choice. I'm calling my lawyer.
넌 내게 선택의 여지를 주지 않네. 변호사에게 전화할래.

B: Why don't you give it a second thought!
재고해보는 게 어때.

I can't help playing computer games every day 매일 컴겜을 하지 않을 수 없어

자기 행동이나 감정을 통제하지 못하거나 「…을 자제할 수 없을 경우」에 사용하면 된다.

공식 01
I can't help **be**ing honest. 정직하지 않을 수가 없어.
I can't help play**ing** poker game. 포커 게임을 하지 않을 수가 없어.

A: I can't help play**ing** computer games every day.
B: That means you have no time to study.
> A: 매일 컴퓨터 게임을 하지 않을 수 없어. B: 그 얘긴 곧 공부할 시간이 없다는 얘기구만.

I couldn't help but wonder 의아해 하지 않을 수 없었어

같은 의미의 숙어로 열씨미 외웠던 can't help but은 다음에 바로 to 없이 동사를 이어 쓰면 된다.

공식 02
I can't help but do that. 그러지 않을 수 없어.
I can't help but feel a little guilty. 죄의식을 좀 느끼지 않을 수 없어.

A: **I couldn't help but** support my son.
B: If I were you, I would do the same.
> A: 내 아들을 도와 줄 수밖에 없어. B: 나래도 너같이 했을거야.

I had no choice but to learn English 난 영어를 공부할 수밖에 없었어

역시 같은 의미이지만 have no choice but 다음에 to+동사를 쓴다는 점이 위의 can't help but+동사와 다르다.

공식 03
She had no choice but to get divorced. 갠 이혼할 수밖에 없었어.
We had no choice but to accept it. 우린 그걸 받아들일 수밖에 없었어.

A: I heard you owe a lot of money.
B: Yes, **I have no choice but to** borrow it from my dad.
> A: 네가 많은 빚이 있다고 들었어. B: 응, 아버지한테 빌릴 수밖에 없어.

STEP 3
09 상대방에게 경고나 주의를 줄 때
넌 …한 걸 후회할거야

상대방에게 경고나 주의를 줄 때 사용하는 표현. You'll be sorry about~ 혹은 You'll be sorry if 주어+동사의 형태로 쓰이며 about이나 if 이하에 하면 안 되는 행동을 말하면 된다. 여기서 sorry는 「미안하다」라는 뜻이 아니라 「후회하게 될 것」을 뜻한다. 단독으로 You'll be sorry later(나중에 후회할거야)로 쓰이기도 한다.

공식 01 **You will be sorry about + ~ing[for + 명사]** 너 …한 거 후회할거야

You'll be sorry about
- **teasing me.** 날 놀린 걸 후회하게 될 거야.
- **your behavior.** 네 행동에 대해 후회할거야.

공식 02 **You will be sorry if 주어 + 동사** 너 …하면 후회할거야

You'll be sorry if
- **you don't go to university.** 대학 안가면 후회하게 될거야.
- **you buy the expensive car.** 저 비싼 차사면 후회할거야.

공식 03 **You will regret 명사[if 주어 + 동사]** …를 후회하게 될 거야

You will regret
- **your bad habits.** 너의 악습에 대해 후회하게 될 거야.
- **your bad behavior.** 네 나쁜 행동에 대해 후회할거야.

DIALOGUE

A: I finally broke up with my girlfriend.
난 마침내 여친하고 헤어졌어.
B: You will be sorry if you don't apologize to her.
걔한테 사과하지 않으면 후회할 걸.
A: I told her I never want to see her again.
다시는 걜 만나지 않겠다고 말했어.
B: You will regret be**ing** cruel.
너무 잔인하게 군걸 후회하게 될거야.

You will be sorry for this 넌 이 일로 후회하게 될 거야

상대방이 미련하고 한심한 선택이나 행동을 했을 때 던질 수 있는 표현.

공식 01

You'll be sorry about drinking too much. 과음하면 후회하게 될거야.
You'll be sorry about spreading that gossip.
그 소문을 퍼트린 걸 후회하게 될거야.

A: **You'll be sorry about** breaking my cell phone.
B: Come on, I already apologized to you for that.
A: 내 노트북 망가트린 거 후회하게 될 거야. B: 이봐, 그 때문에 벌써 사과했잖아.

You will be sorry if you reject my offer 네 제안을 거절하면 후회할 거야

이번에는 if~ 이하를 하면 후회를 할 거라면서 if~ 이하를 하지 말도록 주의 내지 경고할 때.

공식 02

You'll be sorry if you don't study hard.
공부 열심히 하지 않으면 후회하게 될 거야.

You'll be sorry if you don't take the chance.
그 기회를 잡지 않으면 후회하게 될 거야.

A: **You'll be sorry if** you don't prepare for the test.
B: Are you saying that I should study?
A: 시험 준비를 하지 않으면 후회하게 될 거야. B: 내가 공부해야 된다고 말하는 거야?

You will regret it 그걸 후회할 거야

노골적으로 「후회하다」라는 동사 regret를 쓴 표현으로 regret 다음에는 명사나 if 절을 쓰면 된다.

공식 03

You will regret your decision. 네 결정에 대해 후회하게 될거야.
You will regret if you don't come back. 돌아오지 않으면 후회할거야.

A: **You will regret** someday **if** you don't save money.
B: Don't worry. I will continue to make money.
A: 돈을 절약하지 않으면 언젠가 후회하게 될 거야. B: 걱정 마. 계속해서 돈을 벌 테니까.

STEP 3
10 …라면 좋을텐데
이루어지지 않은 희망사항을 아쉬워하며

현실과 반대되는 소망을 말할 때는 I wish 주어+동사로 표현하면 된다. 먼저 I wish 주어+과거동사는 「현재와 반대되는 사실」을, I wish 주어+과거완료(had+pp)는 「과거와 반대되는 사실」을 각각 말하는 표현법이다. 특히 I wish 주어+과거동사중 I wish I had+명사는 「내게 …가 있으면 좋겠어」, I wish I was~는 「내가 …라면 좋겠어」, 그리고 I wish I could+동사는 「내가 …을 할 수 있다면 좋겠어」라는 3가지 구문을 달달 외워둔다. 또한 과거사실에 대한 후회를 하려면 I wish 주어+had+pp 라고 하면 된다. 뜻은 「…했었더라면 좋았을텐데」.

공식 01 **I wish 주어 + 과거동사** …라면 좋을 텐데

I wish { **I had a lot of money.** 돈이 많았으면 좋겠어.
I could stay longer. 더 남아 있으면 좋을 텐데.

공식 02 **I wish 주어+ had + pp** …을 했었더라면 좋았을 텐데

I wish { **it had never happened.** 그 일이 생기지 않았으면 좋았을텐데.
I had never met you. 널 안 만났더라면 좋았을텐데.

공식 03 **I wish I could, but 주어 + 동사** 그러고 싶지만

I wish { **I could, but I can't go.** 가고 싶지만 갈 수가 없어.
I could come, but I'm busy. 가고 싶지만, 바빠.

DIALOGUE

A: What do you want to have for dinner?
저녁으로 뭘 먹을래?
B: **I wish I could** have a big juicy steak!
육즙이 풍부한 큰 스테이크를 먹었으면 해.
A: You know we don't have any steaks.
스테이크가 없는 거 알고 있잖아.
B: I know. I was just dreaming.
알아, 꿈 좀 꿨다고.

I wish I had a girlfriend 여자 친구가 있었으면 좋겠어

현재의 아쉬움을 표현하는 것으로 I wish 다음의 절에는 과거동사를 쓰면 된다.

I wish Mike were here. 마이크가 여기 있으면 좋을 텐데.
I wish I didn't have to go. 내가 가지 않아도 되면 좋을 텐데.

A: So John, do you have a job yet?
B: **I wish I did,** Grace.
  A: 그래, 존, 이제 직장은 구했니? B: 나도 구했으면 좋겠다, 그레이스.

I wish I had been married to you 너와 결혼했더라면 좋았을 텐데

과거의 안타까움을 표현할 때는 I wish 다음에 had+pp 를 사용한다.

I wish I hadn't done that. 그러지 않았더라면 좋았을텐데.
I wish I had done things differently. 일을 달리 처리했더라면 좋았을텐데.

A: I heard you were drunk and broke a window yesterday.
B: Yeah. **I wish I hadn't done** that.
  A: 듣자하니 너 어제 취해서 창문을 깼다면서. B: 그러지 않았더라면 좋았을 것을.

I wish I could help you, but I can't 도와주고 싶지만 그럴 수가 없어

상대방이 도와달라고 할 때 사정상 완곡하게 거절하는 표현으로 but 다음에는 그냥 I can't~ 를 써도 되지만 구체적으로 왜 도와줄 수 없는지 그 이유를 쓰기도 한다.

I wish I could come, but I'm busy on Friday.
가고 싶지만, 금요일은 바빠.
I wish I could but I can't. I'm quite busy.
그러고 싶지만 안 돼. 많이 바빠서.

A: Can you help me move this weekend?
B: **I wish I could help you, but** I can't.
  A: 이번 주말에 이사하는 거 도와줄래? B: 도와주고 싶지만 그럴 수가 없어

STEP 3 궁금증을 풀고 싶을 때

11 …인지 궁금해(…일까?)

정말 몰라서 궁금한 내용을 말할 때는 I wonder[was wondering] 주어+동사를 사용하면 된다. 특히 I wonder[was wondering] if S+could[would]~ 의 경우에는 궁금하다라기 보다는 상대방에게 공손하게「부탁」하는 문장으로도 쓰인다는 점을 주의해야 한다. 참고로 No wonder 주어+동사는「…할 만도 해」, I wonder는 "글쎄"라는 뜻의 표현이다.

공식 01   **I wonder 의문사 + 주어 + 동사** …인지 궁금해

I wonder { **if you really like it.** 네가 그걸 정말 좋아할지 모르겠어.
            she's still angry with me. 걔가 아직도 내게 화나 있는지 모르겠어.

공식 02   **I was wondering if 주어 + 동사** …해도 될까?

I was wondering if { **I could take tomorrow off.** 내일 쉬어도 돼요?
                      I could ask you something. 뭐 좀 물어봐도 될까요?

공식 03   **No wonder 주어 + 동사** …하는 게 당연하지

No wonder { **they are surprised.** 걔들이 놀라는 것도 당연해.
             they are getting fat. 걔들이 그렇게 살찔 만도 하군.

DIALOGUE

A: **I was wondering if** I could in touch with Max?
맥스와 통화할 수 있을까요?

B: I'm sorry he is at a conference today.
오늘 회의 가셨는데요.

A: May I have his cell phone number?
핸드폰 번호 좀 알 수 있을까요?

B: Sure. Just hold on for a second and I'll find it.
그럼요. 잠깐만 기다리시면 찾아드리겠습니다.

I wonder if we can meet again 우리가 다시 만날 수 있을까

I wonder 다음에 if, what, why 등의 절을 써서 궁금한 내용을 말하면 된다.

공식 01
I wonder why she broke up with me. 걔가 왜 나랑 헤어졌는지 모르겠어.
I wonder if we can get together next month.
우리가 다음달 모일 수 있을까.

A: **I wonder if** the boss is still angry with me.
B: He seems to be in a good mood today.
> A: 사장이 아직도 내게 화나 있는지 모르겠어요. B: 오늘 보니까 기분이 좋은 것 같던데요.

I was wondering if you could do me a favor 내 부탁하나 들어줄 수 있을까

형태는 과거형이지만 상대방에게 부탁하는 가정법 문장으로 달리 표현하자면 Could I do~?와 크게 다르지 않다.

공식 02
I was wondering if you could help me. 날 도와줄 수 있으세요?
I was wondering if you kept it secret. 이걸 비밀로 해줄 수 있을까?

A: **I was wondering if** I could take tomorrow off.
B: Well, I guess it would be OK to miss one day of work.
> A: 내일 쉬어도 돼요? B: 어, 하루 결근해도 될 것 같아.

No wonder you are tired 네가 피곤한 것도 당연하지

앞에 It's가 생략된 것으로, 즉 wonder 이하 하는 것이 이상하지 않다, 즉 「…하는 것이 당연하다」는 것으로 내용상 이중부정 형태로 강한 긍정의 문장을 만든다.

공식 03
No wonder you hate him. 네가 걔를 미워하는게 당연해.
No wonder they are always late. 걔들이 항상 늦는 게 당연해.

A: The Smiths just got back from vacation.
B: **No wonder** they're so tanned.
> A: 스미스네 가족이 휴가를 끝내고 막 돌아왔어요. B: 그 사람들이 그렇게 그을릴 만도 하군요.

STEP 3 / 12 — 말 안듣는 상대방에게 뭐라고 할 때
…라고 했잖아

말귀를 못 알아듣는 상대방에게 혹은 말을 잘 안 듣는 상대방에게 쓸 수 있는 표현으로 "내가 …라고 말했잖아"(그런데 왜 말을 안 들어?)라는 뉘앙스의 표현. I told you that 주어+동사, 혹은 I told you to+동사라 하면 된다. 좀 점잖게 말하려면 I thought I told you~ (…라고 말한 것 같은데)라 하면 된다. 필수암기표현으로 I told you (so)(내가 그랬잖아), I told you that(내가 그랬잖아), 그리고 I told you before(전에 내가 말했잖아) 등이 있다. 한편 You told me (that) 주어+동사 혹은 You told me to~는 "네가 …라고 했잖아"라는 의미로 상대방이 예전에 한 말을 다시 되새김할 때 사용하는 표현으로 회화에서 많이 쓰는 문장.

공식 01 **I told you to + 동사** 내가 …라고 했잖아

I told you to { **leave me.** 날 떠나라고 했잖아.
 do that! 그거 하라고 했잖아!

공식 02 **I told you 주어 + 동사** 내가 …라고 했잖아

I told you { **I didn't know it.** 내가 모른다고 했잖아.
 it was impossible. 그건 불가능하다고 말했잖아.

공식 03 **You told me 주어 + 동사** 네가 …라고 했잖아

You told me { **you finished the work.** 네가 일을 끝냈다고 했잖아.
 you were going to buy lunch. 너점심 산다고 했잖아.

DIALOGUE

A: How do you like the steak?
스테이크 맛이 어때?
B: It's the juiciest steak I have ever had!
이렇게 맛있는 스테이크는 처음이야!
A: **I told you that** this place was great.
이 식당 좋다고 그랬어.
B: I'm already planning to come back.
벌써부터 또 오고 싶다는 생각이 들어.

I told you before 전에 내가 말했잖아

자신의 조언을 무시해 잘못된 상대방에게 자신의 현명함(?)을 무척 강조하고플 때.

공식 01
I told you not to do that!   그러지 말라고 했잖아!
I told you not to go down there!   거기 가지 말라고 했잖아!

A: What should I do? I got her pregnant.
B: I knew it. **I told you to** use a condom.
A: 어떻게 해야하지? 걔를 임신시켰어. B: 그럴 줄 알았어. 콘돔 쓰라고 했잖아.

I told you it would be difficult 어려울 거라고 말했잖아

역시 같은 내용이지만 I told 다음에 주어+동사의 절을 쓰는 경우.

공식 02
I told you you wake up early.   일찍 일어나라고 했잖아.
I told you he didn't do it.   걔가 그러지 않았다고 했잖아.

A: I can't believe it! I did it! I rode a horse!
B: See? **I told you** it was possible.
A: 믿겨지지 않아! 내가 해냈어! 말을 탔다고! B: 거봐? 할 수 있다고 했잖아.

You told me you can do it 네가 할 수 있다고 말했잖아

상대방이 기억을 못하거나 거짓말할 때 과거에 한 말을 확인시켜주는 표현.

공식 03
You told me you can drive.   네가 운전할 수 있다고 말했잖아.
You told me you've been there.   네가 거기 가봤다고 말했잖아.

A: How can I finish the project by tomorrow?
B: **You told me** you can do it.
A: 내일까지 어떻게 프로젝트를 끝낼 수 있니? B: 네가 할 수 있다고 말했잖아.

STEP 3 · 13 자기가 잘못 생각하고 있었다고 말할 때
…한 줄 알았어

자기가 잘못 생각하고 있었다고 말하려면 주로 I thought S+V 형태를 사용한다. 그렇게 생각했지만 실제는 그렇지 않다는 뉘앙스를 갖는 표현으로 참고로 I thought so (too)하면 "나도 그렇게 생각했어," "그럴 것 같았어"라는 말이 된다. 다 그런 것은 아니어서 그냥 단순히 「…라고 생각했다」라는 의미로도 쓰이는데, 예를 들어 I thought last night was great라고 하면 "지난 밤은 정말 좋았다고 생각해"라는 말이 된다.

공식 01 **I thought 주어 + 동사** …한 줄 알았어

I thought
- you knew it. 네가 알고 있는지 알았어.
- you were on my side. 난 네가 내 편인 줄 알았어.

공식 02 **I thought I told you to + 동사** 내가 …말한 것 같은데

I thought I told you to
- come. 오라고 한 것 같은데.
- to go to bed. 가서 자라고 말한 것 같은데.

공식 03 **I thought you said 주어 + 동사** 네가 …라고 말한 줄 알았어

I thought you said
- it was okay. 네가 괜찮다고 말한 줄 알았는데.
- you broke up with her. 네가 걔랑 헤어졌다고 말한 줄 알았는데.

DIALOGUE

A: Are you feeling okay?
괜찮니?

B: No, actually I'm feeling pretty sick.
아니. 사실은 매우 아파.

A: **I thought** you were getting better.
네가 나아지고 있다고 생각했는데.

B: Me too, but I guess the infection is coming back.
나도. 그런데 염증이 다시 오고 있는 것 같아.

I thought you liked me 네가 날 좋아하는 줄 알았어

그냥 과거의 자기 생각을 표현하거나 잘못 알고 있었던 내용을 말할 때 사용한다.

공식 01

I thought you were leaving. 네가 떠나는 줄 알았어.
I thought you had the day off. 하루 쉬는지 알았어.

A: **I thought** you were in trouble.
B: Well, we're not.
A: 너희들 어려움에 처한 줄 알았는데. B: 어, 아냐.

I thought I told you to keep your promise 약속을 지키라고 말한 것 같은데

충고를 해도 말을 듣지 않는 사람에게 거듭 경고나 주의를 줄 때.

I thought I told you not to look back.
과거를 돌아보지 말라고 말한 것 같은데.

I thought you told me to meet Randy.
랜디를 만나보라고 나한테 말한 것 같은데.

A: **I thought I told you to** get out of here.
B: You did, but I don't want to.
A: 나가라고 말했던 것 같은데. B: 그랬지, 하지만 싫은 걸.

I thought you said you are going to meet me here 여기서 만나자고 한 줄 알았어

상대방이 한 말을 환기시키며 확인할 때.

공식 03

I thought you said it was safe. 그게 안전하다고 말한 줄 알았는데.
I thought you said you were in a hurry. 바쁘다고 말한 줄 알았어.

A: You did tell an awful lot of jokes.
B: **I thought you said** those jokes were funny.
A: 넌 아주 끔찍한 소크를 해. B: 네가 재미있다고 말한 걸로 아는데.

STEP 3 14 …하게 만들어(…하게 해)

타의에 의해 어떤 상태나 행위를 하게 될 때

말이나 행동 그리고 어떤 상황이 자기 의사와는 상관없이 어쩔 수 없이 그렇게 하게 한다는 말을 하려면 강제성이 가장 강한 make를 활용한다. 먼저 make+목적어+형용사[pp]하게 되면 「목적어를 …하게 만들다」라는 의미로 특히 「기쁘게하다」, 「화나게하다」처럼 감정적인 표현을 할 때 사용된다. 또한 make+사람+동사원형 형태로 「사람을 강제로 …하게 만들다」라는 표현도 많이 쓰이는데 특히 「너로 인해서 기분이 …하다」는 You make me feel+형용사 형태가 자주 쓰인다.

공식 01 — **make + somebody + 형용사** …을 …하게 해줘

- **You made me proud.** 넌 날 자랑스럽게 해줘.
- **Don't make me unhappy.** 날 불행하게 하지 마.

공식 02 — **make + somebody + 동사** …하게 만들다

- **You made her cry!** 네가 걔를 울렸어!
- **Don't make me laugh.** 웃기지 마.

공식 03 — **You make me feel + 형용사** 너 때문에 기분이 …해

- **You make me feel much better.** 네 덕분에 기분이 한결 낫구나.
- **Don't make me feel bad.** 나 기분 나쁘게 하지 마.

DIALOGUE

A: Stop jumping on the bed you two!
너희 둘 침대에서 그만 뛰지 못해!

B: But it's so much fun, Dad.
하지만 너무 재미있는 걸요, 아빠.

A: Don't make me go in there!
내가 꼭 그리로 가야겠니!

B: Okay. Okay. We'll stop. But can we jump on the couch?
알겠어요. 알겠어. 그만 할게요. 하지만 소파에서는 괜찮죠?

You make me happy 네가 있어 행복해

이런 경우 해석은 「…때문에」 혹은 「…이어서」라고 번역하면 자연스럽다.

공식 01

They make me sick. 구역질 나.
You know what makes me mad? 뭐가 날 열 받게 하는지 알아?

A: Living with you would **make me** happy.
B: That isn't going to be possible!
  A: 너랑 살면 행복할 텐데. B: 꿈도 꾸지 마.

Don't make me laugh! 웃기지 마!

이번에는 make sb 다음에 동사가 오는 경우로 강제적으로 sb가 '동사'하게 만든다는 표현.

공식 02

She always makes me laugh. 걔 땜에 항상 웃게 돼.
He made me believe that. 걔 땜에 그걸 믿게 되었어.

A: Don't **make me** do anything that I'll regret.
B: It will be up to you.
  A: 내가 후회할 일은 하게 하지 말아줘. B: 너 하기 나름이지.

Don't make me feel bad 나 기분 나쁘게 하지 마

위 문형에서 동사가 feel이 오는 형태로 make sb feel~은 「…로 sb의 기분이 어떤지 말할」 때 사용한다.

공식 03

That makes me feel so good. 그 소리를 들으니 기분이 좋군.
Drink this. It'll make you feel better. 이거 마셔. 기분이 좋아질 거야.

A: I regret the day I met you.
B: Why are you trying to **make me feel** bad?
  A: 널 만난 날이 후회된다. B: 왜 날 기분 나쁘게 만드는 거야?

STEP 3 · 15
상대방에게 무슨 일이 일어났을 때
…가 무슨 일이야?(…가 왜 그래?)

What is[are]+명사~? 구문의 일종으로 상대방에게 무슨 일이 있었는지 관심을 갖고 물어볼 때는 What's the matter with~, What's wrong with~ 그리고 What happened to~를 쓰면 된다. 이때 걱정되는 대상이나 사람은 with나 to 이하에 적으면 된다. 물론 이때 표정과 억양에는 걱정과 관심을 가득 채우면 된다.

공식 01 **What's the matter with + 명사?** …가 무슨 일이야?

What's the matter with
- **you?** 무슨 일이야?
- **him?** 걔한테 무슨 일이 있어?

공식 02 **What's wrong with + 명사?** …가 무슨 일이야?

What's wrong with
- **you?** 너한테 무슨 일이 있니?
- **your car?** 네 차 뭐가 문제야?

공식 03 **What happened to + 명사?** …가 어떻게 된 거야?

What happened to
- **your date?** 너 데이트 어떻게 된 거야?
- **your parents?** 네 부모님 어떻게 된 거야?

DIALOGUE

A: There is a slight problem, Bill.
문제가 좀 생겼어, 빌.

B: What is the matter?
뭔데?

A: I won't be able to make it to the presentation.
발표회에 가지 못할 것 같아.

B: That's okay. I'll take notes for you.
걱정 마. 내가 대신 노트해 줄게.

What's the matter with you? Are you okay? 무슨 일이야? 괜찮아?

상대방이 좀 이상하게 행동할(act strangely) 때 물어보는 표현.

What's the matter with his family? 걔 가족에 무슨 일이 있니?
What's the matter with the company? 회사에 무슨 일이 있니?

A: You look pale today. **What's the matter with** you?
B: I don't feel up to talking about it.
  A: 너 오늘 창백해 보여. 무슨 일이니? B: 말하고 싶지 않아.

What's wrong with you tonight? 오늘 밤 왜 그래?

상대방이 평소와 좀 다르거나 근심걱정이 있어 보일 때 걱정하면서 던질 수 있는 표현. 그냥 What's wrong?이라고만 해도 된다.

What's wrong with it? 그게 뭐가 잘못된 거야?
What's wrong with what I'm wearing? 내가 입은 옷이 뭐 잘못됐어?

A: **What's wrong with** you? Why are you so angry?
B: Just get away from me!
  A: 무슨 일 있었니? 왜 그렇게 화가 났니? B: 날 좀 내버려둬.

Can you tell me what happened? 무슨 일인지 내게 말해봐?

상대방에게 어떤 일이 생긴 원인을 물어볼 때 사용하는 것으로 to 다음에는 「사람」이나 「사물」이 올 수 있다.

What happened to her? 걔한테 무슨 일이 있는 거야?
Why don't you tell me what happened. 무슨 일인지 말해 봐.

A: **What happened** between you and David?
B: We finally decided to break up with each other.
  A: 너하고 데이빗하고 무슨 일이 생겼니? B: 드디어 서로 헤어지기로 결정했어.

STEP 3
16 상대방 말을 다시 확인하고자 할 때
…가 무슨 소리야

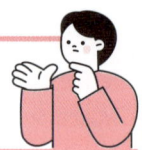

상대방이 말한 내용을 다시 한 번 확인할 때, 상대방 말의 진의를 파악하고자 할 때 혹은 상대방 말에 화가 나서 쓰는 표현으로 다소 놀라운 상태에서 내뱉는 말. 그래서 실제 회화에서는 보통 What do you mean?이라고 간단히 말하거나 What do you mean 다음에 주어+동사의 문장형태, 혹은 납득이 안가는 어구만 받아서 쓰기도 한다. 한편 What do you mean by that?은 상대방이 말한 내용을 다시 언급하지 않고 그냥 간단히 by that을 쓴 경우로 "그게 무슨 말이야?"라는 표현이다.

공식 01　**What do you mean (by) (+상대방이 한 말)?** (…가) 무슨 의미야?

What do you mean
- **too late?** 너무 늦었다니 그게 무슨 말이야?
- **you can't love her?** 걜 사랑할 수 없단 말이 무슨 뜻야?

공식 02　**You mean, 상대방이 한말?** …란 말이야?

You mean,
- **you and me?** 네 말은 너와 나랑 말이야?
- **you're not going to come over?** 못 온다는 말이지?

공식 03　**I mean, ~** …란 말이야

I mean,
- **I'm getting married next week.** 내말은 말야, 담주 나 결혼한다고.
- **she's just a friend.** 내 말은 걘 그냥 친구라고.

DIALOGUE

A: This is amazing! We may close the deal tonight!
세상에! 어쩌면 오늘밤 거래가 매듭지어질지도 모르겠어요!
B: Settle down, we have to think straight.
진정해요. 차분히 생각해 봐야죠.
A: What do you mean?
무슨 소리예요?
B: Slow and steady wins the race.
천릿길도 한 걸음부터라잖아요.

What do you mean, you can't do that? 그걸 못하겠다는게 무슨 말이야?

상대방 말에 놀라거나 혹은 화가 나서 되물을 때 사용하는 것으로 What do you mean 다음에 상대방이 한 말을 단어나 문장형태로 쓰면 된다. 혹은 by를 넣어서 What do you mean by that?이라고 해도 된다.

공식 01

What do you mean you're not so sure? 확실하지 않다니 무슨 말야?
What do you mean you're not coming? 네가 못온다니 그게 무슨 말야?

A: You gained some weight?
B: **What do you mean by that?** Am I fat?
   A: 너 살 좀 쪘구나? B: 그게 무슨 말이야? 내가 뚱뚱하다고?

You mean she got fired? 걔가 해고됐단 말야?

구어체에서는 간단히 You mean~ 이라고도 하는데 You mean~?처럼 끝을 올리면 「…란 말이야?」라는 말로 상대방의 확인을 요구하는 것이고, You mean~ 하며 끝을 내리면 상대방 말을 확인 차원에서 자기가 정리한다는 느낌으로 「…란 말이구나」라는 뜻이 된다.

공식 02

You mean you're not going to come over? 못 온다는 말이지?
So **you mean** now you're not seeing anyone?
그럼 지금 사귀는 사람이 없다는 말이야?

A: Did you see that chick that just came in?
B: **You mean** the one with the blond hair?
   A: 야, 방금 들어온 그 여자애 봤니? B: 금발인 애 말이야?

I mean, this is so unfair! 너무 불공평하다는 말이야!

이번에는 반대로 상대방이 내 말을 못 알아들었거나 상대방에게 부연설명을 할 때 사용하는 표현.

I mean, is that ridiculous? 내 말은, 그거 말도 안 되지 않아?
I mean, it was just a kiss, right? 내 말은, 그건 그냥 키스야, 알아?

A: **I mean,** let's be honest.
B: Yes, let's.
   A: 내 말은 우리 솔직해지자고. B: 그래 그렇게 하자.

STEP 3 17 상대방이 원하는 것을 구체적으로 물어볼 때
…하고 싶은거야?

상대방이 원하는 걸 물어볼 때는 앞서 배운 Do you want~? 앞에 What을 넣어서 What do you want~?라 하면 된다. want 다음에는 to+동사, 혹은 for+명사가 와서 「…을 원하느냐」, 혹은 「…을 하고 싶어」라는 의미가 된다. 한편 What do you want me to+동사?는 want 다음에 to do의 의미상 주어인 me가 나온 경우로 「상대방에게 뭘 원하냐」고 물어보는 것이 아니라 「내가 뭘 하기를 네가 원하냐」고 물어보는 표현이다. What do you want me to do?는 "날더러 어쩌라고?," What do you want me to say?는 "날더러 뭘 말하라고?"라는 뜻이다.

공식 01 **What do you want for + 명사?** …때 뭘 갖고 싶어?

What do you want for
- **your birthday?** 생일 때 뭐 갖고 싶어?
- **the birthday party?** 생일파티에 뭘 원하니?

공식 02 **What do you want to + 동사?** 뭘 …하고 싶은 거야?

What do you want to
- **know?** 뭘 알고 싶어?
- **say?** 무슨 말 하고 싶어?

공식 03 **What do you want me to + 동사?** 내가 뭘 …하길 바래?

What do you want me to
- **do?** 내가 뭘 해주기 바래?
- **say?** 무슨 말을 듣기 원해?

DIALOGUE

A: What do you want to do today?
오늘 뭐 할 거야?

B: I don't know. Why don't we head over to the mall and do some shopping.
몰라. 쇼핑센터에 가서 쇼핑이나 좀 하자.

A: That's not a bad idea.
그래 볼까.

B: There are a lot of sales going on at this time of year.
이맘때쯤이면 세일하는 데가 많거든.

What do you want for Christmas? 크리스마스에 뭘 갖고 싶니?

상대방에게 for~ 이하에 무엇이 필요하냐고 물어볼 때.

공식 01

What do you want for lunch today? 오늘 점심은 뭘 할까?
What do you want for dinner tonight? 오늘밤 저녁은 뭐로 할까?

A: **What do you want for** your birthday?
B: I'd like a nice notebook computer.
  A: 생일 때 뭘 갖고 싶니? B: 좋은 노트북을 원해.

What do you want to talk about? 무슨 얘기하고 싶은 거야?

이번에는 상대방이 어떤 행동을 하기를 원하냐고 물어보는 경우로 want 다음에 to+동사를 쓴다.

공식 02

What do you want to do first? 제일 먼저 뭐하고 싶어?
What do you want to do with it? 그거 어떻게 하고 싶어?

A: **What do you want to** do about it?
B: Let's just wait and see what happens.
  A: 그 일에 대해 어떻게 하고 싶으니? B: 어떻게 되는지 일단 두고 보자.

What do you want me to say about it? 그것에 대해 무슨 말을 듣고 싶은데?

want 다음에 to do의 의미상 주어인 me가 나온 경우로 상대방에게 뭘 원하냐고 물어보는 것이 아니라 내가 뭘하기를 네가 원하냐고 물어보는 표현이다.

공식 03

What do you want me to help you? 내가 너한테 뭘 도와주면 되는데?
What do you want me to do about it? 내가 그것에 대해 뭘 해주길 바래?

A: Can I ask you for a big favor?
B: Maybe. **What do you want me to** do?
  A: 큰 부탁 하나 할 수 있을까? B: 글쎄. 내가 뭘 해주길 원하는데?

STEP 3
18 상대에게 과거에 뭘했는지 물어볼 때
뭘 …한거야?

이번에는 시제가 과거인 경우로 회화에서 많이 쓰이는 과거형은 동사 do, say, 그리고 think을 이용한 경우이다. What did you do ~?, What did you say~? 그리고 지나간 일에 대한 상대방의 의견을 묻는 것으로 What did you think of ~? 등이다. 물론 What did you bring?(무얼 가져왔어?) 등 다양한 동사를 넣어서 말해볼 수 있다. 많이 쓰이는 What did you do with [to]~ ?는 「…를 어떻게 한거야?」라는 뜻으로 What did you do with it?하면 "그거 어떻게 했어?," What did you do to my dad?하면 "내 아버지한테 어떻게 한거야?"라는 의미이다.

공식 01 **What did you + 동사?** 뭘 …한 거야?

What did you
- **do?** 뭘 한 거야?
- **buy?** 뭐 샀어?

공식 02 **What did you do with[to] + 명사?** …를 어떻게 한 거야?

What did you do with
- **it?** 그거 어떻게 했어?
- **my book?** 내 책을 어떻게 했어?

공식 03 **What did you think of[about]~?** …를 어떻게 생각했어?

What did you think
- **of him?** 걔에 대해 어떻게 생각했니?
- **about it?** 그것에 대해 어떻게 생각했니?

DIALOGUE

A: Sorry, **what did you** say?
죄송하지만 뭐라고 하셨죠?
B: I said that the Visa card number is incorrect.
비자카드 번호가 잘못됐다고 했어요.
A: Would you speak a little louder?
좀 더 크게 말씀해주시겠어요?
B: The Visa card number is incorrect.
비자카드 번호가 잘못됐다고요.

What did you say? 뭐라고 말했어?

상대방에게 과거에 무엇을 했는지 물어보는 문형으로 What did you~ 다음에 다양한 동사를 넣으면 된다.

What did you study? 뭘 공부했니?
What did you get for her? 걔에게 뭘 사줬어?

A: **What did you** do last Friday evening?
B: I went to the theater with my boyfriend.
 A: 지난 금요일 밤에 뭐 했어? B: 남자친구랑 극장에 갔었어.

What did you do with the money? 그 돈으로 뭐했어?

상대방이 with 이하의 것을 어떻게 했는지 궁금할 때 사용하는 공식.

What did you do with it? 그거 어떻게 했어?
What did you do with the aspirin? 아스피린 어떻게 했어?

A: **What did you do with** my history book?
B: I put it on the shelf above the desk.
 A: 내 역사책 어떻게 했어? B: 책상 위쪽 선반에 놓았어.

What did you think I was going to do? 내가 뭘 할 거라 생각했어?

지나간 일에 대한 상대방의 의견을 묻는 것으로 What did you think 다음에 of+명사, 혹은 주어+동사 절을 사용하면 된다.

What did you think of the film? 그 영화 어떻게 생각했어?
What did you think of the speech? 그 연설에 대해 어떻게 생각했어?

A: **What did you think of** the soccer game last night?
B: Oh, I didn't see it.
 A: 어젯밤 축구 경기 어땠어요? B: 네, 안 봤는데요.

STEP 3 - 19 상대방에게 뭔가 해줄게 있는지 물어볼 때
…를 해드릴까요?

내가 상대방에게 뭔가를 해줄 수 있냐고 물어보는 것으로 아는 사람들끼리 쓸 수도 있지만 특히 주로 서비스업에 종사하는 사람들이 애용하는 표현. What can I+동사~? 형태로 쓰면 되고 특히 식당주문, 옷 고르기 등 손님에게 도움을 주고자 할 때 쓰는 전형적인 표현이다. 관용표현으로 What can I do?는 "내가 (달리) 어쩌겠어?," What can I say?는 "난 할 말이 없네," "나더러 어쩌라는거야," 그리고 What can I tell you?는 "뭐라고 해야 하나?" 라는 의미이다.

공식 01 What can I + 동사? 뭘 …해줄까요?

What can I
- order for you? 뭘 주문하시겠습니까?
- help you with? 무엇을 도와 드릴까요?

공식 02 What can I do to + 동사? …를 위해 뭘 해줄까요?

What can I do to
- help you? 널 도와주려면 어떻게 해야 하죠?
- know you? 널 알려면 어떻게 해야 하죠?

공식 03 What[Where] can I get + 명사? …를 어디에서 찾죠?

What[Where] can I get
- you? 뭘 갖다 줄까?
- a taxi? 택시를 어디서 잡죠?

DIALOGUE

A: What can I do for you?
뭘 도와드릴까요?
B: Can I have a refund for this?
이 물건을 환불받을 수 있을까요?
A: Certainly, if you have your receipt.
물론이죠, 영수증만 있으면요.
B: Yes, I do. Here you go.
네, 있어요. 여기요.

What can I do for you? 무엇을 해드릴까요?

상대방에 호의적인 제안을 할 때 사용하는 표현으로 What can I~ 다음에 다양한 동사를 넣어본다.

공식 01

What can I say? 어쩌겠어요?
What can I help you today? 오늘 뭘 도와 드릴까요?

A: **What can I** do for you?
B: Can I have a menu first?
   A: 뭘 도와드릴까요? B: 먼저 메뉴 좀 주세요.

What can I do to make sure? 확실하게 하려면 어떡하면 될까?

역시 상대방에게 호의적인 제안을 하는 것으로 상대방에게 도움이 되는 것을 to~ 이하에 말하면 된다.

공식 02

What can I do to prevent it? 그걸 예방하려면 뭘 하면 될까?
What can I do to help her? 걜 도와주려면 뭘 하면 될까?

A: **What can I do to** make it up to you?
B: Nothing, just don't do it again.
   A: 어떻게 하면 이 실수를 만회할 수 있을까요? B: 아무것도 필요 없어요. 다시 그러지 않기만 하면 돼요.

What can I get you boys[guys]? (남성 손님들에게) 뭘 드릴까요?

이번에 What, How 등의 의문사와 만능동사 get의 결합으로 역시 상대방에게 뭘, 어떻게 등등 가져다 줄 것인지 물어볼 때 사용한다.

공식 03

What can I get her for birthday present? 걔 생일선물로 뭘 줄까?
How can I get things straight? 어떻게 하면 오해풀 수 있을까?

A: **Where can I get** a taxi?
B: There is a taxi stand close to here.
   A: 택시를 어디서 잡죠? B: 여기서 가까운 택시 승차장이 있어.

STEP 3
20 상대방의 행동에 대한 이유를 물어볼 때
왜 …하는거야?

직설적으로 why나 how come~으로 이유를 물어볼 수도 있으나 이번에는 미국식 영어표현으로 "무엇(What)이 너(you)로 하여금 「…하게 만들었나?」라는 공식을 연습해본다. 앞에서 배운 make+사람+동사를 활용한 표현으로 형식은 What으로 시작했지만 내용은 이유를 묻는 말로 Why do you+V?와 같은 의미가 된다. 같은 형식으로 What brings you to+장소?라는 표현이 자주 쓰이는데 이는 「무엇이 너를 …에 오게 했느냐?」, 즉 「뭐 때문에 …에 왔느냐?」라는 말.

공식 01   **What makes you so sure 주어 + 동사?** 어떻게 …을 그렇게 확신해?

What makes you so sure
- **you are right?** 네가 옳다고 어떻게 그렇게 확신해?
- **he'll come back?** 걔가 돌아올 걸 어떻게 확신해?

공식 02   **What makes you + 동사?** 왜 …하는 거야?

What makes you
- **think so?** 왜 그렇게 생각해?
- **think she did that?** 어째서 걔가 그랬다는거야?

공식 03   **What brings you to + 장소?** 무슨 일로 …에 온 거야?

What brings you
- **here?** 무슨 일로 온 거야?
- **to the hospital?** 무슨 일로 병원에 왔어?

DIALOGUE

A: It looks as if Jeff has gone for the day.
제프가 퇴근한 것 같은데.
B: What makes you say that?
어째서 그런 소리를 하는 거야?
A: He shut down his computer and cleared his desk.
컴퓨터도 끄고 책상도 깨끗이 치웠거든.
B: I guess he did leave.
정말 그런 것 같은데.

What makes you so sure about that? 어떻게 그것에 대해 그렇게 확신해?

What makes you so sure~ 다음에 about+명사 혹은 주어+동사 절을 사용한다.

공식 01

What makes you so sure I am wrong? 내가 틀렸다고 어떻게 그렇게 확신해?
What makes you so sure he is a suspect?
걔가 용의자라고 어떻게 그렇게 확신해?

A: **What makes you so sure** he is gone?
B: I saw him leave the building earlier.
 A: 걔가 떠나버렸다고 어떻게 그렇게 확신하니? B: 걔가 일찍 빌딩에서 나가는 걸 봤거든.

What makes you think there's a difference? 왜 차이가 있다고 생각하는거야?

이번에는 make you+동사 구문으로 What make you think~? 다음에 궁금한 내용을 주어+동사 형태로 써준다.

공식 02

What makes you think you are smart?
왜 네가 스마트하다고 생각하는 거야?
What makes you think he's going to propose?
왜 걔가 프러포즈할 거라 생각한 거야?

A: I think he's going to leave this company.
B: **What makes you think** so?
 A: 그 사람이 이 회사를 그만둘 것 같아. B: 왜 그렇게 생각해?

What brings you all the way here? 여기까지 어쩐 일이야?

brings 대신 brought를 써서 What brought you~?라고 해도 된다.

공식 03

What brings you to this place? 무슨 일로 이 곳에 왔니?
What brings you to the library? 웬일로 도서관에 왔니?

A: **What brings you to** the movies at daytime?
B: I was bored and wanted to do something.
 A: 웬일로 낮에 극장엘 다 왔어? B: 지루해서 뭔가 하고 싶었거든.

253

STEP 3 / 21 사람이나 상황이 어떤 상태인지 물어볼 때

…어떻게 지내?

이때는 방식, 방법 등을 물어볼 때 사용되는 how를 사용하면 된다. 먼저 간단한 How be+ 명사? 형태부터 살펴보는데, 인사성 표현들인 How are you?(잘 지내?), How's your life?(요즘 어때?) How was your day?(오늘 어땠어?) 등이 다 이 구문에서 나온 표현들이다. 한편 How's it going?(어때?)와 How are you doing?(안녕?)으로 유명한 How is/are+주어+~ing? 또한 주어가 어떠냐고 물어보는 문형이다.

공식 01 **How's + 명사?** …가 어떻게 지내?

How's { **your cold?** 감기는 좀 어때?
       { **your family?** 가족들은 다 잘 지내죠?

공식 02 **How is[are] + 주어+ ~ing?** …가 어떻게 …해?

How { **is it going?** 어때?
     { **are you doing?** 잘 지내니?

공식 03 **How was + 명사?** …가 어땠니?

How was { **your trip?** 여행 어땠어?
         { **your interview?** 인터뷰 어땠어?

DIALOGUE

A: My little girl's dog got hit by a car on Saturday.
우리 딸의 강아지가 토요일 차에 치였어.
B: That's a shame. **How is** she handling it?
저런. 그 애는 어떻게 받아들이고 있어?
A: She's a little shaken up.
좀 충격을 받았어.
B: Don't worry, she'll get over it in a few weeks.
걱정하지 마, 그 애는 몇 주 후면 괜찮아질 거야.

How's your wife? 네 아내 어떻게 지내니?

How is~ 다음에 상황이 어떤지 궁금한 사람이나 사물을 말하면 된다.

How's the price?   가격은 어때?
How's the weather?   날씨는 어때?

A: **How's** the new secretary?
B: She works the most efficiently of anyone.
    A: 새로 온 비서 어때요? B: 어느 누구보다 일을 효율적으로 잘 해요.

How's it going with your new job? 새로운 일은 어떠니?

진행형으로 How's+주어+~ing? 형태로 사용하면 된다.

How's she do**ing**?   걔 어떻게 지내?
How's your business go**ing**?   하는 일 어때?

A: **How's it going with** your new job?
B: I have to admit that it's pretty tough.
    A: 새로운 일은 어떠니? B: 정말이지 상당히 힘들어.

How was your trip to New York? 뉴욕 여행 어땠니?

과거의 행위가 궁금할 때는 「How was+명사?」형을 사용하면 된다.

How was that?   그거 어땠어?
How was the flight?   비행 어땠어?

A: **How was** the movie last night?
B: Not bad, but it was a little too long.
    A: 어젯밤에 영화는 어땠어? B: 괜찮았는데, 좀 너무 길었어.

STEP 3 — 22

기가 막히고 코가 막힐 때

어떻게 …라고 말할 수 있니?

상대방의 어처구니없고 이해할 수 없는 행동에 놀라면서 하는 말로 「어떻게 …할 수가 있냐?」라고 하는 것으로 이때는 How can[could] you+동사?를 쓴다. 타인과 대립과 갈등이 비일비재한 우리 일상생활에서 자연 많이 쓰일 수밖에 없다. 반대로 「어떻게 …하지 않을 수 있냐?」라고 물어보려면 How can[could] you not+동사?로 하면 된다. 응용하여 How can you say (that) S+V?(어떻게 …라고 말할 수 있어?)라고 말할 수 있는데 "어떻게 그게 상관없다고 말할 수 있어?"라고 말하려면 How can you say that it doesn't matter?라 하면 된다.

공식 01   **How can you + 동사?**   어떻게 …할 수가 있어?

How can you {
believe that?   어떻게 그걸 믿을 수 있어?
do this to me?   어떻게 나한테 그럴 수 있어?
}

공식 02   **How can you not + 동사?**   어떻게 …하지 않을 수가 있어?

How can you not {
remember?   어떻게 기억을 못해?
trust me?   어떻게 나를 안 믿을 수가 있어?
}

공식 03   **How can you say 주어 + 동사?**   어떻게 …라고 말할 수 있어?

How can you say {
you hate me?   어떻게 날 미워한다고 말할 수 있니?
you are leaving?   어떻게 떠난다고 말할 수 있니?
}

DIALOGUE

A: **How could you** do something like that?
어떻게 그럴 수가 있죠?
B: I promise I won't let it happen again.
다신 그런 일 없을 거예요. 약속해요.
A: **How can I be** sure?
그걸 어떻게 믿죠?
B: Because I promise you it won't happen again.
다신 안 그러겠다고 약속했으니까요.

How can you treat me like this? 어떻게 날 이리 대할 수 있니?

항의하고 싶은거나 불만을 How can you~ ? 다음에 동사로 적어주면 된다.

공식 01

How could you do that? 어떻게 그럴 수 있어?
How can you be so sure? 어떻게 그렇게 확신할 수 있어?

A: **How can you** come here?
B: How could you not tell me you worked here?
    A: 어떻게 여길 올 생각을 한 거야? B: 어떻게 여기서 일한다는 말을 안 할 수 있는 거야?

How could you not tell us? 어떻게 우리에게 말하지 않을 수 있어?

부정의 형태로 불만이나 짜증을 표현하는 방법으로 강조하려면 can 대신 could를 쓰면 된다.

공식 02

How could you not agree with me? 어떻게 나랑 동의하지 않을 수 있니?
How can you not remember us kissing?
어떻게 우리가 키스한 걸 기억 못해?

A: I don't care what happens in the future.
B: **How can you not** care about your future?
    A: 난 미래 무슨 일이 생겨도 개의치 않아, B: 미래에 대해 어떻게 개의치 않을 수 있니?

How can you say you don't care? 상관이 없다고 어떻게 말할 수 있니?

이번에는 상대방이 한 말에 불만을 표현하는 경우로 How can you say~?까지 무조건 암기하고 다음에 주어+동사 형태를 써준다.

공식 03

How can you say she hates me? 걔가 날 미워한다고 어떻게 말할 수 있니?
How can you say it is meaningless? 어떻게 그게 의미없다고 말할 수 있어?

A: **How can you say that** you don't love me?
B: It's true. I don't want to be with you anymore.
    A: 날 사랑하시 않는냐고 어떻게 밀힐 수 있어? B: 사실이야. 더 이상 같이 있고 싶지 않아.

STEP 3
23 얼마나 빨리 …하니?

시간이 얼마나 걸릴지 물어볼 때

「얼마나 빨리 …해요?」라고 하려면 How+형용사로 이어지는 의문문을 이용하면 된다. How soon~?이라고 하면 되는데 이는 How often~?과 더불어 일상생활 영어회화에서 자주 쓰이는 구문이다. 단독으로 How soon?(얼마나 빨리?), How often?(얼마나 자주?)으로도 많이 쓰인다.

공식 01 **How soon will + 주어 + 동사?** 얼마나 빨리 …해?

How soon will
- **you return?** 얼마나 빨리 돌아올래?
- **they come?** 걔들이 얼마나 빨리 올까?

공식 02 **How soon can + 주어 + 동사?** 얼마나 빨리 …할 수 있니?

How soon can
- **it be delivered?** 그게 얼마나 빨리 배달되나요?
- **you finish it?** 그걸 얼마나 빨리 끝낼 수 있을까?

공식 03 **How often do + 주어 + 동사?** 얼마나 자주 …해?

How often do
- **you see her?** 얼마나 자주 걔를 보니?
- **they come here?** 걔들이 얼마나 자주 여기에 오니?

DIALOGUE

A: What should I get my sister for her wedding?
여동생 결혼식에 뭘 선물을 해야 될까?
B: **How soon is** she getting married?
결혼식이 얼마나 남았는데?
A: Her wedding is on May 10th.
5월 10일이야.
B: Don't worry, you've got lots of time to decide.
걱정 마, 아직 시간이 많이 있잖아.

How soon will you be able to get here? 언제쯤 여기에 도착할 수 있죠?

뭔가 하는데 걸리는 시간을 물어볼 때 사용하면 좋은 표현.

How soon will Steven come? 스티브가 언제쯤 올 수 있어?
How soon does this class finish? 이 수업이 언제쯤 끝나지?

A: **How soon will** you be able to get here?
B: That depends on the traffic conditions.
A: 언제쯤 여기에 도착할 수 있죠? B: 그거야 교통상황에 달렸죠.

How soon can it be fixed? 언제쯤 그걸 고칠 수 있을까?

역시 걸리는 소요시간을 물어보는 경우이지만 can을 써서 그 가능성을 물어본다.

How soon can it be done? 언제쯤 그걸 끝낼 수 있을까?
How soon can it be delivered? 그게 얼마나 빨리 배달되나요?

A: Japan was hit by the biggest earthquake?
B: **How soon can** they be recovered?
A: 일본에 사상 최대의 지진이 덮쳤어. B: 얼마나 빨리 회복할 수 있을까?

How often do you travel overseas? 얼마나 자주 해외여행을 하니?

이번엔 발생 빈도수를 물어보는 경우로 이때는 How often do~?를 사용하면 된다.

How often does this happen? 얼마나 자주 이런 일이 일어나?
How often do you talk about her? 얼마나 자주 걔 이야기를 해?

A: **How often do** you go to the movies?
B: At least three or four times a year.
A: 영화 얼마나 자주 보러 가니? B: 적어도 일 년에 서너 번 정도.

STEP 3
24 어떤 일이 일어나는 시점을 물어볼 때
언제 …할거야?

이때는 when과 현재진행형인 be(is/are) ~ing가 결합한 형태를 쓰면 된다. When are you going to~?(언제 …할거야?)나 When are you planning to~?(언제 …하려고 해?) 형태의 표현이 자주 쓰이는 구문들. 물론 공인 미래조동사인 will을 써서 When will you+동사~? 형태를 써도 된다. When do you want to+동사~?는 "언제 …하고 싶어?" When's the last time you saw your father?는 "마지막으로 아버지를 본게 언제야?"라는 뜻.

공식 01 **When are you ~ing?** 언제 …할거야?

When are you { **coming back?** 언제 돌아올 거니?
 getting married? 언제 결혼할거야?

공식 02 **When do you want to + 동사?** 언제 …하고 싶니?

When do you want to { **go?** 언제 가고 싶어?
 make a decision? 너 언제 결정하고 싶은데?

공식 03 **When's the last time 주어 + 동사?** 언제 마지막으로 …했어?

When's the last time { **you saw her?** 마지막으로 걜 본 게 언제야?
 she was here? 걔가 마지막으로 여기 온 게 언제였어?

DIALOGUE

A: **When are you going to** take your driving test?
언제 운전면허시험 보러 가세요?
B: As soon as I get used to driving in the rain.
빗길 운전이 익숙해지는 대로요.
A: Have you practiced driving in wet weather yet?
벌써 비 오는 날 운전연습을 해보셨어요?
B: Yes, but I was pretty scared.
네, 하지만 굉장히 겁나던데요.

When are you going to tell me? 언제 내게 말할 거야?

미래의 일을 물어보는 것으로 When be~ing? 혹은 When are you going to+동사?를 사용한다.

When are you going to do it? 언제 할 건데?
When were you traveling to Europe? 언제 유럽 여행을 했었니?

A: **When are you going to** ask her out?
B: Tonight, but don't say anything. Okay?
A: 쟤한테 언제 데이트 신청할거야? B: 오늘밤에. 하지만 아무 말도 하지 마, 알았지?

When do you want to take a break? 언제 쉬고 싶으니?

상대방에게 언제 to~ 이하를 하고 싶은지 물어볼 때.

When do you want me to start? 내가 언제 시작할까요?
When do you want to meet him? 걔를 언제 만나고 싶어?

A: Okay, so **when do you want to** go shopping?
B: What? Oh, I'm sorry, I can't, I'm busy.
A: 좋아, 그럼 언제 쇼핑 갈래? B: 뭐? 어 미안. 난 못가, 바빠서.

When was the last time we met each other? 서로 마지막으로 만난 때가 언제죠?

마지막으로 뭘 했는지 과거의 기억을 더듬으면서 물어볼 때.

When was the last time you saw the movies?
마지막으로 영화를 본 게 언제죠?
When was the last time you went to church?
마지막으로 예배를 본 게 언제죠?

A: **When was the last time** you went travelling?
B: I went three years ago to Holland.
A: 여행을 마지막으로 간 게 언제였는데? B: 3년 전에 네덜란드에 갔었지.

STEP 3 - 25. 어떤 행동이 일어나는 장소를 물어볼 때
어디서 …할까?(하고 싶니?)

장소를 나타내는 의문사인 where와 일반동사의 결합으로 Where do you+동사?하면 된다. 「어디서 …해?」라는 뜻이고 Where did you+동사?는 「어디서 …을 했어?」가 된다. 특히 「어디서 …을 하고 싶어?」라는 의미의 Where do you want to+동사? 형태가 회화에서 많이 쓰인다. 또한 호구 조사용인 Where do you live now?(너 지금 어디 살아?)나 Where do you work?(너 지금 어디서 일해?) 등 회화에서 바로바로 써먹을 수 있는 표현들도 암기해둔다.

공식 01 **Where do you + 동사?** 어디서 …하니?

Where do you
- **come from?** 어디 출신이야?
- **shop for food?** 어디서 음식쇼핑을 하니?

공식 02 **Where do you want to + 동사?** 어디서 …하고 싶니?

Where do you want to
- **go?** 어디를 가고 싶은데?
- **fly?** 어디로 여행하실 건데요?

공식 03 **Where can I + 동사?** 어디서 …할 수 있나요?

Where can I
- **wash up?** 화장실이 어디죠?
- **drop you?** 어디에 내려줄까?

DIALOGUE

A: I have to talk to you, Paul.
폴, 나하고 얘기 좀 하지.
B: When and where can I meet you?
언제 어디서 만날까?
A: How about after work, at the bar on the corner?
퇴근 후 길모퉁이 바에서 보는 게 어때?
B: That sounds perfect.
좋고 말고.

Where do you spend your vacation? 휴가를 어디서 보내세요?

이번에는 장소와 관련되서 물어보는 경우로 Where do you~ ?까지는 달달 외우고 다음에 동사를 써본다.

공식 01

Where do you keep it? 그거는 어디에 보관해?
Where do you get your hair cut? 어디서 머리를 깎은 거야?

A: **Where do you** live now?
B: I live and work in Korea.
  A: 지금 어디에 사니? B: 한국에서 살아. 직장도 거기 있고.

Where do you want to go for lunch? 점심, 어디로 가고 싶어?

상대방에게 어디서 무엇을 하고 싶은지 물을 때.

공식 02

Where do you want to go next? 다음으로 어디 가고 싶니?
Where do you want to drop by? 어디를 들리고 싶어?

A: **Where do you want to** go?
B: I'm trying to find the YMCA.
  A: 어디로 가시려고요? B: YMCA를 찾고 있어요.

Where can I meet you? 어디서 만날까?

Where can I~ ?는 상대방에게 「어디서 …을 할까?」라고 물어볼 때 사용하면 된다.

공식 03

Where can I find her? 어디가야 걜 볼 수 있죠?
Where can I reach her? 걔한테 어떻게 연락할 수 있니?

A: **Where can I** get the train to Seattle?
B: Go down the stairs to platform 5.
  A: 시애틀로 가는 기차는 어디서 타요? B: 계단을 내려가서 5번 승강장으로 가세요.

STEP 3
26 누가 …할거야?
어떤 행동을 한 사람이 누구인지 물어볼 때

기본적으로 Who is[are]+명사[형용사]? 형태를 사용하면 된다. 한편 좀 복잡해 보이긴 하지만 「누가 …할거라고 생각해?」라는 의미의 Who do you think+동사~?, Who do you think 주어+동사? 또한 함께 외워둔다. 예로 "다음에 누가 결혼할 것 같아?"라고 하려면 Who do you think is going to get married next?, 그리고 싸울 때 쓰는 Who do you think you are? (네가 도대체 뭐가 그리도 잘났는데?)도 이 문형에 속한다.

공식 01 **Who is + 명사[형용사/ ~ing]?** 누가 …야?

Who is { **available now?** 누가 시간 있니?
         in charge here? 여기 누가 책임자야?

공식 02 **Who is going to + 동사?** 누가 …할거야?

Who is going to { **fix it?** 누가 그걸 고칠 거니?
                  pay for this? 누가 이거 낼 거야?

공식 03 **Who do you think 주어 + 동사?** 누가 …할 거 라고 생각해?

Who do you think { **she's going to pick?** 걔가 누구를 고를 것 같아?
                   he's going to get married? 걔가 누구랑 결혼할 것 같아?

DIALOGUE

A: Bill Richard's office.
빌 리처드 사무소입니다.
B: Hi, it's Tom from the advertising agency.
안녕하세요, 광고국의 탐입니다.
A: Who do you want to speak to?
어느 분을 바꿔드릴까요?
B: I'd like to speak with Mark, if he is available.
마크씨 계시면 통화하고 싶은데요.

Who is your favorite singer? 좋아하는 가수가 누구야?

be 동사 이후에 나오는 사람의 정체나 행동의 주체가 누구인지 궁금할 때 물어보는 표현.

공식 01

Who is this guy? 이 친구 누구야?
Who's calling, please? 실례지만 누구신데요?

A: **Who's** Randy?
B: You know, that guy she met at the coffeehouse.
A: 랜디가 누구야? B: 저기, 걔가 카페에서 만난 남자.

Who is going to tell us the truth? 누가 우리한테 진실을 말해줄래?

앞으로 누가 to~ 이하를 할지 물어보는 문장.

Who's going to cover the cost? 비용은 누가 댈 거야?
Who's going to win the game? 누가 그 경기에서 이길까?

A: **Who's going to** take care of your kids while you're away?
B: My sister is going to take care of them.
A: 너 없는 동안 누가 너희 아이들을 돌봐 주게 되니? B: 우리 누나가 돌봐줄 거야.

Who do you think you are? (주로 싸울 때) 네가 도대체 뭔데?

문맥에 따라 단순히 물어볼 때 혹은 상대방에게 따질 때 사용할 수 있는 표현. think 대신 Who do you want to~ 도 많이 쓰이는 공식이다.

Who do you think I am? 내가 누군지 아니?
Who do you think you're talking to? 너 내게 그렇게 말하면 재미없어.

A: **Who do you think** Jane will marry?
B: I think Bob likes her a lot.
A: 제인이 누구랑 결혼할 걸로 생각하니? B: 밥이 걔를 무지 좋아한다고 생각해.

STEP 3
27 두개 이상의 것중에서 하나를 선택할 때
어느 것이 …해?

우리말로 「어느 것」에 해당되는 것은 which이다. 좀 특이한 의문사로 선택이란 개념이 포함되어 있다. Which do you like better, A or B? 하면 두 개 중 하나를 선택하라고 할 때 사용하는 문장이다. 앞부분을 조금씩 변형하여 Which is better, A or B?, Which one is better, A or B? 등으로 응용할 수 있다. 한편 which는 what 처럼 뒤에 명사가 붙어 which+명사~ ? 형태로 문장을 만들 수 있으며 또한 간단히 Which+명사?로 다른 단어의 도움 없이도 완벽한 문장으로 구어체에서 많이 쓰인다. Which way?(어떤 길? 어떤 방법?), Which part?(어떤 부분?), 그리고 앞에 언급된 명사를 재 반복하지 않고 더 단순하게 말하는 방식인 Which one?(어떤 거?) 등이 있다.

공식 01　**Which is + 명사[형용사]?**　어느 것이 …해?

Which is { **better?** 어느 것이 나아?
your favorite? 어느 걸 좋아해? }

공식 02　**Which one do you + 동사?**　어느 것을 …해?

Which one do you { **like?** 어떤 걸 좋아해?
want? 어느 것을 원해? }

공식 03　**Which + 명사 + do you + 동사?**　어느 것을 …해?

Which { **way is out?** 어느 쪽이 출구인가요?
coat do you like best? 어느 코트를 제일 좋아해? }

DIALOGUE

A: Would you like to choose a wine to go with your meal?
　식사에 와인을 곁들이시겠습니까?
B: Yes. **Which is** lighter, the Italian red or the French red?
　네, 이탈리안 레드와 프렌치 레드 중 어느쪽이 더 약한가요?
A: The Italian red is a little bit lighter.
　이탈리안 레드가 조금 약합니다.
B: That's the one I'll have then, please.
　그럼, 그걸로 주세요.

Which is faster route to get there? 거기 가는데 어느 쪽이 더 빠른 길이야?

선택적 개념의 의문사로 Which is~ 또는 Which one is~ 형태로 쓰면 된다.

공식 01
Which one is better for me? 어느 게 내게 좋을까?
Which one is your new boyfriend? 누가 네 새로운 남친이야?

A: **Which one is** the fragile bag?
B: It's the green one.
A: 어떤 짐이 깨지기 쉬운 거죠? B: 녹색 가방이요.

Which one do you prefer? 어떤 걸 더 선호해?

Which one do you~? 혹은 과거일 때는 Which one did you~? 다음에 동사를 사용하면 된다.

공식 02
Which one did you choose? 어느 걸 택했어?
Which one do you recommend? 어떤 걸 추천해?

A: **Which one do** you like better, coffer or tea?
B: I want tea, please.
A: 커피와 티 중에서 어떤 걸로 하실래요? B: 차로 주세요.

Which flight are you going to take? 어떤 비행 편을 탈거야?

Which 다음에 구체명사가 오는 경우 Which way is~? 형태로 많이 쓰인다.

공식 03
Which way is shorter? 어느 길이 더 빨라?
Which way is the bathroom? 화장실이 어느 쪽에 있어?

A: **Which way is** the Sears Tower?
B: It's a mile ahead, on your left hand side.
A: 시어즈 타워가 어느 쪽예요? B: 1마일 전방, 왼편에 있어요.

STEP 3
28 뭔가 가능성이 없어 보일 때
…할 방도가 없어

뭔가 도저히 가능성이 없거나 불가능하다고 말하는 표현법. There's no way 주어+동사 혹은 There's no way to+동사의 형태로 쓰면 된다. 「…할 방법이 없다」, 「…할 수 있는 길이 없다」라는 뜻. 관용표현으로는 "알 길이 없어"라는 의미의 There's no way to tell, 그리고 상대방의 말에 반대나 부정할 때 No way! 등이 있다. 유사한 표현으로 There's no telling what[how] 주어+동사하면 「…를 알 수가 없어, 몰라」라는 뜻이다. 예로 There's no telling what you think 하면 "네가 뭘 생각하는 지 알 수가 없어"라는 뜻이 된다.

공식 01 **There's no way to + 동사** …할 방법이 없어

There's no way to
- **find it.** 그걸 찾을 길이 없어.
- **take taxi.** 택시를 잡을 길이 없어.

공식 02 **There's no way 주어 + 동사** …할 방도가 없어

There's no way
- **I can do that.** 그걸 할 방도가 없어.
- **I can eat it all.** 그걸 다 먹을 방도가 없어.

공식 03 **There's no telling what + 주어 + 동사** …를 알 방법이 없어

There's no telling
- **what you think.** 네가 뭘 생각하는지 알 수 없어.
- **where he went.** 걔가 어디갔는지 알 수가 없어.

DIALOGUE

A: I need you to finish this by tomorrow.
당신은 내일까지 이걸 끝내야 해.
B: What?! **There's no way** I can do that.
뭐라고요?! 그렇게 한다는 건 불가능해요.
A: Well, then I'll have to ask someone else.
글쎄, 그렇다면 다른 사람한테 해달라고 해야겠네.
B: It might be better.
그게 낫겠어요.

There's no way to tell 알 길이 없어

to~ 이하를 할 방법이 없다는 말로 뭔가 가능성이 없을 때 사용하면 된다.

공식 01

There's no way to repair the car. 이 차를 수리할 수가 없어.
There's no way to decide who's going to stay.
누가 남을지 결정할 방법이 없어.

A: Will your parents be angry with your school grades?
B: **There's no way to** tell.
  A: 부모님이 네 성적에 화내실까? B: 알 길이 없어.

There's no way you can talk me into this 네가 설득해봤자 소용없어

불가능한 내용이 길 때는 no way 다음에 주어+동사 형태의 절을 넣으면 된다.

공식 02

There's no way you can lose. 네가 질 리가 없어.
There's no way she's going to make it. 걔가 성공할 리가 없어.

A: Is there any way to prevent earthquake?
B: **There's no way** you can do that.
  A: 지진을 예방할 방법이 있을까? B: 예방할 방도가 없어.

There's no telling what will happen tomorrow 낼 일어날 일을 알 방도가 없어

way 대신에 telling을 쓴 점 그리고 what이나 how 등의 의문사 절이 온다는 점이 특이하며 달리 표현하자면 there's no way to know what will happen~ 의 의미이다.

공식 03

There's no telling how long they'll last. 얼마나 오래 계속될지 몰라.
There's no telling how they will respond.
걔들이 어떻게 대응할지 알 방도가 없어.

A: Do you think I should marry my girlfriend?
B: **There's no telling.** Just see what happens in the future.
  A: 내가 여친과 결혼해야 된다고 생각해? B: 알 수 없지. 앞으로 어떻게 되나 봐.

STEP 3 29 ···하는 건 처음이야

나의 경험의 유무를 말할 때

first time를 써서 다양하게 활용해보면 된다. Is this your first time to+V[that S+V]? 하면 상대방에게 「···하는 것이 처음이냐?」고 물어보는 표현이고, 「···하는 것이 처음이야[아니야]」라고 하려면 It's (not) the first time to+V~[that S+V]~이라고 하면 된다. 또한 간단히 This is [not] my first time하면 "난 처음이야[아니야]"라는 뜻이 된다.

공식 01 **This is my first time to + 동사** ···하는 건 처음이야

This is my first time to
- **come here.** 여기 오는 건 처음이야.
- **drive alone.** 혼자 운전하는 건 처음이야.

공식 02 **It is the first time 주어 + 동사** ···하는 건 처음이야

It was the first time
- **you said that.** 네가 그렇게 말한 건 처음이었어.
- **I visited there.** 거길 방문한 건 그때가 처음이었어.

공식 03 **Is this your first time to + 동사?** 네가 ···를 처음 해보는 거니?

Is this your first time to
- **do it?** 그걸 처음 해보니?
- **date?** 데이트 처음 해보니?

DIALOGUE

A: Is this your first time to travel to the ocean?
바다 여행이 처음이니?
B: No, I was here last year.
아냐, 작년에도 여기 왔었어.
A: You seem very excited.
아주 흥분해 있는것 같아서.
B: This is my first time to see girls in bikinis.
실은 비키니 입은 여자애들을 처음 보거든.

This is my first time to visit New York 내가 뉴욕을 방문한 것은 처음이야

뭔가 처음 한다고 말할 때 사용하는 표현법.

공식 01

This is her first time to date. 걔가 처음하는 데이트야.
This is my first time to taste Indian food.
내가 인도 음식 처음 먹어보는거야.

A: Have you ever fractured your leg before?
B: No, **this is my first time**.
  A: 전에 다리가 부러진 적 있습니까? B: 아니요, 이번이 처음이에요.

It is the first time I have ever fell in love 내가 사랑에 빠진 게 이번이 처음이야

과거면 It was~ 를 쓰며 또한 It 대신에 This를 써서 This is the~라고 써도 된다.

공식 02

It's not the first time he talked to me. 걔가 내게 말한 건 처음 아냐.
This is the first time I have gone to a nightclub.
내가 나이트클럽에 간 건 처음이야.

A: **This was the first time** I visited a beach.
B: Really? I just love coming to see the ocean.
  A: 내가 해변을 방문한 건 처음이었어. B: 정말? 난 바다를 보러오는 걸 무지 좋아해.

Is this your first time to visit Korea? 한국 방문이 처음이니?

반대로 상대방에게 to 이하를 한 것이 처음이냐고 물어볼 때 사용하면 된다.

공식 03

Is this your first time to see Michael? 마이클 처음 보는거야?
Is this your first time to visit art gallery? 미술관방문 처음이니?

A: **Is this your first time to** meet a movie star?
B: No, I've met famous people many times.
  A: 영화배우를 만난 것이 처음이니? B: 아니, 유명인사를 많이 만났어.

STEP 3
30 …해봤어, …했어

내가 해본 적이 있다고 말할 때

이해하기도 어려운데 어떻게 써보냐고 반문할 수도 있는 참 골치 아픈 시제인 현재완료를 써서 만들어보자. 왜 영어는 현재와 과거 2개를 묶어서 3등분 했을까? 이는 현재가 있고 과거가 있고 그리고 과거부터 현재까지 이어져오는 표현을 말하기 위함이다. 과거는 과거동작으로 지금은 상관없는 일을(I was sick for 2 weeks. 2주간 아팠지만 지금은 아픈지 안 아픈지 모른다) 표현하는 반면 현재완료는 과거의 동작이 현재까지 미치는 일을(I have been sick for 2 weeks. 2주전부터 지금까지 계속 아프다) 나타내는 독특한 시제이다.

공식 01 **I have + pp~ 명사** …했어

She has been { **pretty busy.** 걘 꽤 바빴어.
worked here for 3 years. 걘 여기서 일한지 3년 됐어.

공식 02 **I haven't + pp[I have never pp~]** …해본 적이 없어

{ **I haven't seen** you in ages. 오랜 만이야.
I've never been there before. 거기에 가본 적이 없어.

공식 03 **You've never + pp** 넌 …한 적이 없어

You've never been { **to New York?** 뉴욕에 가본 적이 없지?
lied to me. 한 번도 내게 거짓말 안했잖아.

DIALOGUE

A: I'm sorry I didn't get back to you sooner.
더 빨리 연락 못 줘서 미안해.
B: That's all right, **I have been** pretty busy as well.
괜찮아. 나도 그동안 꽤나 바빴는걸 뭐.
A: The software is ready.
그 소프트웨어 준비됐어.
B: I'll pick it up this afternoon.
오늘 오후에 가지러 갈게.

I have just completed the project 방금 프로젝트를 끝냈어

현재완료 중 완료의 문장으로 내용상 프로젝트를 과거부터 시작해서 지금 바로 끝냈다는 뉘앙스를 담고 있다.

공식 01
I've just wound up my speech. 방금 연설을 끝냈어.
I've decided to break up with her. 쟤랑 헤어지기로 결정했어.

A: How are things going at your school?
B: Never better. **My grades have gone up** this year.
  A: 학교에서 어떻게 지내? B: 최고야. 성적이 금년에 올랐어.

I've never heard of such a thing 그런 일은 들어본 적이 없어

이번엔 I have+pp 의 부정. 과거부터 지금까지 「…한 적이 없다」라고 말하는 것으로 I have not [haven't]+pp 혹은 I have never+pp 형태로 말하면 된다.

공식 02
I've never seen him in my life. 걔를 결코 본 적이 없다
I haven't really had a chance to date her. 걔랑 데이트할 기회가 정말 없었어.

A: How is your father doing these days?
B: I'm not sure. **I haven't called** him in a while.
  A: 요즘 네 아버님 어떻게 지내셔? B: 잘 몰라. 한동안 전화 못 드렸어.

You have never lied to me 한 번도 내게 거짓말 안했잖아

또한 You've never+pp~ 하게 되면 「넌 …을 해본 적이 없어」라는 의미가 된다.

공식 03
You've never played golf before. 넌 전에 골프를 한 적이 없잖아.
You've never spent the night at my place.
넌 내 집에서 밤을 지낸 적이 없어.

A: **You've never gone** out with her.
B: I don't think she is very attractive.
  A: 넌 걔랑 데이트 한 번도 안했잖아. B: 별로 매력적이지 않아.

273

STEP 3
31 상대방에게 해본 적이 있는지 물어볼 때

…를 해 본 적이 있니?

이번에는 현재완료의 의문형으로 상대방에게 「…한 적이 있는지」를 물어보는 표현. Have you+pp~? 혹은 ever를 삽입하여 강조하면서 Have you ever+pp~?라고 해도 된다. 특히 Have you ever tried~?는 「…해본 적이 있는」지를 물어보는 빈출 표현으로 꼭 외워두도록 한다. 한편 Have you thought 주어+동사? 혹은 Have you thought about [of]+명사[~ing]?는 상대방에게 어떤 생각을 해본 적이 있는지 경험을 물어보는 구문. 강조를 하려면 ever를 붙여 Have you ever thought~?라 하면 되고, 또한 "그런 생각을 해본 적이 없다"고 할 때는 I've never thought about it이라고 하면 된다.

공식 01 **Have you (ever) + pp?** …을 해 본 적이 있니?

Have you ever
- **tried sushi?** 스시를 먹어본 적 있어?
- **traveled overseas?** 해외여행 해본 적 있어?

공식 02 **Have you (ever) seen[heard] ~?** …을 해 본적이 있니?

Have you ever
- **seen the photo?** 그 사진 본 적이 있니?
- **heard of that?** 저거 들어본 적 있어?.

공식 03 **Have you (ever) thought about + 명사?** …을 생각해본 적이 있니?

Have you ever thought about
- **that?** 그거 생각해본 적 있어?
- **having children?** 애갖는거 생각해봤어?

DIALOGUE

A: **Have you met** my new boyfriend, James?
제임스, 너 내 새 남자친구 본 적 있니?

B: No, is he cute?
아니, 귀엽니?

A: Very! He's crazy about me, you know.
굉장히! 너도 알겠지만, 그는 나에게 빠져 있어.

B: Really? I'll have to see it to believe it!
정말? 만나서 확인해 봐야겠군!

Have you ever been to Chicago? 시카고 가본 적이 있니?

상대방의 경험을 물어보는 것으로 어느 장소에 갔다 왔는지를 물어볼 때는 Have you ever been to+장소명사?를 쓰면 된다.

공식 01

Have you made a hotel reservation? 호텔 예약을 해본 적 있어?
Have you run the marathon before? 전에 마라톤 뛰어본 적 있어?

A: Have you tried kimchi?
B: I'm afraid not.
   A: 김치 먹어본 적 있어? B: 아니 없어.

Have you ever seen anything like that? 저런 거 본 적 있어?

특히 Have you ever~ 다음에 seen이나 heard 를 써서 본 적이 있는지, 들은 적이 있는지 물어보는 경우이다.

공식 02

Have you ever seen the UFOs? 미확인 비행체를 본 적이 있니?
Have you heard about her secret boyfriend?
걔의 숨겨 놓은 애인 들어봤어?

A: **Have you heard that** the factory is closing?
B: No. I'm really surprised.
   A: 너 공장이 문 닫는다는 얘기 들어봤어? B: 아니. 정말 놀랍군.

Have you ever thought about the possibility? 그 가능성에 대해 생각해본 적 있니?

상대방 의견을 물어보는 about 다음에 명사 혹은 ~ing 형태로 구하는 의견을 말하면 된다.

공식 03

Have you thought about counseling? 카운슬링 생각해본 적 있어?
Have you thought about telling Steve?
스티브에게 말하는 거 생각해본 적 있어?

A: **Have you ever thought** your wife might be sick?
B: That's not possible. She's so energetic.
   A: 부인이 아플 수도 있다고 생각해봤어? B: 말도 안 돼. 얼마나 혈기왕성한데.

STEP 3 · 32

상대방에게 경험의 기간을 말할 때

…한지 …되었어

과거의 어떤 행위를 한지가 얼마나 됐는지 그 기간을 말하는 구문으로 현재완료를 써서 It has been+기간 since 주어+동사(과거) 형태로 쓴다. It has been several years since we were married하면 결혼한지 몇 년이 지났다는 표현이다. 그냥 It's been+시간명사로 쓰면 「…한 시간이 됐어[지났어]」라는 표현이 된다.

공식 01 It has been + 기간 …이 지났어

It has been
- **two years.** 2년이 지났어.
- **a while.** 꽤 시간이 지났어.

공식 02 It has been + 기간 since 주어 + 동사 …한지 …가 되었어

It's been
- **three months since we met.** 우리 만난지 3달 됐어.
- **a while since we talked.** 우리가 얘기한 지가 꽤 됐어.

공식 03 How long have you + pp? …한지 얼마나 되었니?

How long have you
- **been married?** 결혼한 지 얼마나 됐어?
- **lived here?** 여기 얼마나 오래 살았어?

DIALOGUE

A: When was the last time you took a vacation?
마지막으로 휴가를 낸 게 언제였니?
B: It has been three years since I had one.
3년 전에 보낸 휴가가 마지막이었지.
A: Don't you think it's about time you took one?
휴가 한 번 가질 때 됐다고 생각 안 해?
B: As a matter of fact, I do think I should take one.
사실 휴가를 한번 낼 생각이야.

It has been a long day 기나긴 하루였어

이른 아침에 이런 표현을 쓰면 좀! 힘든 하루라는 뜻이므로 적어도 아침, 오후를 보내고 나서 오후 느지막한 때에 쓸 수 있는 표현으로 현재완료를 썼다.

It's been 3 years. I'm over him. 3년이 지났어. 난 걔를 잊었어.
I guess I'm excited. It has been a while.
내가 신난 것 같아. 오랜 간만이잖아.

A: You seem a little drunk tonight.
B: **It has been** a while since I had beer.
A: 오늘밤 너 좀 취한 것 같아. B: 맥주 마신 지 좀 됐는데.

It's been a long time since I met you before 널 만난 지 꽤 오랜만이야

since 이하를 한지 얼마만큼 시간이 흘렀는지 말할 때 쓰는 표현으로 since 다음에는 과거형 동사를 쓴다.

It's been a while since we talked. 우리가 얘기한 지가 꽤 됐어.
It's been 3 months since we had dinner. 우리 저녁 먹은 지 3달이 지났네.

A: **It has been a few days since** my girlfriend called.
B: Are you having an argument with her?
A: 애인이 전화한지 며칠 됐어. B: 애인하고 다투고 있니?

How long have you been waiting? 얼마나 기다린 거야?

현재완료는 과거부터 현재까지 계속되는 계속의 의미를 담고 있기 때문에 How long~ ?으로 시작하는 의문문과 궁합이 잘 맞는다.

How long have you lived in the US? 미국에 얼마나 살았니?
How long have you been dating him? 걔하고 데이트 얼마나 했어?

A: **How long have you been** working on that project?
B: I have been working on it all day long.
A: 프로젝트에 매달린 지 얼마나 됐니? B: 하루 종일하고 있는 중이야

STEP 3
33 과거에 하지 못한 것을 애통해하며
…했어야 했는데

조동사+have+pp 형태의 표현 중 영어회화에서 가장 많이 쓰이는 should have+pp를 쓰면 「…했어야 했는데」라는 의미가 된다. 반면 must를 사용해 must+have+pp라 하게 되면 「…이었음에 틀림없다」라는 의미이다. 또한 may[might]+have+pp는 「…였을지도 모른다」라는 뜻의 과거 추측이고 could+have+pp는 과거에 그럴 수도 있었지만 실제로는 그렇지 않았다는 의미로 우리말로 하면 「…이었을 수도 있다」라는 과거의 가능성을 각각 뜻한다. 선물 받을 때 하는 말인 You shouldn't have(그럴 필요 없는데), 그나마 다행이라고 위로할 때 쓰는 (It) Could have been worse 정도는 암기해둔다.

공식 01 **I should have + pp** …했어야 했는데

I should have { **said yes.** 승낙했어야 하는데.
come back. 돌아왔어야 했는데. }

공식 02 **I could have + pp** …했을 수도 있었어

{ **I could have made good money.** 난 많은 돈을 벌 수 있었어.
It could have happened to anyone. 누구한테나 일어날 수 있는 일야. }

공식 03 **You may have + pp** …했을 수 있었어

You may have { **heard of it.** 들어 본 적이 있을 텐데.
seen her before. 전에 걜 봤을 텐데. }

DIALOGUE

A: Why didn't you tell me?
왜 내게 말 안했나요?
B: I felt it was better that you saw it for yourself.
당신이 직접 눈으로 보는 게 나을 거라고 생각했어요.
A: I still think **you should have told** me first.
그래도 난 당신이 나한테 먼저 말했어야 한다고 생각해요.
B: That's because you don't understand how much of a problem it was.
그건 그 문제가 얼마나 심각한지 몰라서 그래요.

You shouldn't have done this 이럴 필요까지는 없는데(특히 선물을 받을 때)

이미 일어난 일에 대해 후회나 아쉬움을 가득 담아 표현할 때.

You shouldn't have come here. 넌 여기에 오지 말았어야 하는데.
You shouldn't have watched the scene. 그 장면을 보지 말았어야 했는데.

A: I got these for you.
B: Sweetheart, **you shouldn't have!** It's so beautiful.
  A: 이거 선물이야. B: 자기야, 이러지 않아도 되는데. 정말 예쁘다.

Who could have thought about this? 누가 이것에 대해 생각이 미칠 수 있었을까?

역시 「과거에 …을 할 수도 있었는데 하지 못했다」는 아쉬움이 깊이 배어있는 문장.

You could have helped me. 네가 날 도와줄 수도 있었어.
He could have lived longer. 걘 좀 더 살 수 있었는데.

A: I'm sorry I'm late again. I got stuck in traffic.
B: **You could have** taken the subway.
  A: 또 늦어 미안해요. 차가 막혀서요. B: 지하철 탈 수도 있었잖아.

You may have heard of his name 걔 이름을 들어봤을 텐데

과거의 추측으로 may 대신 might를 써도 된다.

He might have slept under the bed. 걔가 침대 밑에서 잔 것 같아.
I may have seen him along the road. 길 가다가 걔를 만난 것 같아.

A: **You may have** heard of a famous musical, the Phantom of the Opera.
B: I've already seen it several times.
  A: 오페라의 유령이라는 유명한 뮤지컬 들어봤지. B: 난 이미 여러번 봤어.

STEP 3 / 34 다른 사람에게 …하라고 시킬 때
…에게 …를 시킬게

내가 하는게 아니라 다른 사람에게 …하도록 시킬 때는 사역동사 have를 쓰면 된다. have+사람+동사원형 형태로 쓰면 되는데 다만 get의 경우에는 have와는 달리 원형부정사가 아니라 동사 앞에 to가 나와 get+사람+to+동사의 형태가 된다는 것을 유의해야 한다.

공식 01 **I have + 사람 + 동사** …에게 …를 시킬게

- I'll **have** her **go** back. 걔보고 돌아가라고 할게.
- I **had** my secretary **work** on it. 비서보고 그 일을 하라고 했어.

공식 02 **I'll get + 사람 + to + 동사** …에게 …를 시킬게

- I'll **get** him **to** apologize to you. 걔가 너에게 사과하도록 할게.
- I **got** him **to** turn in the report. 걔가 리포트를 제출하도록 했어.

공식 03 **I have + 사물 + ~ing** …하게 만들다

- I **had** the water **running**. 내가 물을 틀어놨어.
- I **have** a computer **running** in my office. 사무실에 컴퓨터를 켜놨어.

DIALOGUE

A: Can I speak to John Lange?
존 레인지 씨 계십니까?

B: I'm sorry, he's on another line at the moment.
죄송합니다만 지금 다른 전화 받고 계시는데요.

A: That's all right. Just **have him** return my call.
괜찮습니다. 전화 좀 해달라고 하세요.

B: Certainly. What is your name, sir?
예. 성함이 어떻게 되시죠?

I'll have him call you back 걔에게 전화하라고 할게

가장 기본적인 사역동사로 행동하는 주체는 have 다음에 나오는 사람이나 사물이다.

공식 01

Just have her call me, okay? 걔보고 나한테 전화하라고, 알았지?
Buzz him in and have him come upstairs.
문 열어주고 위층으로 올라오게 해.

A: **I'll have him** call you back as soon as he gets in.
B: Thank you.
  A: 걔가 들어오는 대로 전화하라고 할게. B: 고마워요.

I'll get him to come over 걔가 오도록 시켜볼게

사역동사 대부분은 to 없는 동사를 좋아하는데 get의 경우 사역동사로 쓰일 때 다른 사역동사와 달리 to를 써줘야 한다.

공식 02

You got her to stop crying! 걔가 우는 걸 그치게 해!
I'll get Gregg to fix your car. 그레그가 네 차를 고쳐놓도록 시킬게.

A: **I'll get** him **to** apologize to you.
B: You don't have to do that.
  A: 걔가 너에게 사과하도록 할게. B: 그럴 필요 없는데.

You had it coming 네가 자초한 거야

사물이 「…하게 만들었다」라는 의미로 사물과 ~ing의 관계는 능동이다.

공식 03

I have my source telling the truth. 내 출처가 사실을 말하도록 조치했어.
I have my son jogging every morning. 매일 아침 아들을 조깅시키고 있어.

A: I am broke right now.
B: **You had it coming!**
  A: 난 이제 빈털터리야. B: 네가 자초한 거야!

STEP 3
35 내가 아니라 다른 사람이 했다는 걸 말하고자 할 때
…해버렸어

역시 사역동사이지만 이번에는 have+사물+pp의 형태를 이용하면 된다. I have my hair cut으로 유명한 구문으로 have+목적어 다음에 pp가 오면 제 3자가 목적어를 pp하였다라는 말이 된다. 따라서 직역하면 제 3자에 의해 내 머리가 깎임을 당하였다, 즉 머리를 깎았다라는 말이 된다. 그럼 간단히 I cut my hair라고 하지 왜 이렇게 어렵게 말할까? 우리는 영리해서 "나 머리 깎았어"하면 집에서 깎은게 아니라 미장원에서 깎았구나라는 걸 깨닫지만(?) 미국인들은 고지식한 건지 분명한 걸 좋아하는지 자기가 깎은게 아니라 다른 사람이 깎았다는 것을 굳이 말하려는 습성이 있다. have 대신 get 을 써도 같은 의미.

공식 01 **I have + 명사 + pp** …를 …했어

I had
- **my room cleaned.** 내 방을 청소시켰어.
- **my notebook stolen.** 노트북을 도둑맞았어.

공식 02 **I get + 명사 + pp** …를 …했어

I got
- **my car washed.** 세차했어.
- **my bicycle fixed.** 자전거를 고쳤어.

DIALOGUE

A: Why are you so upset?
왜 그렇게 당황하고 있니?
B: **I had** my new car **stolen**.
새차를 도난 당했어.
A: Oh, my God. **Get** the case **taken** care of by the insurance!
저런, 보험회사가 처리하도록 해.
B: That sounds good. I'll do it.
좋은 생각이야 그렇게 할게.

I had my wisdom teeth pulled out 나 사랑니 뽑았어

이 경우 pulled out의 주체는 have 뒤의 명사도 아니고 주어인 'I'도 아니고 문장에는 나와 있지 않는 제 3자이다.

공식 01

I had my car **repaired**.   내 차를 수리했어.
I had my watch **stolen**.   시계를 도둑맞았어.

A: How can I help you?
B: Can I **have** these **delivered** to this address?
A: 어떻게 도와드릴까요? B: 이 주소로 이것을 배달시킬 수 있나요?

You have to get this done by Friday 금요일까지 이거 끝내야 돼

사역동사+명사+pp 형태에서 get은 have와 동일한 의미, 동일한 형태로 사용된다.

공식 02

I got my car **washed**.   나 세차했어.
I got the house **painted**.   집을 페인트칠했어.

A: Please **get** it **done** right away.
B: Don't worry, you can count on me.
A: 지금 당장 이것 좀 해줘. B: 걱정 마. 나만 믿어.

STEP 3 36 다른 사람이 …하는 것을 보거나 들었을 때
…하는 걸 봤어

사역동사와 늘 함께 설명되는 동사로 지각동사가 있다. 주로 보고, 느끼고, 듣고 등 감각에 관련된 동사들로 see, hear, feel, listen to, watch 등을 지각동사라고 한다. 사역동사와 마찬가지로 목적어 다음에 동사원형, ~ing, pp 등이 모두 다 올 수 있으며, 역시 마찬가지로 동사원형[~ing] 일 때는 목적어가 능동적으로 동사의 행위를 하는 것이고, pp일 경우에는 목적어가 수동적으로 동사의 행위를 받는 것을 의미한다.

공식 01 I see somebody + 동사[~ing] …가 …하는 것을 보다

I saw { her **kissing** you. 걔가 너에게 키스하는 걸 봤어.
him **working** in the office. 걔가 사무실에서 일하는 걸 봤어.

공식 02 I hear somebody + 동사[~ing] …가 …하는 것을 듣다

I heard { you **speaking** ill of me. 네가 날 흉보는 것을 들었어.
her **yelling** from behind. 걔가 뒤에서 소리치는 걸 들었어.

공식 03 I felt[watched] + 명사 + 동사[~ing] …가 …하는 것을 느꼈어[봤어]

{ I **felt** somebody **watch** me. 난 누군가 날 쳐다보는 걸 느꼈어.
I **watched** the kids **play** in the garden. 얘들이 정원에서 노는 걸 지켜봤어.

DIALOGUE

A: **I see** Lisa talk**ing** to her friends.
리사가 친구들한테 말하고 있는 것이 보여.
B: She is a very nice person.
걔는 무척 좋은 사람이야.
A: I feel good when she is around.
걔가 주변에 있으면 기분이 좋아져.
B: Yeah, I like her too.
응, 나도 걔를 좋아해.

I saw you kissing Pam in the car 네가 팸과 차에서 키스하는 거 봤어

see+명사 다음에 동사나 ~ing가 올 수 있지만 ~ing가 더 동적인 느낌을 준다.

공식 01

Yeah, everyone saw you fall down. 그래, 다들 네가 넘어지는 걸 봤어.
You saw me dancing in the bathroom? 내가 욕실에서 춤추는 거 봤어?

A: Is Ann still dieting?
B: No, I saw her eating some cake.
A: 앤은 아직도 다이어트 해? B: 아니, 걔가 케이크 먹는 걸 봤어.

I didn't hear you coming in 네가 들어오는 소리 못 들었어

이번엔 「명사가 …하는 것을 들었다」는 표현으로 역시 동적인 느낌을 주려면 ~ing를 쓰면 된다.

공식 02

I didn't hear her going out. 걔가 나가는 소리를 못 들었어.
He heard his parents talking about him.
걔 부모가 자신에 대해 말하는 것을 들었어.

A: I heard you and Betty talking.
B: Talking about what?!
A: 너하고 베티하고 이야기하는 거 들었어. B: 무슨 이야기를?!

My baby's fine I can feel her kicking 내 애는 괜찮아 걔가 발로 차는 게 느껴져

see, hear 외에 feel, watch 등의 동사도 지각동사로 명사+동사[~ing] 형태로 쓰인다.

공식 03

I feel my parents love me. 부모님이 날 사랑하는 걸 느껴.
I can feel a storm blowing in. 폭풍이 불어오고 있는 걸 느낄 수 있어.

A: Why did you come here today?
B: I want to watch Heather act in the play.
A: 왜 오늘 여기 왔니? B: 헤더가 연극하는 것을 보고 싶어서.

STEP 3
37 이루지 못한 소망을 아쉬워 하며
…라면 …했을텐데

항상 현재에 만족하지 못하는 우리 속성상 현실은 우리 소망과 반대인 경우가 많다. 이렇게 「…라면」이라고 탄식하면서 현재와 반대되는 이야기를 가정할 때는 If 주어+과거동사, 주어+would/could+동사원형 형태를 쓰면 된다. 「…라면…했을텐데」라는 의미. If I were you(내가 너라면), If I were in your shoes(내가 너의 입장이라면) 등이 대표적인 표현들이다. 유명한 구문으로는 I wouldn't ~ if I were you(내가 너라면 …하지 않을거야), If you were ~, would you~?(만일 네가 ~라면 …하겠니?) 등이 있다. 그리고 (과거에) 「…이었더라면[했더라면] …했었을텐데」라는 구문인 If 주어+had pp, 주어+would [could]+have+pp도 알아둔다.

공식 01 if + 주어 + would[could] + 동사 …라면 …할텐데

> It would be nice **if** we **could** take a vacation. 휴가를 얻는다면 좋을 텐데.
> I'd be pleased **if** you **could** join us for dinner. 저녁식사 함께 했으면 좋겠네.

공식 02 If I were you, S + would + 동사 나라면 …할텐데

If I were you,
> I **wouldn't** tell her. 나라면 걔한테 말 안할텐데.
> I **would** tell everything. 나라면 걔한테 다 말할텐데.

공식 03 If I had + pp, S + would have +pp …이었다면 …했었을텐데

If I had seen you,
> I **would have** said hello. 내가 널 봤더라면 인사했겠지.
> I **would have** been embarrassed. 널 봤다면 난처했을뻔했어.

DIALOGUE

A: **If I were you,** I wouldn't let him know until tomorrow.
   내가 너라면, 내일에나 그 사람한테 말할 텐데.
B: What's wrong with telling him now?
   지금 말하면 문제될 게 있을까?
A: He's in an incredibly bad mood today.
   오늘은 아주 저기압이거든.
B: Thanks for the advice.
   말해줘서 고마워.

It would be perfect if we could have a cold beer   시원한 맥주 한잔하면 완벽하겠어

가장 기본적인 가정법으로 현재 이루지 못한 소망을 표현할 때 사용한다.

공식 01

If I had Cindy's number, **I would** call her.
신디 전화번호가 있으면 전화할 텐데.

What would you do **if you were** in her situation?
네가 걔 처지라면 어떻게 하겠어?

A: **If I had** his phone number, **I would** call him.
B: Why don't you try to get his number?
  A: 걔 전화번호를 알면 전화할 텐데. B: 전화번호를 알아내지 그래.

If I were you, I would not do such a foolish thing   나라면 그런 바보스런 일을 하지 않을 거야

거의 기계적으로 외워야 하는 표현으로 가정법 과거의 대표적인 관용어구.

공식 02

If I were you, I would go to see a doctor. 나라면 병원 가볼거야.
If I were you, I would call her right now. 나라면 당장 걔한테 전화할거야.

A: What would you say to an offer like that?
B: **I would** take it **If I were you**.
  A: 그 제안에 대해 어떻게 생각해? B: 나라면 받아들이겠어.

If I had met you, my life would have been much different
내가 널 만났더라면 내 인생은 크게 달라졌을 텐데

이번에는 과거에 이루지 못한 소망을 표현하는 법.

공식 03

If I had had a key, **I could have** gone in.
열쇠가 있었으면 들어갈 수 있었을 텐데.

If I hadn't missed the plane, **I would have** been in Tokyo.
내가 비행 편을 놓치지 않았다면 동경에 있었을 텐데.

A: **If I had known** it, **I wouldn't have** gone there.
B: But you went. Don't regret it.
  A: 그 사실을 알았더라면 거기 안 갔을 텐데 말이야. B: 하지만 갔었잖아. 후회하지 말라고.

STEP 3
38 정말 하기 싫은 것을 말할 때는 역설적으로
차라리 …하겠어(차라리 …가 낫겠어)

두개 중 선택할 때 쓰는 표현으로 「…하는게 낫지」, 「차라리…할래」라는 뜻이다. I'd(would) rather 다음에 바로 동사원형을 붙이면 되고 반대로 「차라리 …하지 않을래」라고 하려면 I'd rather not+동사원형을 쓰면 된다. 또한 비교대상을 넣어 I'd rather A than B(A하기 보다는 차라리 B하겠어)라고 쓰기도 한다.

공식 01 **I'd rather + 동사** 차라리 …하겠어

I'd rather
- **go home.** 집에 가는 게 낫겠어.
- **talk to you.** 네게 말하는 게 낫겠어.

공식 02 **I'd rather A than B** B하기 보다는 차라리 A를 하겠어

I'd rather
- **die than go back.** 돌아가느니 죽는 게 낫겠어.
- **have fun than save money.** 난 저축하느니 즐기고 싶어.

공식 03 **I'd rather not + 동사** …하지 않는 게 낫겠어

I'd rather not
- **drive in Seoul.** 서울에선 운전하지 않는 게 좋겠어.
- **go out tonight.** 오늘밤엔 외출하지 않는 게 좋겠어.

DIALOGUE

A: Did he ask you to present a speech at the conference?
그 분이 너한테 회의석상에서 연설을 하라고 부탁했니?
B: Yes, but I told him I didn't want to do it.
응, 하지만 하고 싶지 않다고 말했어.
A: Why? It's a great experience!
왜? 좋은 경험이 될 텐데.
B: Yeah, but **I would rather** die **than** speak in front of 500 people!
알아, 하지만 500명이나 되는 사람 앞에서 연설하느니 차라리 죽어버리겠어.

I'd rather do it myself 내가 직접 하는 게 낫겠어

I'd는 I would의 축약형. 「(차라리 …할 바에는) …을 하겠다」는 말로 비교대상이 생략된 단순형 표현.

공식 01
I'd rather go to a nightclub. 나이트클럽에 가는 게 낫겠어.
This is something **I'd rather** do alone. 이건 내가 혼자 하는게 낫겠어.

A: I'm going to fix you up with a date.
B: **I'd rather** go to the party all by myself.
A: 내가 소개팅 시켜줄게. B: 그 파티에 그냥 혼자 갈래.

I'd rather die than speak in front of people 사람들 앞에서 연설하느니 차라리 죽는게 나아

이번에는 비교대상을 말하는 경우로 ~than 다음에 비교하는 게 동사면 동사, 명사면 명사를 써주면 된다.

공식 02
I'd rather go for a walk **than** go to the gym.
체육관에 가느니 차라리 산책을 하겠어.

I would rather go to Beijing **than** Tokyo these days.
요즘 같으면 동경보다 차라리 북경을 가겠어.

A: **I'd rather** have fun **than** save money.
B: You should worry about your future.
A: 저축을 하느니 즐기는 게 나아. B: 미래를 걱정해야지.

I'd rather not go out tonight 오늘 밤엔 외출하지 않는게 낫겠어

「차라리 …하지 않겠다」고 할 때는 I'd rather not+동사를 쓰면 되며 그냥 "그러지 않는게 낫겠어"라는 의미로 I'd rather not 또한 많이 쓰인다.

공식 03
I'd rather not say anything. 아무 말 안하는 게 낫겠어.
I'd rather not see you anymore. 널 더 이상 만나지 않는 게 낫겠어.

A: I need to talk to you. Can you please come out?
B: **I'd rather not.**
A: 너랑 얘기해야 돼. 좀 나올래? B: 그러지 않는 게 낫겠어.

STEP 3 · 39 내가 말하려는 것을 정리해줄 때

내가 말하려는 건 …이야

내가 말하고자 하는 내용을 강조하거나 혹은 한 마디로 정리하고자 하려면 What I'm trying to say is that 주어+동사라 한다. 주어+동사 자리에 내가 말하고자 하는 핵심을 넣으면 된다. What I'd like to say is~ 혹은 What I'm saying is~ 라 해도 된다. 이 문형을 토대로 굳어진 표현들로는 That's not what I'm trying to say(내가 말하려는 건 그게 아냐), That's what I'm saying(내 말이 바로 그거야), 그리고 What are you trying to say?(무슨 말을 하려는거야?) 등이 있다. Are you saying that S+V?이면 믿기지 않은 말을 들었을 때나 놀라운 이야기를 듣고서 반문하거나 혹은 상대방의 말을 확인해줄 때 쓰는 표현.

공식 01 **What I'm trying to say is (that) + 주어 + 동사** 내가 말하려는 건 …이야

What I'm trying to say is
- **you're so cute.** 내말은 네가 귀엽다는 거야.
- **he's rich.** 내가 하려는 말은 걔가 부자라는 거야.

공식 02 **What I'm saying is 주어 + 동사** 내가 말하는 것은 …야

What I'm saying is
- **you are wrong.** 내 말은 네가 틀렸다는 거야.
- **I'm not an expert.** 내 말은 난 전문가는 아니란 말야.

공식 03 **Are you saying (that) 주어 + 동사?** …란 말이야?

Are you saying that
- **this is my fault?** 이게 내 잘못이라고 말하는 거야?
- **there's a problem?** 문제가 있다는 거야?

DIALOGUE

A: Are you saying that ghosts are real?
유령이 진짜 있다고 말하는 거니?

B: Well, they might be real.
글쎄, 실제 존재할 수도 있지.

A: So, have you ever seen a ghost?
그래, 한 번이라도 유령을 본 적이 있니?

B: What I'm trying to say is that some people see them.
내가 말하고 싶은 것은 일부 사람들이 유령을 보고 있다는 거야.

What I'm trying to say is we agreed on a plan
내가 말하려는 건 우리가 계획에 합의했다는 거야

주로 is 다음에 that이 생략되고 바로 주어+동사의 문장이 이어진다.

That's not what I'm trying to say. 내가 말하려는 건 그게 아냐.
What I'd like to say is he hurt me. 내 말은 걔가 날 아프게 했다는거야.

A: I don't understand what you mean.
B: **What I'm trying to say is** I feel lonely.
   A: 무슨 말인지 이해가 안 되는데. B: 내가 말하려는 건 내가 외롭다는 거야.

What I'm saying is Jack wants you back
내 말은 잭은 네가 돌아오기를 바란다는 거야

앞의 공식에서 trying to를 빼고 더 직설적으로 말하는 표현법.

What I'm saying is he is a problem child. 내 말은 걔가 문제아라는거야.
What I'm saying is what I saw was wrong. 내 말은 내가 잘못봤다는거야.

A: It was an accident. Do you know **what I'm saying**?
B: Maybe or maybe not.
   A: 그건 사고였어. 내말 알아들어? B: 그럴 수도 있고 안 그럴 수도 있지.

Are you saying you never touched her?
넌 걔한테 손하나 까딱 안했다는 거야?

You mean~?과 유사한 표현으로 상대방이 이해할 수 없는 이야기를 했을 때 던지는 말이다.

Are you saying that you didn't? 네가 안 그랬다는 거야?
Are you saying you won't do it? 너 그걸 하지 않겠다는 거야?

A: I guess you're not qualified for this job.
B: **Are you saying** you're not going to hire me?
   A: 당신은 이 일에 자격이 안 되는 것 같아요. B: 저를 채용 안 하겠다는 말씀이죠?

STEP 3
40 내가 필요한 것을 강조할 때
내가 필요한 건 …뿐이야

내가 필요로 하는 것을 강조하는 것으로 All I need+명사, 혹은 필요로 하는 것이 행동일 때는 All I need to+동사~의 형태를 쓰면 된다. 한편 All I'm saying is 주어+동사는 「단지 내 말은 …라는거야」라는 의미. 굳어진 관용표현으로는 That's all I need(내가 필요한 건 그게 다야), That's all I need to know(내가 알고 싶은 건 그게 다야), 그리고 That's all I need to hear(내가 듣고 싶은 건 그게 다야) 이다.

공식 01 **All I need is + 명사** 내가 필요한 건 …뿐이야

All I need is
- **good foods.** 내게 필요한 건 좋은 음식이야.
- **good friends.** 내게 필요한 건 좋은 친구들이야.

공식 02 **All I need to do is + 동사** 내가 …하는 것은 …하는 것뿐이야

All I need to do is
- **work hard.** 내가 해야 되는 건 열심히 일하는 거야.
- **get this job done.** 내가 해야 되는 건 이 일을 끝내는거야.

공식 03 **That's all I need to + 동사** 내가 …하고 싶은 것은 그게 다야

That's all I need to
- **say.** 내가 말하고 싶은 건 그게 다야.
- **hear.** 내가 듣고 싶은 건 그게 다야.

DIALOGUE

A: We're very late.
우린 꽤 늦었어.
B: **All I need is** ten more minutes.
내가 필요한 건 10분만 더야.
A: Aren't you finished?
아직 끝내지 않았니?
B: **All I need is** change clothes.
옷만 갈아입으면 돼.

All I need is someone to talk with 내게 필요한 건 얘기를 나눌 사람이야

내가 필요한 것을 강조하는 표현으로 is 다음에 필요한 사람이나 사물을 말한다.

공식 01

All I need is five minutes.   내가 필요한 건 5분뿐이야.
All I need is a beautiful girlfriend.   내게 필요한 건 예쁜 여친뿐이야.

A: I heard that you plan to quit your job.
B: **All I need is** a better job.
    A: 직장 그만 둘 거라며. B: 내가 필요한 건 더 나은 직장이야.

All I need to do is love myself 내가 할 일은 나 자신을 사랑하는 거야

be 동사 다음에 바로 동사원형이 와서 틀린 문장으로 보이나 앞 주어부분에서 to가 나올 경우 구어체에서 be 동사의 보어로 동사원형이 올 수 있다는 점을 알아둔다.

공식 02

All I need to do is call the police.   난 경찰을 부르기만 하면 돼.
All I need you to do is sign here.   넌 여기에 사인만 하면 돼.

A: I heard your dad will send you money if you need it.
B: It's true. **All I need to do is** call my father.
    A: 네 아빠가 필요하면 돈 보내주신다며. B: 맞아. 아빠에게 전화만 하면 돼.

That's all I need to know 그게 내가 알고 싶은거야

내가 필요한 것이 모두 다 있다는 점을 강조하는 표현으로 to 다음에 필요한 것을 말하면 된다.

공식 03

That's all I need.   내가 필요한 건 그게 다야.
That's all I need to find her.   걔를 찾는데 필요한 건 그게 다야.

A: Your room has only a desk and a small bed.
B: Great. **That's all I need to** study.
    A: 네 방에는 책상과 작은 침대뿐이야. B: 좋아. 공부하는 데 필요한 건 그게 다야.

STEP 3
41 핵심을 축약하여 강조할 때
중요한 점은 …이라는거야

뭔가 요점이나 핵심을 상대방에게 말하고자 할 때 사용하는 표현으로 The point is that 주어+동사의 형태를 사용하면 된다. 그냥 간단히 That's the point하면 "요점은 그거야,","중요한 건 그거야," That's not the point하면 "중요한 건 그게 아냐"라는 의미이다. 또한 What's the[your] point?하게 되면 "요점이 뭐야?," "하고 싶은 말이 뭐야?"라는 의미의 표현이다.

공식 01   **The point is (that) 주어 + 동사**   중요한 점은 …이라는거야

The point is
- **I don't feel good about it.** 요점은 그것에 대해 느낌이 안좋다는거야.
- **I don't need it right now.** 요점은 당장 그게 필요치 않다는거야.

공식 02   **The thing is (that) 주어 + 동사**   문제는 …이라는거야

The thing is
- **I went bankrupt.** 문제는 내가 파산했다는거야.
- **I don't really believe it.** 문제는 내가 그걸 안믿는다는거야.

공식 03   **What is your point?**   네 결론은 뭐야?

What is
- **your point?** 네 결론은 뭐야?
- **the point?** 요점은 뭐야?

DIALOGUE

A: Your computer is still broken.
네 컴퓨터는 아직도 고장이야.
B: Yes, **The thing is that** I need it.
응, 문제는 내가 컴퓨터가 필요하다는 거야.
A: What are you going to use it for?
뭐하는데 쓰려고?
B: I need to write a report for class.
수업시간 리포트 쓰는데 필요해.

The point is that you don't have to do it 요점은 네가 그걸 할 필요가 없다는 거야

자신이 강조하는 핵심 내용을 정리해서 말하고 싶을 때 사용하면 딱 좋은 표현.

The point is that you're married to Jane.
요는 네가 제인과 결혼했다는 거지.

The point is that Andy wants to be with her.
요점은 앤디가 걔하고 함께 있길 바래.

A: **The point is that** we need to fix the garage.
B: I know, but we don't have enough money.
　A: 요는 이 차고를 수리해야 한다는 거야. B: 알아, 하지만 돈이 충분하지 않아.

The thing is that I don't have enough time 문제는 내가 시간이 충분치 않다는 거야

중요한 사실이나 이유 등을 강조하면서 언급할 때 사용하는 매우 구어체적인 표현.

The thing is that I might be late. 문제는 내가 늦을 수 있다는거야.
The thing is that he is always like that. 문제는 걔가 항상 그렇다는거지.

A: John is a very ugly man.
B: **The thing is that** John helps everyone.
　A: 존은 흉하게 생겼어. B: 요는 걔가 모든 사람에게 도움이 된다는 거지.

What is your point? 네 요점은 뭐야?

상대가 장황하게 말할 때 간단히 요점을 말하라는 의미로 사용하며 What is the point? 또는 What is the [your] bottom line?으로도 표현.

That's the point.　　　중요한 건 그거야.
That's not the point.　중요한 건 그게 아냐.

A: What's the point?
B: The point is that we're paying too much.
　A: 무슨 소리야? B: 문제는 우리가 돈을 많이 내고 있다는 거지.

memo

Supplement

함께 알아두면 도움이 되는 영어회화 기본표현

영어회화 기본영어 500+

Supplement

- **get married** 결혼하다
  We're going to get married this fall. 이번 가을에 결혼할거야.

- **be out of date** 구식이다
  It's out of date. 구식이야.

- **be around the corner** 길모퉁이에 있다, 바로 임박했다
  It's just around the corner. 바로 길 모퉁이에 있어, 바로 임박했어.

- **be far from~** …에서 멀다
  Is it far from here? 여기서 멀어요?

- **be hard on sb** …에 엄히 대하다, 힘들게 하다
  Don't be so hard on yourself. 너무 자책하지마.

- **be[get] in trouble** 곤경에 처하다, 큰일나다 *get sb in trouble …을 곤경에 빠트리다
  You're in trouble. 너 큰일났다.
  You will get in trouble if you do that. 그렇게 하면 곤란해질거야.
  I'm not here to get you in trouble. 널 곤란하게 하려고 여기 온게 아냐.

- **take a day off** 하루쉬다(have a day off)
  I thought you had the day off. 하루 쉬는지 알았어.

- **be to blame** …가 비난받아야 한다
  You're to blame. 네가 비난받아야 해.

- **be[get] ready to+동사[for+명사]** …할 준비가 되다
  Are you ready for the test? 시험 준비됐니?

- **be sure of[about]** …을 확신하다
  Are you sure about that? 그거 확실해?

- **break up with sb** …와 헤어지다

    I'm sorry but I have to break up with you. 미안하지만 너랑 헤어져야겠어.

- **have an appointment** 선약이 있다 *have an appointment to+동사 …할 예약되어 있다

    I have an appointment. 선약이 있어.

    Well, I have an appointment to see Dr. Robert Pillman.
    로버트 필만 의사선생님과 예약되어 있어.

- **look for** …을 찾다

    Are you looking for anything in particular? 특별히 찾으시는 것이라도 있으세요?

    Excuse me, I am looking for a wedding present. 저, 결혼선물을 살까 하는데요.

- **scare sb** …을 놀라게하다

    You're scaring me. 너 때문에 놀랬잖아.

- **make a mistake** 실수하다

    You're making a mistake. 너 실수하고 있는거야.

- **look/seem/sound/feel+형용사** …같아

    You look great. 너 멋져 보인다.

    You look stressed out. 스트레스에 지쳐 빠진 것 같아.

    She seemed really very fun. 재미있는 애 같았어.

    You sound strange. 네 목소리가 이상하게 들려.

- **look like/seem like/sound like/feel like+명사** …같아

    That sounds like a good idea. 좋은 생각이야.

    I feel like an idiot. 내가 바보가 된 것 같아.

- **keep[remain]+형용사** …한 상태로 있다

    I don't like to keep busy. 계속해서 바쁜 건 싫어.

    He still remains very popular. 그 남자는 여전히 유명해.

Supplement

- **get together** 만나다
  Maybe we could get together later? 혹 나중에 만날 수 있을까요?

- **after work** 퇴근 후에 *after school 방과 후에
  How about a drink after work? 퇴근 후 술한잔 어때?

- **split the bill** 각자 부담하다
  Let's split the bill. 각자 내자.

- **be on a diet** 다이어트하다
  I'm on a diet now. 다이어트 하는 중이야.

- **be on business** 출장중이다
  I'm on business. 출장 중이야.

- **be off** 비번이다
  I'm off. 오늘 비번야.

- **be good at~** …을 잘하다, 능숙하다
  She's really good at singing. 쟤는 진짜 노래를 잘해.
  I'm not good at this. 난 이거에 능숙하지 못해.

- **be proud of** …가 자랑스럽다
  Way to go! I'm so proud of you 잘했구나! 네가 정말 자랑스러워

- **be[get] mad at~** …에 화나다(=be[get] angry with~, be[get] upset about~)
  I'm mad at[get angry with] you. 너한테 화가 나.
  He's upset about me. 걘 내게 화났어.

- **be sick of~** …가 지겹다(=be fed up with)
  I'm sick of this. 난 이게 지겨워.

- **be worried about~** …을 걱정하다

  I'm worried about you. 네가 걱정돼.

- **be[feel] sorry about~** …에 미안해하다

  I'm sorry about that. 그거 미안해.
  I feel sorry for you. 네게 미안해.

- **be happy with[about]~** …에 만족하다

  I'm not happy with my job. 내 일에 만족을 못하겠어.

- **have+명사** …가 있다

  I have a date tomorrow night. 내일 밤 데이트있어.
  I have a problem. 문제가 있어.
  I have a question for you. 질문이 하나 있는데요.
  I had lunch with her. 걔랑 점심먹었어.

- **have no time to+동사** …할 시간이 없다

  I have no time to go there. 거기 갈 시간이 없어.

- **have to+동사** …해야 한다

  I've got so much to do and I have to go now. 해야 할 일이 너무 많아서 지금 가야 돼.
  I have to cancel tomorrow's meeting. 내일 회의를 취소해야겠어.

- **get+명사** …사다, …을 얻다

  I got it on sale. 세일 때 샀어.
  I got a promotion. 승진했어.
  I got a new job. 새로 취직했어.

- **get+형용사** …하게 되다

  I got lucky. 난 운이 좋았어.
  They get excited when they see famous people. 유명인들을 보면 사람들은 흥분해.

Supplement

- **care about~** …에 신경쓰다 *care for …을 좋아하다
  I don't care about my work. 일은 신경 안 써.
  Would you care for dessert? 디저트를 드시겠어요?

- **feel free to+동사** 언제든지 …하다
  Feel free to ask if you have any questions. 질문 있으면 언제든지 해.

- **promise to+동사** …하기로 약속하다
  Do you promise to pay me back? 돈 갚는다고 약속하는거지?

- **have a bad attitude** 자세가 안좋다
  You have a bad attitude. 자세가 안 좋구만.

- **be fond of+명사[~ing]** …을 좋아하다
  I'm fond of reading novels. 소설읽는 걸 좋아해요.

- **hold on** 잠시 기다리다
  I can fix it. Hold on. 내가 고칠 수 있어. 기다려.

- **get+장소/장소부사** …에 도착하다, …에 가다
  I can't get there by one o'clock. 한 시까지 거기에 못 가.

- **be able to+동사** …할 수 있다
  She will be able to do better next time. 걘 다음 번에 더 잘 할 수 있을거야.

- **get in touch with** …와 연락하다 *keep in touch (with) (…와) 연락하며 지내다
  How can I get in touch with him? 연락할 수 있는 방법이 없을까요?
  Would you keep in touch with me? 나하고 연락하고 지낼래요?

- **call A B** A를 B라고 부르다
  You can call me Chris. 크리스라고 불러.

- **get sb sth** …에게 …을 갖다[사다] 주다
  Can I get you something? 뭐 필요한게 있으신가요?

- **ask sb sth** …에게 …을 묻다, 부탁하다
  Can I ask you something? 뭐 좀 물어봐도 돼?
  Can I ask you a question? 질문 하나 해도 돼?
  Can I ask you a favor? 부탁하나 해도 될까요?

- **borrow sth** …을 빌리다 ↔ lend something 빌려주다
  Can I borrow your cell phone? 핸드폰 좀 빌려줄래?

- **try sth on** …을 입어보다 *try+음식명사 …맛보다
  Why don't you try this on? 이거 한번 입어봐.

- **take one's time** 서두르지 않다
  Take your time. 서두르지 말고.

- **give sb a chance** …에게 기회를 주다
  Can you give me another chance? 기회한번 더 줄래요?

- **hold the line** (전화) 전화를 끊지 않고 기다리다
  Could[Can] you hold the line? (전화) 잠깐 기다릴래요?

- **pick up** (차로) 데리러 가다
  I'll pick you up at eight. 8시에 데리러 갈게.

- **think about** …에 대해 생각하다
  I will think about it. 생각해볼게.
  Let's not think about it. 그건 생각하지 말자.

- **show sb around** …을 구경시켜주다
  I will show you around the office. 사무실을 구경시켜줄게.

Supplement

- **cheer up** 기운내다

    You'll have a good job interview. Cheer up. 면접을 잘 볼거야. 기운내.

- **do one's best** 최선을 다하다

    Thanks. I'll do my best. 고마워. 최선을 다할게.

- **get to+동사** …하게 되다

    You will get to know that. 그걸 알게 될거야.

- **get used to+명사** …에 익숙해지다

    You'll get used to it. 곧 익숙해 질거야.

- **make (a lot of) money** 돈을 (많이) 벌다

    You'll make a lot of money. 돈을 많이 벌거야.

- **give sb a ride[life]** …을 태워주다

    Do you want me to give you a ride to the airport? 내가 공항까지 태워다 줄까?

- **get sb sth** …에게 …을 가져다주다

    Would you get me a Diet Coke? 다이어트 콜라 좀 갖다줄래요?

- **give sb a call** …에게 전화하다

    Give me a call at 37945450 as soon as you can. 37945450로 가능한 한 빨리 전화줘요.

- **go out with sb** …와 데이트하다

    Would you go out with me? 나랑 데이트할래요?

- **come over** …로 들르다

    Would you come over here please? 좀 이리로 와볼래요?
    Why don't you come over here and talk to me for a second?
    이리와 나랑 잠시 얘기하자

- **Talk to[with] sb about sth** …에게[와] …에 대해 이야기하다
  Jimmy, can I talk to you for a sec? 지미, 잠깐 이야기해도 될까?

- **lend A B** A에게 B를 빌려주다
  Would you lend me some money? 돈 좀 빌려줄래요?
  I need to borrow some money. 돈 좀 빌려야겠어.

- **turn TV[Radio] on[off, down]** …을 틀다[끄다, 소리를 줄이다]
  Would you turn the TV down? TV소리 좀 줄여줄래요?

- **take a break** 쉬다
  Shall we take a break now? 지금 잠시 좀 쉴까?

- **keep (on) ~ing** 계속해서 …하다
  Let's keep going. 아니, 계속하자.

- **go on vacation** 휴가가다 *take a vacation 휴가가다
  Shall we go on vacation together? 함께 휴가갈까?
  It would be nice if we could take a vacation. 우리가 휴가를 얻는다면 좋을텐데.

- **take about** …에 대해 이야기하다
  I'm not sure. Let's talk about it. 몰라. 얘기해보자.

- **go out for~** …하러 나가다
  Shall we go out for lunch? 점심먹으러 나갈까?

- **go to the movies** 영화보러 가다
  Shall we go to the movies tonight? 오늘 밤에 영화보러 갈까?

- **give sb a hand** …을 도와주다
  Shall I give you a hand? 도와줄까요?

Supplement

- **catch up with** ⋯을 따라잡다, ⋯와 연락하다
  I'll catch up with you later. 나중에 다시 전화하지 뭐.

- **say goodbye** 헤어지다
  I have to say goodbye now. 지금 헤어져야겠어.

- **have dinner[lunch]** 점심[저녁]을 먹다
  Do you have time to have dinner? 저녁 먹을 시간 있어요?
  I have to go have dinner with my son. 아들과 저녁먹으러 가야 돼.

- **make a noise** 시끄럽게 하다
  You must not make a noise. 시끄럽게 해서는 안돼.

- **get some sleep** 잠 좀 자다
  You should get some sleep. 잠 좀 자지.

- **be[get] stuck in traffic** 차가 막히다
  I was stuck in traffic. 차가 막혀서 말야.

- **take a subway** 전철을 타다
  You should take a subway. 전철을 타.

- **pay for** ⋯에 비용을 내다
  Can I pay for the parking when I leave? 나갈 때 주차비를 내면 되나요?

- **take sth back** ⋯을 물리다, 취소하다
  This is wrong. You have to take it back. 이건 아냐. 취소하라고.

- **get through** ⋯을 해내다, 통과하다
  I'll never get through this. 난 절대 못해낼거야.
  I don't think I can get through the night. 밤을 무사히 보낼 수 없을 것 같아.

- **try harder** 더 노력하다

    You have to try harder. 더 열심히 해야 돼.

- **take care of** …을 돌보다

    You have to take care of yourself. 너 스스로를 돌봐야 돼.

- **take a look at** …을 보다

    You have to take a look at it. 한번 봐야 돼.

- **look on the bright side** 긍정적으로 보다

    You have to look on the bright side. 긍정적으로 생각하라고.

- **be worth a try** 해볼 가치가 있다

    It may be worth a try. 그래도 해봄직 할거야.

- **have a word with** …와 얘기하다

    May I have a word with you? 저기, 지미야. 얘기 좀 해보자.

- **used to+동사** …하곤 했다

    We used to work together. 우린 함께 일했었죠.

- **when I was young** 내가 어렸을 때 *when I was in college 대학 다닐 때

    I would play the violin when I was young. 어렸을 때 간혹 바이올린을 쳤어.
    I used to exercise when I was in college. 대학다닐 때 운동을 하곤 했어.

- **get back to** …로 돌아가다, 연락하다

    I need to get back to the office. 사무실로 돌아가야 돼.
    I'd better get back to work. 다시 일해야겠어.

- **take a test** 시험을 보다

    I don't need to take a test. 시험 볼 필요가 없어.

Supplement

- **change one's mind** 마음을 바꾸다
  I changed my mind. 맘 바꿨어.

- **make a mistake** 실수하다
  I made a mistake. 내가 실수했어.

- **hear about** …에 관한 소식을 듣다
  I heard about your daughter. 네 딸 얘기 들었어.

- **go to~** …로 가다 *go to college 대학교에 진학하다
  She went to the bathroom. 걘 화장실에 갔어.
  I went to the gas station. 주유소에 갔어.

- **I went to college.** 대학교에 진학했어.
  I'm going to bed. 나 잘거야.

- **see sb** …와 사귀다
  Sorry. I'm already seeing a guy. 미안. 벌써 다른 애 만나고 있어.

- **help sb with sth** …가 …하는 것을 도와주다
  Can I help you with anything? 도와드릴까요?

- **look around** 둘러보다
  No, thank you, I'm just looking around. 고맙지만 괜찮아요. 그냥 구경만 하는거예요.

- **work on** …을 작업하다, …의 일을 하다
  I'm working on the photograph. 사진 작업을 하고 있어.

- **work for** …를 위해 일하다, …에서 일하다
  I'm working for him. 걔 밑에서 일해.

- **catch a cold** 감기걸리다
  I think I'm catching a cold. 감기 걸린 것 같아.

- **watch TV** TV를 보다
  I was watching TV. TV를 보고 있었어.

- **be[get] upset about[at]** …에게 화나다
  Look, don't get so upset at me. 이봐, 나한테 너무 화내지마.

- **chat on the internet** 인터넷에서 채팅하다
  She's chatting on the internet in her room. 자기방에서 인터넷 채팅하고 있어.

- **play computer games** 컴퓨터 게임을 하다
  He's playing computer games. 걘 컴퓨터 게임을 하고 있어.
  Are you still playing computer games? 아직도 컴퓨터 게임하니?

- **miss** …을 놓치다, 그리워하다
  I'm really going to miss you. 정말 네가 보고 싶을거야.

- **leave for** …을 향해 출발하다 *leave someplace …을 떠나다
  I'm going to leave for Canada. 캐나다로 떠날거야.

- **take ~off** …을 쉬다
  I'm going to take some time off. 좀 쉴거야.

- **have fun** 즐겁게 보내다
  We're going to have fun tonight! 우리 오늘밤에 재미있게 놀거다!

- **be about to+동사** 막 …하려 하다
  We're about to run out of gas. 기름이 바닥이 나려고 하는데.

Supplement

- **cost A B** A에게 B의 비용이 들다
  It's going to cost me a lot. 내가 돈이 많이 들거야.

- **call it a day[quits]** 퇴근하다
  Let's call it a day. 퇴근하죠.

- **get down to business** 본론으로 들어가다, 일을 시작하다
  Let's get down to business. 자 일을 시작합시다.

- **get together** 만나다, 모이다
  Let's get together sometime. 조만간 한번 보자.

- **get sth straight** …을 바로 하다, 분명히 하다
  Let me get this straight. 이건 분명히 해두자.

- **pass the exam** 시험에 통과하다 *fail the exam 시험에 떨어지다
  I just found out that I didn't pass my exam. 방금 내가 시험에 떨어졌다는 걸 알았어.
  I heard that you failed the entrance exam. 입학시험에 떨어졌다며.

- **say hello to** …에게 안부전하다
  Say hello to everyone in the office for me. 사무실 사람들에게 모두 안부전해줘.

- **help yourself to~** …을 맘대로 갖다 먹다
  Please help yourself to anything in the fridge. 냉장고에 있는 거 맘대로 갖다 들어요.

- **hurry up** 서두르다
  Hurry up! We'll be late. 빨리 좀 가! 이러다 늦겠다.

- **give up** 포기하다
  Some days I just feel like giving up. 언젠가 그냥 내가 포기하고 싶어.

- **get better** 나아지다
  Be strong. Things will get better soon. 강해져야지. 곧 더 나아질거야.
  I will let you know if she's getting better. 걔가 좀 나아지면 알려줄게.

- **Don't forget to+동사** 꼭 …해
  Don't forget to drop me a line. 잊지 말고 꼭 편지해.

- **screw up** 실수하다, 망치다
  But I screwed up big time. 하지만 제가 큰 실수를 했는걸요.

- **make sure** …을 확실히 하다
  I'll make sure that I keep in touch. 내가 꼭 연락할게.

- **make it up to~** …에게 보상하다
  What can I do to make it up to you? 어떻게 하면 이 실수를 만회할 수 있을까요?

- **get away from~** …에 가까이 가지 않다
  Get away from me. (내 앞에서) 꺼져.

- **get off one's back** …을 귀찮게 하지 않다
  Get off my back. 나 좀 내버려둬.

- **get one's hands off~** …에서 손을 떼다
  Get your hands off me. 날 귀찮게 하지마.

- **get off** …에서 내리다 *get on …을 타다
  Get off at the third stop. 3번째 정거장에서 내려.
  Get on the next bus. 다음 버스를 타세요.

- **take one's word for~** …을 진심으로
  Take my word for it, he's the best in the business. 진짜야. 그 사람 업계에서 최고야.

Supplement

- **give sb a try** …에게 기회를 주다
  Maybe I'll give him a try. 기회나 한번 줘보지.

- **excuse A for B** A가 B한 걸 용서하다
  Excuse me for being so selfish. 너무 이기적이어서 미안해.

- **be caught ~ing** …하다 걸리다 *get caught 걸리다, 잡히다 *get caught in traffic 교통이 막히다
  The professor was caught taking money illegally. 교수가 불법으로 돈받다 걸렸어.
  How much is the fine if you get caught? 잡히면 벌금이 얼마야?
  I got caught in traffic. 차가 막혔어.

- **take a nap** 낮잠자다
  Do you want to take a nap before dinner? 저녁먹기 전에 낮잠 잘래?

- **propose a toast** 건배하다
  I'd like to propose a toast. 건배하자.

- **as soon as possible** 가능한 한 빨리(=as soon as you can)
  I'd like you to finish the project as soon as possible.
  가능한 한 빨리 이 프로젝트를 끝내 줘.

- **get right on~** …을 착수하다, 시작하다
  Alright, I'll get right on it. 그래, 잘 알았어.

- **by tomorrow** 내일까지
  I need you to finish this by tomorrow. 내일까지 이걸 끝내야 해.

- **leave a message** 메시지를 남기다 *take a message 메시지를 받아적다
  Would you like to leave a message? 메모 남기시겠어요?

- **get a drink** 술한잔하다 *go (out) for a drink 한잔하러 나가다

    Do you want to get a cup of coffee? 커피한잔 할래?
    How about going out for a drink tonight? 오늘 밤 한잔하러 나가자?
    Do you want to go get a drink? 가서 한 잔할래?
    What do you say to going for a drink tonight? 오늘밤 한잔 하러 가는 거 어때요?

- **buy sb a drink** …에게 술한잔 사주다

    Do you want to buy me a drink? 술 한잔 사줄래?

- **ask sb to+동사** …에게 …해달라고 요청하다

    I heard his wife is asking him to divorce. 아내가 이혼하자고 그런대.

- **on time** 제시간에

    I'm worried it's late for us to be there on time.
    우리가 제 시간에 도착 못할 것 같아 걱정야.

- **be aware of** …을 알고 있다

    I'm aware of John's poor grades. 존의 성적이 안 좋다는 거 알고 있어.

- **available** 이용가능한, 시간이 되는

    Is Bill available? 빌 있나요?

- **make it** 해내다, 성공하다

    I'm sorry I can't make it. 미안하지만 못 갈 것 같아.

- **figure out** 알아내다

    I can't figure it out either. 저도 역시 어떻게 말을 해야할 지 알 수가 없는데요.

- **lose face** 체면을 잃다(↔ save face 체면을 세우다)

    He doesn't want to lose face. 그 친구는 자기 자존심 구겨지는 꼴 못보는데.

Supplement

- **have[get] cancer** 암에 걸리다

  I'm afraid you've got breast cancer. 유방암이신 것 같아요.
  Is it possible that I have cancer? 내가 암일 수도 있나요?

- **handle** 처리하다, 다루다

  Let me handle it. 내가 처리하죠.

- **take place** 일어나다, 벌어지다

  Yeah. It will take place at 10 a.m. 정말이야. 오전 10시에 있어

- **stay another day** 하루 더 머물다 *stay the night 밤새 머물다

  Are you sure it's okay if we stay another day? 하루 더 머물러도 정말 괜찮아?
  Stay a little longer to hang out with me. 더 남아서 나랑 놀자.
  What do you think about me staying the night? 내가 밤새 머무르는거 어때?

- **be on the way** 가는 중이야

  I'm on my way now. 지금 가고 있는 중이야.

- **stop by** …에 들르다

  I'll stop by you on my way home. 집에 가는 길에 네게 들를게.

- **at lunch** 점심 식사중

  No one called while you were at lunch. 점심 식사하실 때 아무 전화도 없었어요.

- **get nervous** 떨리다

  It's easy to get nervous on dates. 데이트날 떨리기 십상이지.

- **at the same time** 동시에

  Is it possible to love two people at the same time? 동시에 2명을 사랑할 수가 있어?

- **make a choice** 선택하다

  It's time for you to make a choice. 네가 결정할 시간야.

- **say good-bye** 헤어지다
  It's time to say good-bye. 이제 헤어질 시간야.

- **take sth back** 취소하다
  All right well, I'd better take that back. 좋아, 그럼 내가 그거 취소할게.

- **have plans** 계획이 있다 *make plans to~ …할 계획을 짜다
  I'm afraid we already have plans. 우린 이미 약속이 있어.
  I wish I could, but I've made plans to walk around.
  그러고 싶지만 안돼. 산책할 계획이야.

- **fire sb** …을 해고하다
  I heard you got fired a few weeks ago. 몇 주전에 해고됐다며.

- **get used to** …에 적응하다
  You'd better get used to it. 적응하도록 해라.

- **blame oneself for** …로 자책하다
  You shouldn't blame yourself for this. 이걸로 널 자책하지마.

- **walk sb to** …걸어서 배웅하다
  You don't have to walk me home. 집까지 나하고 함께 걸어갈 필요없어.

- **be stressed out** 스트레스를 받아 지치다
  I'm so stressed out these days. 요즘 스트레스를 많이 받고 있어.

- **complete** 완성하다, 마무리하다
  Do I have to complete this report? 이 보고서 끝내야 돼요?

- **take a rest** 쉬다
  Do you need to take a rest? 쉬어야 돼?

Supplement

- **be on a first name basis** 이름 부르는 사이다
  Yes, I do. We are on a first name basis. 어 그래. 친한 사이야.

- **have the time to~** …할 시간이 있다
  I don't think that I have the time to finish it. 그 일을 끝낼 시간이 없는 것 같아.

- **have sth in common** 공통점이 있다
  I don't think we have anything in common. 우리 공통점이 없는 것 같아.

- **do any good** 도움이 되다
  Do you think this will do any good? 이게 도움이 될 것 같아?

- **listen to** …을 듣다
  I like listening to classical music. 클래식음악 듣는 걸 좋아해.

- **wash the dishes** 설거지하다 *do the washing 세탁하다
  I'll help you finishing washing the dishes. 설거지하는거 도와줄게.
  I don't like doing the washing. 세탁하는 걸 싫어해.

- **go out to lunch with~** …와 점심먹으러 외출하다
  Would you like to go out to lunch with me? 나랑 점심 먹으러 나갈래?

- **take A to+동사** …하는데 A가 필요하다
  It takes an hour from here to get there. 여기서 거기 가는데 한 시간 걸려.
  It takes courage to do so. 그렇게 하는데 용기가 필요해.
  It takes balls to fight with Bob. 밥과 싸울려면 배짱이 있어야 되는데.

- **feel that way** 그렇게 생각하다
  What makes you feel that way? 왜 그렇게 생각하는거야?

- **get sick** 아프다
  I feel like I always get sick in the winter. 난 겨울엔 항상 아픈 것 같아.

- **have a choice** 기회가 있다

  You probably feel like you don't have a chance. 아마 기회가 없다고 느낄지도 몰라.

- **take a shower** 샤워하다 *take a bath 목욕하다

  I feel like taking a shower. 샤워하고 싶어.
  I'm going to go take a bath. 가서 목욕 좀 할거야.

- **be off** 출발하다

  I'm sorry! I must be off right now. 미안해! 나 지금 바로 나가야 돼.

- **fix the problem** 문제를 풀다 *fix the computer 컴퓨터를 수리하다

  Can you please help me fix this problem? 이 문제 푸는거 도와줄테야?
  I'll help you fix your computer. 네 컴퓨터 고치는거 도와줄게.

- **as always** 늘 그렇듯

  You're not helping me as always. 늘 그렇듯 넌 도움이 안돼.

- **get sb wrong** 오해하다

  Don't get me wrong. I was just trying to help you.
  오해마. 그냥 도와주려는 것뿐이었는데.

- **focus on** 집중하다

  I'm just trying to focus on this. 이거에 집중할려고 하고 있는거야.

- **calm down** 진정하다

  Look guys, try to calm down. OK? 얘들아, 진정해. 알았어?

- **make sb feel better** …을 기분좋게 하다

  She was just trying to make you feel better. 갠 널 기분좋게 해주려는거였어.

- **remind** …을 기억나게 하다 *remind A of B A를 보니 B가 생각나다

  Let me remind you. 알려줄게 있어.

Supplement

- **take a lesson[course]** 강의를 듣다

  I'm thinking of taking a computer course. 컴퓨터 강좌를 들을 생각이야.

- **ask sb out** ⋯에게 데이트 신청하다

  I'm thinking about asking her out tonight. 오늘밤 걔한테 데이트 신청할까 해.

- **answer the question** 질문에 답하다

  You didn't answer my question. 내 질문에 답을 안했어.

- **for a while** 잠시동안(= for a minute, for a second) *in a while 한동안

  Let's go inside for a while. 잠시 들어가 있자.
  I'm not sure. I haven't called him in a while. 잘 몰라. 한동안 전화 못 드렸어.

- **make up one's mind** 결정하다(=decide)

  I haven't made up my mind(I haven't decided yet). 아직 결정을 못했어.

- **travel overseas** 해외여행하다

  Have you traveled overseas? 해외 여행해본 적 있어?

- **make a reservation** 예약하다

  Have you made a hotel reservation? 호텔 예약을 해본 적 있어?

- **run the marathon** 마라톤을 뛰다

  Have you run the marathon before? 전에 마라톤 뛰어본 적 있어?

- **hear about** ⋯에 관한 소식을 듣다

  I heard about your engagement the other night. 지난 밤에 너 약혼식 얘기 들었어.

- **be injured in a car accident** 교통사고 나다

  I heard that John was injured in a car accident 존이 교통사고나서 다쳤다며

- **show up** 나타나다(appear), 오다
  How come he didn't show up last night? 걔는 왜 어젯밤 안 왔대?

- **tell the truth** 진실을 말하다 *tell a lie 거짓말하다
  Why didn't you just tell her the truth? 걔한테 진실을 왜 말하지 않았어?

- **have a fight** 싸우다 *get into a fight 싸우다
  Jill and I had a really big fight. 질과 내가 정말 크게 싸웠어.
  Well, we got into a fight. 어 싸웠어.
  Are you having an argument with her? 애인하고 다투었어?

- **cheat on** 커닝하다
  You should be ashamed of cheating on your exam. 커닝한 걸 수치스러워해야지.

- **go on** 일어나다, 벌어지다(happen)
  What's going on? 무슨 일이야?

- **turn down** 거절하다
  I'm pretty sure I'm going to turn it down. 거절하게 될게 분명해.

- **take A for B** A를 B로 보다
  What do you take me for? 날 뭘로 보는거야?

- **make no difference** 차이가 없다
  It makes no difference to me. I am flexible. 뭘 해도 상관없어. 나는 다 괜찮거든.

- **wait and see** 두고보자
  Let's just wait and see what happens. 이떻게 되는지 일단 두고보자.

- **at work** 근무 중에, 직장에서
  What happened at work? 직장에서 무슨 일 있었어?

Supplement

- **go out on a date** 데이트하다
  How would you like to go out on a date with me? 나랑 데이트 할래?

- **see off** …을 배웅하다
  How many people came to see you off? 널 배웅하러 몇 사람이 나온거야?

- **be on the phone** 전화중이다
  Where's Harry? His mom's on the phone. 해리 어딨어? 어머님 전화인데.

- **be in charge** 책임지다
  Who's in charge? 누가 책임자야?

- **first of all** 무엇보다 먼저
  First of all, let me check my schedule. 먼저, 일정 좀 보고.

- **be on one's side** …의 편이다
  I thought you were on my side. 난 네가 우리편인 줄 알았어.

- **stay out of~** …에 가까이 하지 않다
  I asked you to stay out of this. 이거 관여하지 말라고 했잖아.

- **be excited about~** …에 흥분하다, 기대하다
  I am pretty excited about it! 정말 기대되는데!

- **have no choice but to+동사** …하지 않을 수 없다
  I have no choice but to pay her the money. 걔한데 돈을 갚을 수밖에 없어.

- **can't help but+동사** …하지 않을 수 없다
  I can't help but think about Lisa. 리사에 대해 생각하지 않을 수 없어.

- **can't wait to+동사** 몹시 …하고 싶어하다(=be eager to, be dying to)

  I can't wait to see the new play. 새로 시작하는 연극을 빨리 보고 싶어.
  I'm dying to go traveling again. 다시 여행 가고 싶어서 견딜 수가 없어.

- **bump into** 우연히 마주치다(run into = run across)

  I keep bumping into you around here. 이 근처에서 자주 만나네.

- **as long as** …하는 한

  Feel free to stay here as long as you like. 계시고 싶을 때까지 마음놓고 머무세요.

- **don't hesitate to+동사** 주저말고 …해라

  If there's anything you need, don't hesitate to ask. 필요한 거 있으면 바로 말해.

- **pick out** …을 고르다, 선택하다

  Feel free to pick out whatever you need. 원하는거 아무것나 골라.

- **feel free to+동사** 마음편히 …하다

  I want you to feel free to have fun while you're on vacation.
  휴가 때 마음편히 재미있게 보내.

- **miss the class** 수업을 빼먹다

  Mother is angry because you missed the class. 네가 수업을 빠져 엄마가 화났어.

- **work out** 운동하다

  Yeah, I lost some weight because I go to a gym to work out.
  어, 체육관에 가서 운동을 해서 살이 좀 빠졌어.

- **make sb+형용사[동사]** …을 ..하게 하다

  You make me happy[sick]. 네가 있어 행복해/ 너 때문에 짜증난다.
  You made her cry! 네가 걔를 울렸어!

Supplement

- **have sb+동사** …을 하게 하다(= get somebody to+동사)

  I'll have her call you back as soon as she gets in. 걔가 들어오는 대로 전화하라고 할게.
  I'll get him to apologize to you. 걔가 너에게 사과하도록 할게.

- **work overtime** 야근하다

  I don't want to work overtime every day. 매일 야근하고 싶지 않아.
  There's no way Kay will work overtime this weekend.
  케이는 이번 주말에 연장 근무를 할 수가 없어.

- **turn in** 제출하다

  I got him to turn in the report. 걔가 리포트를 제출하도록 했어.

- **count on** 믿다, 의지하다(=rely on = depend on)

  Don't worry, you can count on me. 걱정마. 나만 믿어.
  You can count on me. 내게 맡겨.

- **look forward to+명사[~ing]** …을 학수고대하다

  I look forward to receiving it. 엽서 받을 날만 기다릴게.
  I'm looking forward to getting to know you. 널 빨리 알게 되고 싶어.

- **decide to+동사** …하기로 결정하다

  I've decided to take a holiday and go to Paris! 휴가받아 파리에 가기로 했어!

- **attend the meeting** 회의에 참석하다   *attend law school 법대에 다니다

  My son decided to attend law school. 아들이 법대에 가기로 했어.
  I really like attending concerts. 정말 콘서트에 가는 걸 좋아해.
  Why are you attending our English class? 왜 우리 영어수업을 듣는 거예요?

- **make a mess** 난장판을 만들다

  You made a mess outside of my house. 너 내 집 밖을 난장판으로 만들어놨어.

- **can't afford to~** …할 여유가 없다

  You can say that again. I can't afford to stay there.
  그러게나 말야. 거기서 머물 여유가 안돼.

- **be afraid of~** …을 걱정하다

  This is what I was afraid of. 이게 바로 내가 걱정했던거야.

- **break one's leg** 다리가 부러지다

  That's when I broke my leg. 그때 다리가 부러진거야.

- **come to the party** 파티에 참석하다

  Are you coming to my party? 내 파티에 올래?

- **get[be] late** 늦다

  I'd love to, but it's really getting late. 그러고 싶지만 정말 늦었어.

- **get even with~** …에게 복수하다

  You broke my heart. I'll get even with you! 내 맘을 찢어놓았어. 갚아주고 말테다!

- **fall in love with~** …와 사랑에 빠지다

  I'm sorry, but I fell in love with another man. 미안, 하지만 다른 남자를 사랑해.

- **apologize to A for B** A에게 B를 사과하다

  Maybe you should apologize to me. 내게 사과해야지.
  Come on, I already apologized to you for that. 이봐, 그 때문에 벌써 사과했잖아.

- **waste one's time** 시간을 낭비하다

  I'm sorry, but I've wasted your tlme. 미인하지만 내 시간을 많이 뺐었네.

- **get hurt** 상처받다

  There is a chance you can get very hurt! 네가 아주 많이 아플 수도 있어!

Supplement

- **prepare for** …을 준비하다
  You'll be sorry if you don't prepare for the test. 시험준비를 하지 않으면 후회하게 될거야.

- **spread the gossip** 소문을 퍼트리다
  You'll be sorry about spreading that gossip. 그 소문을 퍼트린 걸 후회하게 될거야.

- **get to the point** 요점을 말하다
  Could you please get to the point? 요지를 말씀해 주시겠어요?

- **have enough of~** …가 지겹다
  What I'm trying to say is I've had enough of this.
  내가 하려는 말은 이게 정말 지겹다는거야.

- **plan to+동사** …할 계획이다
  I heard that you plan to quit your job. 직장 그만 둘거라며.

- **have math class** 수학수업이 있다
  I think we'll have math class this morning. 오늘 아침에 수학수업이 있어.

- **I would rather+동사** 차라리 …하겠어
  I'd rather not tell you everything. 네가 다 말하지 않는게 낫겠어.

- **be done with** …을 끝내다
  I can't understand these directions. I'm done with this!
  이 지시사항들을 이해 못하겠어. 그만할테야!

- **be late for** …에 늦다
  I don't care if we are a little late for the party. 파티에 조금 늦는다고 해도 신경안써.

- **give a raise** 봉급인상하다
  I can't believe they didn't give us a raise. 봉급을 안 올려주다니 기가 막혀.

- **be in a good mood** 기분이 좋다

    He seems to be in a good mood today. 오늘 보니까 기분이 좋은 것 같던데요.
    I'm serious, she's in a really bad mood. 걔 기분이 꽤나 안 좋은 것 같아.

- **keep sth secret** 비밀로 하다

    I'd appreciate it if you kept it secret. 네가 그걸 비밀로 해주면 고맙겠어.

- **complain about** …에 대한 불평[항의]하다

    I'm here to complain about the noise. 시끄럽다고 항의하러 왔는데요.

- **ask sb for a favor** …에게 부탁하다

    I'm calling to ask you for a favor. 도움 좀 청할려고 전화했어.

- **be scheduled to+동사** …로 예정되어 있다

    When is he scheduled to arrive at the airport? 그 사람이 공항에 언제 도착할 예정이니?

- **be allowed to+동사** …가 허락되다

    I'm not allowed to drink. 나 술마시면 안돼.

- **be supposed to+동사** …하기도 되어 있다

    Stop that! You're not supposed to hit on your teacher. 그만둬! 선생을 유혹하면 안돼지.

- **get a discount** 할인받다 *give a discount 할인해주다

    You'll get a discount if you pay in cash. 현금으로 지불하시면 할인받으실 수 있습니다.
    Can you give me any discount for paying cash? 현금으로 계산하면 할인해주나요?

- **instead of** …대신에

    If it's okay with you I'll take tomorrow off instead of Monday.
    괜찮다면 월요일 대신 내일 쉬었으면 해.

- **come up** (어떤 일이) 생기다, 일어나다

    We'll give a call if anything comes up. 무슨 일 있으면 전화줄게요.

Supplement

memo